尽 善 尽 　　弗 求 弗 迪

你的CareerDNA

发现自己的优势，
找到适合的职业

［美］布莱恩·A. 施华兹博士(Dr. Brian A. Schwartz) 著

戴志成　杨润东　王静 译

YOUR CAREERDNA

DISCOVERING YOUR CODE FOR CAREER & LIFE HAPPINESS

电子工业出版社.

Publishing House of Electronics Industry

北京·BEIJING

内 容 简 介

本书作者将其 45 年的职业与人生设计咨询服务经验，通过六大模块、十章的内容进行了阐述，包括 CareerDNA 解决方案、CareerDNA 评估模型、心理类型与气质、个性与性格和自尊、技能 DNA、价值观与职业匹配、职业兴趣与职业主题、你的梦想临界点、整合你的结果及个人和组织的新生活等，旨在根据当今职场环境的变化，为读者提供一种综合、系统的职业规划方法，帮助他们深入地了解自己的本质，做出正确的选择，并将自己的发现运用到工作中，获取人生的幸福与成功。

版权贸易合同登记号　图字：01-2022-3034

图书在版编目（CIP）数据

你的 CareerDNA：发现自己的优势，找到适合的职业/（美）布莱恩·A. 施华兹博士著；戴志成，杨润东，王静译. —北京：电子工业出版社，2022.8
ISBN 978-7-121-43535-5

Ⅰ.①你… Ⅱ.①布… ②戴… ③杨… ④王… Ⅲ.①职业选择 Ⅳ.① C913.2

中国版本图书馆 CIP 数据核字（2022）第 095603 号

责任编辑：杨　雯
印　　刷：三河市鑫金马印装有限公司
装　　订：三河市鑫金马印装有限公司
出版发行：电子工业出版社
　　　　　北京市海淀区万寿路 173 信箱　邮编：100036
开　　本：720×1000　1/16　印张：21.5　字数：331 千字
版　　次：2022 年 8 月第 1 版
印　　次：2022 年 10 月第 2 次印刷
定　　价：99.00 元

凡所购买电子工业出版社图书有缺损问题，请向购买书店调换。若书店售缺，请与本社发行部联系，联系及邮购电话：（010）88254888，88258888。

质量投诉请发邮件至 zlts@phei.com.cn，盗版侵权举报请发邮件至 dbqq@phei.com.cn。

本书咨询联系方式：（010）57565890，meidipub@phei.com.cn。

这本书有什么新鲜内容

这本书是源于我过去45年来为来自美国纽约、欧洲和中国来询者提供我原创的职业与人生设计咨询服务的总结。虽然这本书与市面上其他有关职业选择的书籍有些共同之处，但它为读者带来了一些新内容，这些新内容将使它非常有效，并以引人注目的方式将它与其他书籍区分开来。它们包括：

（1）全面和综合的职业规划模型。我的实践跨越45年，服务过1750个来询者，发展出一个与人生普遍发展阶段相对应的职业规划综合模型。它提供的评估很能说明问题，为用户提供了做出职业选择所需的关键信息，这些信息是从用户的核心本质推断出来的。个人发展道路上的每一步都为理想工作的整体解决方案提供了一把钥匙，从一个人的心理类型与气质一直到价值观和职业兴趣。我们每个人都是一片雪花，但每片雪花都不一样，这使我们成为我们自己的各种因素以某种模式联系在一起的独一无二的个体。这个模型揭示了我们是谁，我们有哪些与众不同的地方。我在工作的初期就使用了在25年后才出现的积极心理学，以及职业咨询中的叙事学派或建构主义学派的一些理念。

（2）一个全面的职业选择包。这本书的目的并非是给读者提供一个具体的、理想的、适合他们的职业，而是提供一个有针对性的，匹配他们的技能、兴趣、心理类型与气质、个性与性格以及价值观的，横跨多个维度的选择包。

这本书不仅能帮助读者找到适合自己的工作，还能帮助他们在不同的领域选择多种职业，满足他们的需要，让他们发挥自己的天赋和得到所需的相关培训。

（3）心理类型上的突破性发现。现在有强有力的证据表明，当一个人接近 30 岁转变期时，他的第三功能（在任何个体中四种功能中的第三个是最主要的表达方式）会随着他的辅助功能的变化而发生改变。这一发现对职业发展的影响是深远的，我在这里第一次向普通读者介绍它。对很多人来说，当他们进入工作生涯的早期或中期时，生活的范围似乎正在缩小，新的职业选择和相关的才能就会出现，通常体验到的是一个重新聚焦的选择，就像通过棱镜（折射）的光一样。

更重要的是，我自从搬到中国以来，发现荣格在写《心理类型》的几年前，读了理查德·威廉（Richard Wilhelm）翻译的《易经》，受到古书智慧的启发，提出了八个功能中的六个。这些功能定义了一个人的心理类型维度。此后，我创造了一个类似的八边形结构，它像一个八卦，是根据心理类型和主要功能来设置的。这个八卦或八边形的每一边都有内在的技能和组织功能，甚至还有与之相关的职业，这 16 种心理类型的大脑操作系统现在可喜地都得到了加州大学洛杉矶分校的达里奥·纳尔迪（Dario Nardi）博士神经科学研究的验证。这些发现取代了以往无效的职业指导模式，成为最受欢迎的模式之一，包括无处不在的霍兰德体系。

（4）第一次介绍技能 DNA 的书。技能 DNA 可以识别本质上让人愉快的角色和功能，以及这些角色和功能相互作用的具体方式。技能 DNA 代表了一个模板，人们可以把它放在任何工作机会上，看看自己最擅长的技能和在某个工作中成功所需的关键技能之间的匹配程度。对自身技能的认识会极大地影响一个人面试方式以及求职的结果。它是一种将"心流"体验或达到一个人的"心流状态"的概念带入生活，并解构它们来发现一个人的内在力量的方法。它是通常所说的"员工敬业度"的基础，并在个人职业发展和组织的人才发展、获取和管理之间架起了关键的桥梁。技能 DNA 是我在文献中发现的，能最好地展示人的内在动机，它是由来询者自己发展而来的，根植于一个人的热情和体验中。在伯纳德·霍尔丹（Bernard Haldane）革命性工作的基础上，以及理查德·鲍利斯（Richard Bolles）和约翰·克里斯托（John Crystal）这两位人士早期提出的模型的基础上，我带领来询者从功能的角度有机地勾勒出他们理想工作的蓝图。

（5）自尊在职业发展中扮演的关键角色。CareerDNA 项目的核心理念之一是，自尊水平是一个人事业成功高度的天花板。我将在本书中，以极具说服力、简洁的方式，向广大读者阐述这一点。那些不认为自己完全应该获得成功所带来的回报的人，往往会逃避他们的才能所允许的成功，甚至破坏他们的成功，这些行为通常是无意识的。我以丰富的经验和极大的热情写了人们面对的挑战，因为他们心里的"魔鬼"往往阻碍他们有最佳表现，以及展望更好的生活。

（6）立即行动的机会。许多人会读这本书，因为他们正在寻找一份新工作或一种新职业，甚至设计一种新生活。本书会为他们指出他们可能从未考虑过的方向。基于对自己天赋优势的更深刻的理解，读者将以更有针对性和更聚焦的方式引导自己的职业能量，追求更快乐的工作生活。本书最基本的想法是通过更强的自我意识来强化读者的自然力量，使读者成为自己人生旅途中的英雄。

导

读

　　不需要我说，你就知道现在的就业市场有多么不景气。随着人工智能和机器人不断取代大量的工作，尤其是在发达国家，很有可能，你认识的人最近已经失业了。尽管我们可以对刺激世界经济环境、稳定劳动力市场，进而创造数百万个就业机会抱有希望，但无论是否如此，在任何时候，都会有大量的人希望重新开始或重新创造他们的职业生涯。除此之外，还有另一部分人，虽然他们梦想着找到一份有趣且又能给他们带来成就的职业，而且他们对现在的职业非常不喜欢，却每天早上不得不把自己从被窝里弄起来去上班。还有最新一代的大学生，他们满怀梦想进入学校，但在即将毕业时充满了迷茫。在未来的几年里会有相比过去更加明显的趋势：越来越多的人将寻找工作或换工作，越来越多的人将不愿意为别人打工而想创业，以便对自己的工作和生活有更多的掌控。这就意味着，对一些人来说，他们想要的工作是一个既能提供稳定薪水又很有意义的工作。对另一些人（我相信这样的人比例在增加）来说，也意味着会更多选择自由职业，成为个人业主、合伙人或企业家。

　　因此，对于像本书这样的著作来说，现在是最好的出版时机。

　　本书是一本新潮的职业发展书籍，非常适应当今职场的巨变。作为一名职业与人生设计咨询师，我有着40多年的经验，基于我创建的一系列专有评估方法，本书不仅能帮助读者找到下一份工作，还可以帮助他们找到真正需要的东西——心中想做的事情，以便在所处的不确定生涯中顺利航行。在本书中，我为读者提供了一种综合的职业规划方法，这种方法能深入地让他们了解自己的本质，将自己的发现运用到工作中去。我们的命运，在人生的早期可能就已经定了，但是它不是我们的宿命。我们在人生道路上所做的选择，决定了我们在这一生中能获得多少幸福和成功。

这个探索过程始于对"CareerDNA 自我探知系统"的详细解构。CareerDNA 由六个模块 [心理类型与气质、个性与性格、技能 DNA、价值观、职业兴趣和自我认同（自尊）] 组成，对于读者来说，想要成功地完成这个过程，需要对每一模块的背景做一些了解。在本书中，我将利用过往案例，并借鉴我的导师、老师和有影响力的人的工作，让读者生动地了解每一个模块中的因素是如何对一个人的工作和生活产生影响的。这些因素反过来又被第六模块"自我认同"联系在一起，它是成功的关键因素，因为你爱自己的程度，决定了你成功的高度。

一旦掌握了这些基础的背景知识，我将带领读者进行一系列的评估。他们可以在书中、纸上练习，或在我研发的 CareerDNA 自我探知系统中在线练习，识别出他们自己的 CareerDNA。完成后，他们会得到一份自己从未见过的报告，当他们将这份报告与实际的职业生涯相匹配时，他们会发现他们可能从未想过的选择。当人们在他们认为的唯一职业选择中感到受阻或不适时，这些信息是无价的。但这不是一本只有在困难时期才有意义的书。这本书的深层次用意——如果让你做你喜欢的事情，你将是最幸福和最成功的，可以说在所有的经济环境下都适用。现代神经科学告诉我们，在三岁的时候，我们会有 16 种不同的心理类型。我发现，利用与我们特定的大脑连接模式相关的天赋，是通往充实的工作和生活的最佳途径。

对于大多数正在寻找适合自己的心理类型、天赋技能、价值观和学习兴趣的职业道路的读者，我建议你首先关注第一、第三、第四、第五模块，即心理类型与气质、技能 DNA、价值观及职业兴趣。如果你发现自己缺乏自信，那么你必须深入学习第六模块"自我认同"。积极心理学的研究清楚地告诉我们，幸福先于成功，而不是相反。你必须警惕那些阻碍你成功的内在障碍，这些障碍可能是你的童年和青春期留给你的。你的幸福很大程度上取决于你的信念和个人力量的发展，你应该得到成功给你带来的好处，无论你如何定义成功。

　　对于企业内部的人力资源专业人士来说，最重要的是能识别员工或候选人的天赋，第一模块和第三模块对于这项工作至关重要。请注意，第四模块涉及价值观，是看看员工或候选人的价值观和组织的文化之间是否存在兼容性的一个有效方式。类似的问题也是一些管理咨询顾问，即组织或人才发展专家或人才获取专家所经常遇到的。

　　对于那些职业与人生设计咨询师／教练，我建议让你的来询者完成所有六个评估模块。

我在纽约大学获得了心理咨询博士学位，从 1976 年开始，我一直是一名心理咨询学家和生涯管理专家。《财富》《福布斯》《商业周刊》都曾提到过我，我也曾在美国、菲律宾、日本、新加坡、越南和中国等召开的专业会议和公开场合就不断变化的经济形势下的生涯规划主题发表过演讲。肯尼斯·罗宾逊先生（Kenneth Robinson）在《发现你的天赋》一书中描述了我的工作。他说："施华兹博士的测评方法是我见过的最精心、最详细的方法。如果说大多数测评是折扣店的商品，那么成功伙伴公司的测评就是伦敦萨维尔街上顶级的定制品。"

1976 年，我在纽约市的国家心理治疗研究所创立了生涯规划中心，并在 1981 年之前一直领导相关工作。1977 年，我在康涅狄格州格林尼治创立了一个由心理学家组成的团体"Perspectives"。从那以后，我一直是私人执业者，专门从事生涯管理、组织发展和人才管理咨询。1981 年，我扩大了我在组织发展方面的执业范围，与美国运通、美国大陆公司、德士古、珀金埃尔默、维克斯、雷可德、飞利浦、IBM、Pitney-Bowes、Interscope Kaempfer 公司、BAA-McArthurGlen 欧洲公司、McArthurGlen 欧洲公司，以及康涅狄格和新泽西教育协会进行了接触。从 1999 年开始，我在 DrakeBeamMorin 的斯坦福德、CT 办公室和它们的许多其他国际中心对它们所有的高管进行了测评，直到 2010 年 7 月才搬到中国的苏州市。

2001 年，我成立了人才管理团队有限责任公司，并于 2010 年 6 月改名为 SuccessDNA LLC，于 2017 年 3 月在新加坡注册新公司。我以前的公司——CareerDNA 有限责任公司，在 2004 年 4 月由我与其他合伙人成立，当我在 2009 年 3 月终止了与他们的咨询协议和知识产权协议后，它实际上已经停止了运作。2010 年 3 月，我被任命为清华大学长江三角洲研究院的高级顾问和客座讲师，并把家和办公室搬到了苏州，同时先后成为伯乐曼公司的董事长、副董事长并于 2018 年卸任。

2013 年，我创办了苏州成功伙伴管理咨询有限公司，并开始了全新的冒险之旅，不仅带着 CareerDNA 自我探知系统的中文版来到中国组建新的 CareerDNA 团队，而且还开始了一些项目，包括为中国大学职业中心设计模型、在菲律宾进行劳动力规划以及在中国和菲律宾培训职业和人才发展专业人员。作为国际生涯认证协会理事会的一员，我一直致力于为在亚洲建立职业和人才发展专业提供高标准的专业支持。我连续五年都被邀请出席亚太生涯发展协会年会并发表演说，在 2018 年 5 月在北京举行的会议上提出了在亚洲建立职业和人才发展专业的宏伟战略，并在 2019 年 5 月在越南胡志明市举行的年度会议上更新了这一战略。

2018 年 3 月，我扩充了苏州成功伙伴管理咨询有限公司的核心成员，保留了我们原来的公司名字，并将我所有中国的产品和服务的知识产权转移到新公司。

亲爱的读者：

我很荣幸地提醒你，作为这本书的拥有者，你有一次免费使用与本书配套的 CareerDNA 自我探知系统的权利。你所需要做的就是按照系统中的说明去完成这次旅程。随后，当你浏览这本书中的每个评估章节时，你会发现 CareerDNA 自我探知系统是一个有助于你更好地探索自己的评估系统。当你完成所有评估后，你会获得一个 CareerDNA 生涯六因素的报告，也就是每个模块的评估结果，里面或许会有很多惊人的发现。

在此，还需要强调：你的所有信息将存储在中国并受到保护，未经你的允许，任何人都不能访问。

布莱恩博士

生涯六因素

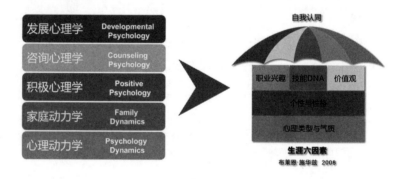

发展心理学	Developmental Psychology
咨询心理学	Counseling Psychology
积极心理学	Positive Psychology
家庭动力学	Family Dynamics
心理动力学	Psychology Dynamics

自我认同

职业兴趣　技能DNA　价值观

个性与性格

心理类型与气质

生涯六因素

布莱恩·施华兹　2008

认识自己 *CareerDNA自我探知系统*

CareerDNA是一套完备的、体系化的在线自我探知系统。它不仅能够帮助用户基于生涯六因素进行深度的自我洞见，帮助个人在团队中找到最佳工作角色，还能够指导他们制订发展计划并加以执行，让他们的理想变为现实。

心理类型与气质

个性与性格

技能DNA

价值观

职业兴趣

自我认同

基于心理学的革命性自我探知系统

"施华兹博士的测评方法是我见过的最精心、最详细的方法。如果说大多数测评是折扣店的商品，那么成功伙伴公司的测评就是伦敦萨维尔街上顶级的定制品。"

—— 肯·罗宾逊

TED演讲播放次数最高纪录保持者肯·罗宾逊，在《发现你的天赋》书中第40~42页详细阐述了CareerDNA的巨大价值！

第一步：登录网址 **dna.careerdna.cn**
（注意在中文状态下点击注册）

第二步：点击左下角蓝色部分
CareerDNA 全模块

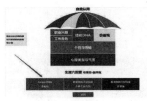

第三步：点击团队充值码
下面的 **我有充值码**

第四部：填入个人信息

第五部：输入**充值码**

第六部：点击**登录**开始探索之旅

1ˢᵗ 心理类型与气质

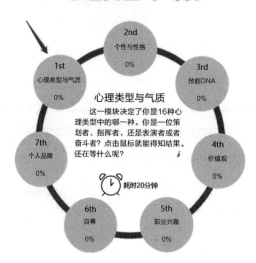

你的天赋根植于你大脑独特的神经连接方式（大脑操作系统）之中。你的大脑操作系统在你两岁半到三岁时就已经形成，并将伴随你一生。通过对心理类型与气质的探索，你将获得一份关于你大脑操作系统的说明书。

1ˢᵗ 心理类型与气质

1. 用时：20 分钟。

2. 呈现方式：动画情景模拟。

3. 做题的原则：选择不在外界干扰或者影响的情况下，自己最舒服、最倾向去选择的答案。

4. 目的：探知心理类型的四个维度。

5. 系统包含了三层安全锁扣，保证结果的准确性。

6. 这份报告的含金量足够指明你的人生方向。

发现你的心理类型与气质

点击选择下图中的选项

很高兴再次见到你……

你听说了吗？

你喜欢聚会，但更倾向享有私人时间，为此会中途离开。

你喜欢在聚会中和不同人聊天，直到聚会结束。

当你参加一个聚会，里面的很多人你都认识，一般你会什么时候离开？

提交

2nd 个性与性格

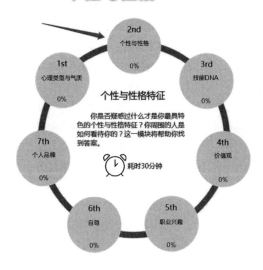

个性与性格特征

你是否疑惑过什么才是你最具特色的个性与性格特征？你周围的人是如何看待你的？这一模块将帮助你找到答案。

⏰ 耗时30分钟

你是否想深入剖析自己的个性与性格特征呢？

你是否想聆听三五个和你关系亲密的人对你的评价意见呢？

我们每个人都有一个存在于内心的内在的自我和一个向世界展示的外在的自我。深刻地认识内在的自我，并得到最了解自己的人的反馈，将构成对自己最全面的评价！

你可以选择你的父母、朋友、亲戚、同学或同事作为评价者，请他们对你进行匿名评价，然后将所有评价综合在一起，你或许会发现这跟你的自我评价很不一样。

2nd 个性与性格

1. 用时：30 分钟。

2. 出题逻辑：

1）邀请至少 3 个亲友。

2）61 个个性与性格特征选项，1~5 分评价。

3）找出最符合自己的特质。

4）比较并分析被邀请亲友做出的测评结果。

3. 做题的原则：

1）邀请身边对自己比较了解的亲友。

2）选择自己认为符合自己特征的描述。

4. 目的：了解自己的社会属性，你是怎么区别于他人的。

5. 这是一个可以让你看清你眼中的"你"与别人眼中的"你"差异性的测评。

邀请你的亲友圈子

在这一步，你将邀请3至5名了解你个性特征的亲友，让他们帮助你完成成自我测评。受邀者会对你的个性特征做出一系列评价，并得出一组与你自我评价相区分的自我测知结果。你需要正确地写本页中的文本邮箱，并点击"提交"按钮，信息是交互，系统将根据不同要求邀请者发送一封带有链接的邮件。收到URL之后，他们将在你完成这次自我探知后，如果点击"跳过"，完成该模块将无法继续，仍然可以在该模块网报告地址页面的以上为找到"你的亲友圈子"链接。

阅读下列个性与性格特征，从右侧评分栏的1~5分中选择一个最符合自身情况的分数。例：1. 自信——选择 2 - 不符合

1 - 很不符合	2 - 不符合	3 - 不确定	4 - 符合	5 - 非常符合

编号	性格特征	描述	你的得分					
			1	2	3	4	5
1	自信	自尊自爱，面对生命中的挑战充满自信	●	●	●	●	●
2	爱冒险	非常愿意冒险去获得更高的回报	●	●	●	●	●
3	同理心	能够站在他人的立场考虑问题，照顾别人的感受	●	●	●	●	●
4	变化导向的	积极面对变化、期待新人、新方法、新挑战	●	●	●	●	●
5	慢思考	先思考再行动	●	●	●	●	●
6	行动导向的	喜欢行动，而不是分析思考	●	●	●	●	●
7	幽默	能逗笑别人	●	●	●	●	●

3rd 技能DNA

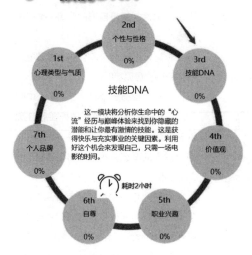

每个人心目中的理想工作都是建立在人生中收获的技能、成就、人生经历和人际关系之上的，这些宝贵体验使你度过了生命中最快乐的时光。我们将带领你尽可能多地回顾生命中的精彩场景，建构你的生命地图，然后从中选出对你来说最重要、最享受也最有影响力的 7 次巅峰体验，逐一分析你在每次经历中使用过的以及乐于使用的技能。

我们将在这个过程中揭示你所擅长的技能，并找到那些能让你满怀激情的技能。

3rd 技能DNA

1. 用时：120 分钟。

2. 出题逻辑：

1）生命地图——6 类事件。

2）7 次巅峰体验——重要的 / 有影响力的 / 享受的。

3）分析巅峰体验的通用技能——两个等级。

4）从通用技能中选择 8~15 项技能。

5）建立巅峰技能组。

6）强制比较得到心流技能列表。

7）得到技能 DNA 分子图。

3. 做题的原则：

1）描述真实的体验。

2）选择自己最享受并擅长的事情。

4. 目的：找到自己有核心竞争力的技能，并且具象化。

5. 这是 CareerDNA 中最重要的一环，也是布莱恩博士咨询工作的精华。

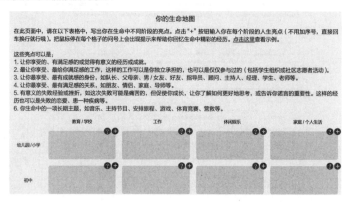

4th 价值观

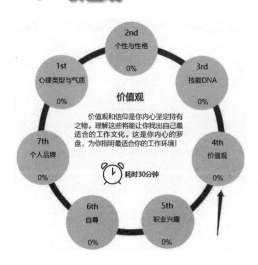

CareerDNA 的价值观列表，基于我们 40 多年来为客户寻求和发现合适的生涯方向的实践，以及人们所告诉我们的，是什么使他们喜欢或者不喜欢各类职业。这个列表将为你提供机会，告诉我们也告诉你自己，哪些是有助于指明你人生方向的最重要的价值观。

价值观像 GPS 或罗盘，能指引你忠于适合自己的人生。通过了解自己最重要的价值观，你将能看到所选的职业与你自身的匹配度，以及在求职过程中发现你与经理、团队乃至公司文化的匹配状况。

4th 价值观

1. 用时：45 分钟。

2. 出题逻辑：

1）56 项价值观选项，1~5 分评价。

2）找出最符合自己的价值观。

3. 做题的原则：

选择自己认为符合自己的价值观描述。

4. 目的：了解自己的价值观罗盘，了解自己在做决策时，哪些价值观对自己产生影响，以及如何产生影响。

5. 这是一个主观性比较强的测评。

5th　职业兴趣

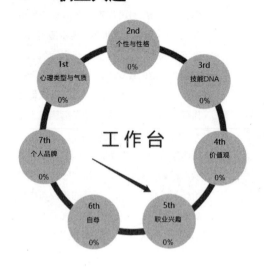

当下都有哪些职业?

你最感兴趣的职业是什么?

你在哪些职业方向上拥有发展潜力?

5th　职业兴趣

1. 用时：60 分钟。

2. 出题逻辑：

1) 95 张职业卡片。

2) 通过你的价值观、个人兴趣、职业激情来选出你喜欢的职业。

3. 做题的原则：

选出你最喜欢的职业，并给出你喜欢、讨厌某职业的理由。

4. 目的：找出让你富有激情的职业。

5. 这个环节让你了解到你喜欢的职业和你的价值观、个人兴趣的关系。

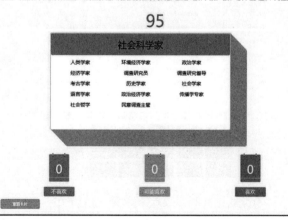

6th 自我认同（自尊）

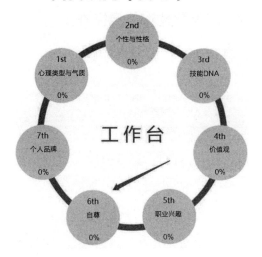

自尊是一个人对自身价值整体的描述和感性的评价。这既是个人对自我的判断，也代表了我们对自身的态度。

自尊是我们对自己的感受，以及对自身价值做出的积极或消极的评价。人生经历是自尊发展的来源。积极和消极的人生经历塑造了个体对自我的不同态度，这些态度可能会是有益的，有助于对自身价值发展出积极情感；也可能是有害的，会增长对自我价值的负面感受。

6th 自我认同（自尊）

1. 用时：60 分钟。

2. 出题逻辑：

30 个自我认同问题、15 个深度问题。

3. 做题的原则：

1）完成 30 个自我认同问题得到自尊水平结果。

2）完成 15 个深度问题帮助你了解你的处境。

4. 目的：弄清楚你是否足够爱自己，你对真实自我的接纳程度有多高，如何提高自我接纳、自我认同度。

5. 自我认同水平将会成为你获得成功的决定性因素。

请完成以下30个问题，选择最符合你的选项，完成后你将得到一份报告。

编号	描述	完全同意	同意	一般	不同意	完全不同意
1	我需要不断获得他人的肯定与认同	●	●	●	●	●
2	我不觉得自己是一个独一无二的人	●	●	●	●	●
3	我能够正确评价自己的优点	●	●	●	●	●
4	我为自己感到自豪	●	●	●	●	●
5	我经常觉得自己很失败	●	●	●	●	●
6	我常为自己感到羞愧	●	●	●	●	●
7	做我认为正确的事对我而言很重要	●	●	●	●	●
8	我认为自己至少和其他人一样好	●	●	●	●	●
9	我不会过多地去改变自己	●	●	●	●	●
10	当很好地完成一项任务后，我仍然感到不自信，直到有人称赞我的工作	●	●	●	●	●

这一步会帮助你弄清哪些人对你的生命产生了最大的影响。请找出在你生命中，你最想要获得他们认可了把他们的名字填写在表格的左边栏中，在右栏中写下需要获得他们认可的原因。请至少列举出一人。

我需要被这些人认同	为什么我需要他们的认可

你的 CareerDNA　　　XX

CareerDNA全模块自我探知卡

充值码： 见封底所贴

登录网址：http://dna.careerdna.cn

点击注册，找到"CareerDNA 全模块"，选择"团队充值码"入口使用

注意：目前仅 PC 端可使用

此卡价值1098元

有效期至：2026年10月20日

第1章
CareerDNA
解决方案

第2章
CareerDNA
评估模型

第 3 章
心理类型与气质

第 4 章
个性与性格和自尊

第 5 章
技能 DNA

第 10 章
个人和组织的新生活

第 1 章
CareerDNA 解决方案

全书概要

　　工作的世界并不会如我们希望的那样美好。创造就业机会，定义工作，建立企业文化以及分配薪酬的权力掌握在相对少数的政府官员、高管等人手中，而我们大多数人试图尽可能有效地适应工作模式，这类似一种技能"租赁"。与此同时，全球经济正在发生翻天覆地的变化，我们正进入一个以自动化和人工智能为特征的新的数字时代。就业市场正在从 20 世纪的工业就业模式转变为自由代理模式，与此同时，家庭、文化体系和其他各种各样的外部力量影响着我们对职业的选择和我们在人生道路上所做的决定。在美国，人们在一生中可能有三到五个职业或更多。在亚洲，年轻人通常深受父母和老师的影响，他们往往不太了解全球市场的变化。大多数父母经常把他们的孩子导向他们认为好的职业和企业，并不了解他们的孩子或快速变化的全球就业环境。学生们离开高中、职业学校和大学时，往往不清楚自己最适合做什么工作。解决所有这些问题和了解大趋势的最有效的方法就是从真正的目的——做你自己出发，并将其延伸到工作的世界。我们每个人都需要从我们的核心力量出发：我们拥有的天赋使我们能够在事业上取得成功和做有意义的工作。然而，我们大多数人对自己的力量基础只有短暂的感知。

　　在本书中，会有我多年来合作过的来询者的案例和故事。他们的身份通过化名和演绎得以隐藏，因为保护来询者隐私是我工作的一个原则。有时，来询者书面允许我透露他们的姓名和故事，但意想不到的法律后果往往会浮出水面，因此，为了保护他们的隐私，我采用了模糊事实的方法，但有关的问题和挑战没有改变。

　　以下简要介绍各章主题。

第 1 章　CareerDNA 解决方案

在第 1 章中，我向读者展示了我们任何人都可以通过 CareerDNA 自我探知过程实现的重大突破。与其他职业书籍不同的是，本书介绍的 CareerDNA 不为读者提供指南针，而是提供了一个陀螺仪——一个对你是谁的内在核心的深刻理解，它将指向真实的方向，不管外界的力量如何影响你。在这里，读者将了解这本书的主要目标：为他们提供的不是一个特定的理想职业，而是跨越多个平台的一套职业选择，这些选择与他们富有激情的技能、兴趣、心理类型与气质、个性与性格和价值观相匹配。在复杂和具有挑战性的时代，这些信息对于那些想要领导自己的工作与生活的人来说是必不可少的。通过了解我们的大脑操作系统、我们在社交和工作中的个性与性格、基于来自生活经验的心流技能 DNA、我们的价值观和我们的兴趣，来恢复我们个人的力量，这是我希望通过本书帮助读者达成的目标。

第 2 章　CareerDNA 评估模型

这一章是对我自 1977 年春季以来一直使用的生涯六因素评估模型的概述。这些因素组成了 CareerDNA 自我探知系统的前六个模块，我将在后面章节中进行介绍。

每个人的生涯六因素本身是有发展性的，而这个发展从每个人出生后的三年间就开始了，这个时候大脑回路因为髓磷脂的分泌而开始稳固，进而形成了人的心理类型，而后伴随着我们开始掌握语言，人的社会性格也逐渐形成。基于此科学理论，我们的 CareerDNA 模型通过关注在我们生活中的"心流"体验，通过对心流体验的分解识别天赋技能，并得到由天赋技能统领的"技能 DNA 分子图"，从而得到顺应天赋的理想工作蓝图。而在这个过程中，CareerDNA 评估模型也会确定我们的核心价值观，确定我们想从人生中优先得到的东西，并且在一系列的职业主题中，发现让我们感兴趣的职业。

　　这一章旨在将帮助你了解在提高自我意识的旅途中需要评估的所有关键领域，以及其背后的原因。

第3章　心理类型与气质——CareerDNA 的第一模块

　　从古希腊哲学家的著作，到中国的《易经》或《周易》，人们一直在以各种方式描述着心理类型与气质。在荣格的著作《心理类型》中，荣格为所有当代关于心理类型的论述奠定了基础，为凯瑟琳·库克·布里格斯（Katharine Cook Briggs）和伊莎贝尔·布里格斯·迈尔斯（Isabel Briggs Myers）及其突破性的 MBTI 测评奠定了基础。荣格和追随他的人相信人的心理类型是完全与生俱来的。我坚定地相信（我将在这里和你们一起探讨），真正的心理类型是人一旦从子宫里离开，从一出生落地，到婴儿、到幼儿和蹒跚学步的早期，采用各种生存策略来应对无数的内外刺激而慢慢形成的。人的心理类型与气质是在这个世界上不可改变的存在，每个人在荣格博士确定的四种内在功能（感觉、直觉、思考和情感）中都有支配地位。然而，一个功能可以相对容易地转向另外两个功能，以便与世界进行有效的互动。我们讨论的是 16 种不同的思维方式，它们与计算机中的操作系统概念类似。我们的身体是硬件，操作系统是大脑，是我们的指挥中心。

　　在这一章中，我们将探讨四种基本功能、四种维度以及由这些功能和维度产生的 16 种组合。此外，我们将探讨一个概念，我在 45 年的实践中一次又一次地观察到，当一个人接近 30 岁时，大致在 27 岁到 34 岁，他的第三功能往往会浮现，罗杰·古尔德博士（Dr. Roger Gould）在他的畅销书 Transformations 中已经确定并描述了这一点。一个人的备用心理类型会增强，但不会取代他的原有心理类型。理解这一点将对我们如何规划自己的职业道路——事实上是如何面对作为一个整体的世界——以及我们每个人在人生旅途中所面临的发展挑战产生巨大影响。

　　此外，我们的心理类型与气质和职业偏好、组织功能和天赋技能组之间的关系是明确的。《易经》和荣格对心理类型的阐述被不断探索，从而产生了一种综合模式，其心理类型的基础一直延伸到组织生活。我们所拥有的是一个通用的职业发展模式，职业与人生设计咨询师和教练可以将其用于个人和人才发展，组织发展和劳动力规划顾问可以在政府、非政府组织或其他方面创造性地加以使用。

　　本章可以与革命性的交互式 CareerDNA 在线自我探知系统对应模块同步，使用卡通场景准确判断自己真实的心理类型与气质。我认为，根据测评的定义，得到的结果不太容易被理解。然而，当我们与来询者分享越来越多的信息，并让他积极参与确定自己的心理类型时，来询者更有可能理解这些概念，无论是维度还是功能，而且不仅在接受关于自己的真相方面感到更舒服，也更有能力和意愿分析甚至质疑结果。

第 4 章　个性与性格和自尊——CareerDNA 的第二和第六模块

　　心理类型不能决定个性与性格。它们来自社会化的过程，并随着我们每个人在幼儿时期获得的语言技能而发展。当我们学会独立，开始以一种对社会有意义的方式与世界交往时，个性与性格就会形成。语言能使孩子在经过婴儿期、爬行期和蹒跚学步阶段后，以一种更深刻、更有条理的方式进行社交活动，并且往往在三岁时就开始形成个性与性格。

　　本书这一章与市面上的其他职业类书籍有很大的不同。虽然有很多有关心理类型与气质的书籍，但很少有考虑到个性与性格的。然而，一个人的个性与性格对一个人对某些职业和工作环境的倾向性有很大的影响。在这里，我们将探索个性与性格是如何发展的，特别是家庭动力学和玛莎·弗里德曼（Martha Friedman）博士在她的经典著作《克服对成功的恐惧》中所称的"家庭奥运会"，以及我们出身的家庭中的竞争和生活挑战，如何给我们每个人留下了不可磨灭的印记。然而，我发现，个性与性格本身并不能很好地指导具体的职业选择。

　　自尊是一种心理免疫系统，它保护我们免受生活中那些负面的自我评价的攻击。我们都有一个"内在的批判者"，他可能与家人、教师、邻居、雇主、同学或同事一起对我们产生影响。我们的自尊越强，我们在面对失望、挫折和失败时就越有弹性。以一种健康的方式爱自己，这种美妙的自信让我们每个人都散发出一种能量，这种能量不仅会吸引别人，还会为你打开机会之门，否则机会就会失去。当我们感受到自己的力量，然后找到同样充满激情的灵魂和事物，增加我们生活中的快乐和成功时，共时性的力量就会更好地展现出来。我们的自尊越弱，我们就越会有意识或无意识地做出一些决定，这些决定会减少我们成功的机会，甚至会阻止我们去冒那些决定成败的风险。我们将探索自尊对我们生活的影响。本章与在线 CareerDNA 自我探知系统的相应模块同步，以便那些缺乏自尊的人可以在一个非常具体的分析中开始自我疗愈的旅程，以及以一种有洞察力的方式看待自己和家庭、朋友和学校或工作伙伴的圈子，并产生行动。

CareerDNA 项目的一个核心发现是，人们爱自己的程度，决定了其成功的高度。因此，你有可能找到一份理想的工作，与你的心理类型与气质、你的个性与性格、你的技能 DNA、价值观和职业兴趣相匹配，但如果你的自尊不够强，你仍然不会成功。在缺乏自尊的基础上建立事业几乎是不可能的，因为健康的自尊使人们敢于冒险，并散发出取得真正成功所必需的自信。这就是为什么研究表明幸福是成功的前提，反之则不然。

在这一章中，我们将探索自尊的心理基础，我将展示如何仔细回顾家庭历史（甚至回到一个人与祖父母的关系），为理解你的自尊的性质和水平提供基本线索。通过案例，我将展示自尊问题在工作环境中的日常表现，以及家庭动力在工作场所的表现，有时是好的，但通常是坏的。我将解释为什么有些人认为他们"一定会"失败，因此对成功有一种无意识的恐惧，而那些自尊强的人则更容易成功。

本章可以与在线 CareerDNA 自我探知系统的个性与性格模块结合。该模块具有 360 度评估的强大特性，所以读者可以选择 3~5 人对自己进行评价。

第 5 章　技能 DNA——CareerDNA 的第三模块

理想的工作环境对我们每个人来说都是不同的。即使具有相同的心理类型与气质、相同的个性与性格特征的人也会发现，理想的工作和工作环境也是各不相同的。这是因为每个人都有自己独特的技能 DNA——一个人本质上喜欢的角色和功能，以及这些角色和功能相互作用的具体方式。

　　在本章中，我将解释技能 DNA 是如何工作的。通过案例，我将展示来询者如何将他们的"巅峰体验"与技能组合在一起，并识别出他们的"全明星时刻"或心流体验，然后将这些解构为他们在巅峰体验 / 关系中使用的可迁移技能，所呈现的是一幅理想的工作蓝图和工作角色画面。技能 DNA 可以是一个模板，你可以把它置于任何工作机会中，以清晰地看到你自己适合这份工作的程度。对你的技能 DNA 的认识极大地影响了你将寻求的就业类型或你将选择的工作伙伴、你面试的方式，以及任何求职所产生的结果。我以先驱者伯纳德·霍尔丹（Bernard Haldane）及其精明的推广者理查德·鲍利斯（Richard Bolles）和约翰·克里斯托（John Crystal）的工作为基础，从功能和角色的角度打造出理想工作的"技能 DNA 分子图"。

　　有了建立在 CareerDNA 模型上的基础，读者现在可以采取行动来识别自己的 CareerDNA。在这一章中，我将帮助读者挖掘他们的个人历史（包括相关的家庭细节），找出他们生活中七个最重要 / 最愉快的事件、关系 / 主题。这些事件可能是发生在某一天的事件，也可能是多年来陆续发生的事件。我将向读者展示如何将生活事件聚合成主题，并帮助他们识别生活中最重要和最有意义的事件 / 关系。

　　在这里，他们可以选择在线完成这个练习，也可以在纸上完成。这个过程包括回答一系列的问题以及带有优先级的应用。一旦他们确定了自己的七个最重要的生活经历，我将带他们进行技能分析，让他们带着对自己的技能 DNA 的了解离开，使他们比以往任何时候都更清楚地认识到自己是谁。

　　这一章相关练习可以在在线版本中完成，通过完成技能表和组织技能组了解一个人的技能 DNA。

第 6 章　价值观——CareerDNA 的第四模块

　　事实上，许多职业类书籍没有充分考虑的另一个因素是读者的价值观。人的价值观对工作满意度有很大的影响。那些工作和工作环境与他们的价值观紧密相关的人不仅更快乐，而且更有效率。全世界对这个问题的研究都是确定的。盖洛普世界敬业度调查和美国职场调查清楚地表明，世界上大多数员工的敬业度都不是很好。丹尼尔·平克（Daniel Pink）在《驱动力》一书中介绍了一项广泛的研究，证明了"内在动力"真正让我们每个人对工作感到有激情，它基于包括自主性，提高对一个人天赋技能的掌握，以及在工作中有一个超出我们自身利益的目标的三项原则。让员工提高敬业度，很显然，这是我们目前需要去做的，但贪婪、对权利和地位的欲望，以及认为金钱能解决一切问题的错误观念，使有些人对敬业度及其核心真理视而不见。如果挖掘员工的内在动力和利润一样重要，甚至更重要，我们会生活在一个什么样的世界呢？如果伟大的领导者是那些设计出一个发挥其成员天赋的组织的人，而首席执行官、执行董事和部长、市长、州长和其他政治和公共行政领导者都是根据这一标准衡量的，那又会怎样呢？

　　在这一章中，我将列出 50 多个对个人与工作环境的契合有影响的核心价值观，并通过对这些价值观的分析，展示对我们每个人来说什么是最重要的。如果有一致性，组织文化和个人就会最好地融合在一起。然而，在发生冲突的地方，有时是严重冲突的地方，就业等式的两边存在错位，而且很可能存在巨大的不快。优秀的公司会发展出吸引优秀人才的文化，并能更长时间地留住人才，因为人才的价值观和组织的文化是一致的。员工敬业度建立在组织挖掘员工内在动力的能力上，价值观是一个人内在动力的重要组成部分。

第 7 章　职业兴趣——CareerDNA 的第五模块

　　CareerDNA 的这一模块将会确定你感兴趣的领域。所有的职业被分成17 个职业群。每个群都有与之相关的各种职业主题。总而言之，超过 900个职业主题（需要更新到 2020 版本）来自美国劳工部在其 O*NET 系统中确定的 17 个群。当然，这是由文化和国家的特点决定的。遗憾的是，大多数国家没有可以友好访问且实时更新的职业相关信息。

在这一章中，我们将集中讨论 17 个职业群。我们将探索每一个职业群，我将给出相关的职业主题和相关的例子。此外，如果读者希望进一步探索这些领域，我还会指导他们阅读详细描述每个职业主题的参考资料。

这一章可以与在线 CareerDNA 自我探知系统的"卡片分类"同步，它不仅能让读者生成由 5~10 个最偏好的职业组成的列表，还可以识别与每个职业相关的核心价值观、技能、工作环境和工作风格。这个深入而富有挑战性的练习让读者探索和理解自己喜欢或不喜欢的工作类型以及工作环境背后的核心价值观。

第 8 章　你的梦想临界点

在这一章中，还有两个额外的练习来帮助读者全面了解他们的 CareerDNA。在单独的测评应用程序中，读者可以在纸上或在线上进行，他们将学会识别心理类型与气质、个性与性格、价值观、职业兴趣，他们在 CareerDNA 测评练习中会受到挑战。我过去 45 年来一直在做个人职业与人生设计咨询，我也同样会经常挑战来询者。通过两个经典练习，你将会把你的未来，也就是你人生的下一篇章，变成现实。

第 9 章　整合你的结果

在这一章中，我将与读者分享职业与人生设计的"秘方"。将模块一、模块三和模块五——心理类型与气质、技能 DNA 和职业兴趣——的结果编织在一起。模块二和模块六远不只是帮助选择令人满意的发展道路，而是更关注来询者目前的自尊水平，因为他们有意识的尤其是无意识的动机是获得快乐并实现与其真正的潜力、天赋相称的成功的关键。

第 10 章　个人和组织的新生活

读者通过 CareerDNA 自我探知过程所发现的东西会对他们产生深远的影响。它们可能会导致他们工作的改变，或者更戏剧性的是，职业生涯的改变。这是一个极好的机会，它将引导读者修订近期和长期的目标。与此同时，CareerDNA 自我探知过程允许读者立即采取行动来改善他们的生活。在最后一章，我将展示你对你的 CareerDNA 的了解将如何在你目前的工作中帮助你，即使你已经确定这不是适合你的工作。了解你是谁、你在寻找什么，可以改善你与同事、你管理的人以及你的老板之间的互动。在这里，我将提供如何处理这些交互的路线图。与此同时，了解你的CareerDNA 不仅可以帮助改善你的工作，还可以帮助改善你的生活。我将向你展示如何利用这些信息来改善与所爱之人的关系，并过上更加平衡和充实的生活。

我还将向你展示如何将 CareerDNA 作为职业发展框架，影响家族养育（FamilyDNA），激发高中、职高、大学的学生对未来幸福和成功的潜力（SchoolDNA），建立团队和诊断团队功能障碍（TeamDNA），将定期的绩效管理和人才开发 / 招聘政策和做法转化为激发内在动力的方法，以获得更高的员工敬业度（TalentDNA），并推动领导者发展，让他们明白他们最重要的使命是架构组织，使他们的员工发挥出最大的能力（LeadershipDNA）。

让我们开始吧

当我遇到朱利安时，他已经走投无路了。他是一名海军预备役军人，作为一名专业的营销人员，他开始了一段还算成功的职业生涯，在一家大型包装商品公司里一路得到晋升。然而，他对公司内部的政治斗争感到愤怒——看到不称职的同事升职是因为认识谁，或者"拍马屁"，而不是因为自己的能力或才华，他们违背了他对精英管理的坚定信念。他也厌倦了推广公司的那些高热量、用化学方法防腐的产品。他不顾一切地想要离开他那单调乏味的工作。他来到我办公室时，整个人看起来无精打采，很沮丧。他拥有成功人士的标志：在康涅狄格达连湾拥有一套不错的房子、欧洲豪华轿车、迷人而美丽的妻子和两个漂亮的孩子，但他觉得自己老得很快。他缺乏激情，缺乏他记得年轻时曾拥有的那种精神和热情。

他告诉我工作正在慢慢地扼杀他的生命。他想维持他为家人提供的生活水平，但这需要他更好地利用他的才能和技能才行。就像一个因为胸痛而去医院的人，在心脏病完全发作之前被送进了急诊室，朱利安就在他的危机压倒他之前来到了我的办公室。

我们立即开始工作。我解释道，虽然他会列出一系列的清单来发现他感兴趣的工作模式和个性特征，但我们会关注他的生活经历，找到有助于构建他理想工作环境的真实画面的线索。我们将开始一个非常私密、深入并直接触及他个人核心的旅程。由于抑郁者通常把愤怒转向自己，他的谦逊行为隐藏了他的真实感受，随着他对老板和同事的愤怒与日俱增，他变得越来越抑郁。

我们用了几次咨询来探讨他的个人历史，从他的原生家庭开始，然后逐年研究他的生活经历。他是一个非常聪明但又传统的年轻人，他专横的母亲掌管着整个家庭，也控制着他的父亲，他的母亲会用多种方式来阻止朱利安和他的父亲接触。父亲要么远离家，或者工作到很晚，以避免妻子长期以来的对抗和辱骂；要么把自己关在自己的小屋里，不仅把妻子拒之门外，而且还把两个孩子也拒之门外。

我的来询者从小就认为他的自尊比实际情况要弱得多，因为他的母亲经常批评他，而他的父亲则与他保持着距离。这遗留给他了一种低自尊，这与朱利安明显的天赋和技能是格格不入的。我向他提出了一些我们将在这本书中详细讨论的观点：你爱自己的程度，决定了你成功的高度。如果有人对自己感觉不太好，那么，无论是有意识的还是无意识的，他都会觉得不配得到成功所带来的回报。他要么畏缩地不去做那些想要成功的事情，要么就会破坏他努力取得的成功。

朱利安长得像电影明星，彬彬有礼，魅力十足。随着他在一家包装商品公司晋升到责任越来越大的职位，他的才智、强烈的职业道德和对工作的奉献精神在定期的晋升中得到了回报。他对公司管理人员的无能和强横行为有强烈的反感，但就像他恃强凌弱的母亲要求他成为"好儿子"那样，他保持沉默，避免惹是生非，然而，他的内心却在煎熬。

当我们开始咨询时，我们很快就发现朱利安并没有实现幸福的核心价值之一——他的工作需要真实性和意义。他的气质类型是理想主义者（后面还将介绍更多），其核心价值观之一是在人、群体和情境中开发潜能。朱利安非常想帮助人们开发他们的潜能，但他不愿意和那些太过脆弱、太容易受伤，或者太有局限性、看不到太多进步的人一起工作。他自然倾向于人力资源领域，特别是学习、培训和发展领域，在探索这些领域的过程中，他发现自己与该领域的其他人产生了共鸣，于是他很快决定参加由美国大学国家培训实验室提供的特殊硕士学位课程。这个只有周末上课的项目让他可以一边工作，一边在冲突解决技能培训和沟通技能培训领域建立一家咨询公司。

自从 20 年前发现这项工作以来，朱利安在纽约市西北部的一个郊区村庄成为一名成功的个体从业者。他的工作时间很长，但这项工作与他最富有激情的技能、价值观和兴趣相匹配，因此，它不会像他早期的职业那样耗尽他的精力。朱利安在工作中找到了快乐，结果，他的成功之路变得更加宽广，他和他的妻子以及他的孩子们享受着与他的梦想更加和谐的生活。

幸福的基石

西格蒙德·弗洛伊德（Sigmund Freud）有句名言："爱和事业是人性的基石。"他的意思是，我们在生活中需要这些基础，才能成为完整的人，而且要相对幸福。如果这些基石是坚固的，并能给我们满足感，我们就能体验到幸福。然而，如果这些基石破碎或不成形，使我们产生怀疑和不满，我们的幸福感很可能会受到影响。

大多数人的感觉是复杂的，15% 的人承认他们一点也不快乐。如果工作真的像弗洛伊德说的那样，在我们的生活中占据着基础性的位置——鉴于我们在工作上花费的时间以及在工作中耗费的体力和精力，很难对此提出异议，那么，难道不应该有更多的人在工作时感到非常快乐吗？

更令人吃惊的是 2007 年盖洛普的第一次世界范围民意调查结果，当时正值"大衰退"前夕。不考虑各大洲、国家、社会阶层或任何其他因素，全世界人民大多想要的，甚至比安全和健康更重要的，是一份"好工作"。2013 年盖洛普全球员工敬业度调查也令人大开眼界，因为全球员工只有 13% 的敬业度，而 2017 年盖洛普全球调查的这一数据，美国只有33%，中国只有 6%。

我们中只有一小部分人每天起床时对工作感到兴奋，原因是我们大多数人发现自己从事的工作并不真正适合自己，因为它没有给我们提供机会去发挥我们最擅长的技能。就像本章开头故事里的朱利安一样，我们对很多工作都感觉不对劲。我们付出了真诚的努力，我们试图让正在做的工作至少表现良好，我们甚至可能在这方面表现出色，但有东西在折磨着我们，快乐的时刻实在是太少了。熬过这一天感觉就像是一件苦差事，一天结束后，我们在心理上和情感上都感到失落。你的工作情况可能比这更糟糕。也许你经常表现不佳，从一个岗位换到另一个岗位，又从一位雇主换到另一位雇主，你都试图坚持下去。或者你明知道当下的工作会拖累你，但你仍须坚持，因为你无法承担时间浪费或其他风险，去找到一份更适合你的工作。或者你根本没有找到任何让你感到满足的工作，因此你让自己陷入麻木和沮丧的状态。当经济形势严峻、工作机会稀少时，情况会变得更加糟糕，因为我们越来越多的人满足于眼前任何可看见的收入，而不管工作本身对我们长期不利的影响，也不管我们多么强烈地感到我们的生活缺少了什么。

造成这一切——无论是萎靡不振还是其他——的根本原因是没有了解我们的技能、兴趣、价值观、个性与性格、心理类型与气质的独特性。你可能没有意识到，我在这里向你展示的是，每个人都有一个由所有这些因素组成的独特的代码，这个代码与特定范围的工作和职业选择相匹配，这个代码就是你的 CareerDNA。就像你的基因一样，它是你的，也是你独自拥有的。到目前为止，破译这些代码的方法只有少数人可以使用，他们付得起一对一辅导或指导所需的费用。在这本书中，我将为你提供通往这个王国的钥匙，并帮助你走上一条能使你找到真正让你快乐和满足的工作的道路。

有趣的是，爱和事业实际上是构筑人生幸福的两个基石。如果你热爱你的工作，你在爱中快乐的机会就会大大提高。虽然我并不声称自己是人际关系方面的专家（尽管我在这方面做了大量的专业工作），但我认为原因是显而易见的。如果你讨厌你的工作，你就会感到生活中的压力难以忍受。消除这些压力（在最好的情况下，用满足甚至喜悦来取代这些压力）可以让你的余生负担更少，甚至有可能与他人加强关系。

让机会对你有利

让我们面对现实吧：就业形势很严峻。当经济形势好、工作机会多的时候，我们找到满意工作的机会就会增加；当市场趋紧时，工作满意度往往看起来像一种奢侈品。如果你用你所拥有的强大的工具装备自己——通过真正了解自己是谁而产生真正的目标，你就可以在激烈的竞争中成为一个赢家。那些知道自己真正是谁、自己真正想要成为什么人的人，在进入任何就业市场时，比那些不了解自己的人更具潜力、灵活性和影响力。这是真的，因为这些人清楚地了解自己最大的优势、最大的激情、对自己和他人最有好处的技能，以及如何结合这些因素来获得有意义的工作，然后在那份工作中表现出色。当你行使你的权利，运用你最具有说服力的能力，为最合适的雇主或市场提供价值时，你将处于有利地位。

这能让你不受经济衰退的影响吗？不，但它确实使你比那些没有权利基础的人更能抵御经济衰退。当然，这也能让你更快、更灵活地适应市场环境，让你在任何经济环境下都有更好的机会从事有意义的工作。

最重要的是，它给了你选择。现在，很有可能你对自己理想的职业状况并没有一个清晰的蓝图。但是，如果你遵循这本书的结构化过程以及附带的线上 CareerDNA 自我探知系统，你不仅会有一个生动的可视化图表显示你的内在动机，还可管理许多不同的岗位和职业主题，这将帮助你顺利地在就业市场实现目标。

你也会在你选择的职业中获得更多成功的机会。斯坦福商学院两位教授查尔斯·奥莱利（Charles A. O'Reilly）和杰弗里·普费弗（Jeffrey Pfeffer）在他们突破性的著作《隐藏的价值：伟大的公司如何利用普通人取得非凡成就》中，将员工敬业度与他们工作的公司的成功紧密联系在一起。他们通过对 Men's Wearhouse、思科系统、SAS 研究所和 PSS 世界医疗等公司的分析，展示了这些公司是如何通过"几乎所有人都能取得卓越成果的管理实践"而蓬勃发展的。

"这些公司赢得了人才争夺战，"他们指出，"不仅仅是因为它们是很棒的工作场所——尽管它们确实很棒，而是因为它们懂得如何每天发挥所有员工的最佳能力……优秀的人都希望在一个能真正发挥自己才能的地方工作，在一个能给他们尊严、信任和尊重的地方工作，在一个能体现公司价值观和文化的地方工作。"

奥莱利和普费弗的这本书是写给管理者的，但他们传达的理念对所有员工都具有启发意义。如果你更专注于你的工作，你可能会更有效地完成工作，这样的表现应该会增加你的晋升机会，促使你接受更大的挑战。因此，如果你努力去发现最能让你感到满足的职业方向，你不仅会在工作中更快乐，而且也会把工作做得更好，从而更快地改善你的生活。

这是一个双赢的局面，建议你抓住每一个机会。

今天是什么把我带给了你

在与大家分享我人生中的一些巅峰时刻，剖析我的终身"英雄之旅"的基础之前，请允许我把你拉进激动人心的技能分析世界。当我带你跨过我生命中重要的垫脚石时，我会指出我一直使用的、但直到 30 岁出头才发现的可迁移的和自我管理的技能。可迁移技能，包括我们的心理类型、在我们生命的头三年发展的自然天赋等关键技能。我们可以在我们的个人生活和工作中来回切换这些技能，从而在我们需要动用我们的储备技能时迁移它们，使我们能够在面对生活的挑战时做到最好。可迁移技能总是被描述为引导性的行动或我们生活的一部分。例如，"看到大局""勾画""调解冲突"，或者"自我管理"，它是一种技术性的方法，用来描述我们在生活中或多或少始终如一地保持的个性与性格特征，并且总是附加形容词或副词，如整洁、善良、勤奋、一丝不苟、亲切。当我向你们介绍我早期的巅峰时刻时，我会指出我一路以来使用的可迁移的和自我管理的技能，这些技能在我从青春期到现在的整个人生过程中对我产生了巨大的影响。我们可以把这种技能分析或技能鉴定的过程看作一种对个人技能的"挖掘"，挖掘我们内在的"金块"，它清楚地告诉我们自己的天赋是什么。在之后的"技能 DNA"章节中，你将被引导完成一个过程，在这个过程中你或多或少会做我向你展示的分析，但那是关于你自己的人生的。一旦穿过那扇自我意识和自我洞察的大门，就没有回头路了。自 1977 年以来，我的近 2000 个个人和团体工作坊的来询者都经历过这样的过程。你将踏上通往更美好生活的道路。那就让我们开始吧。

　　我人生的前 15 年半是在纽约市人口最多的布鲁克林区本森赫斯特——黑手党横行的地区度过的。如果有人看过约翰·特拉沃尔塔（John Travolta）的突破性电影《周末狂欢夜》，你就会看到我成长过程中真实的世界。那些工人沉浸在旧的天主教传统中，生活围绕着家庭、教堂、以"社交和运动俱乐部"为招牌的黑手党聚集地，以及哥伦布骑士团——一个拥有全国会员的意大利裔美国人社会组织。你在街区的这一部分是安全的，但在其他地方却成了攻击的对象。走到三个街区外的公共图书馆就像把你的身体健康握在手中。暴力是通用的"语言"，男孩和女孩互相打架，母亲们有时也会打架，咒骂、扯头发、打耳光。这也许是对的，权利掌握在那些最善于运用体力和智力的人手中。我是几个街区内唯一能看到的犹太孩子，如果我寡不敌众，我的意大利裔美国朋友会保护我。上中学的时候，我制定了一个策略，我辅导那些来自不正常家庭的最坚强、最可怕的家伙，以换取他们的"保镖"服务（策略性思考，辅导他人，启发他人，激励他人）。这招很管用，因为很多人都知道，如果他们欺负我的话，我的"保镖"就会来找他们的麻烦。权利成为我毕生工作的一个中心特征。我很早就知道，无论如何，你个人的力量是你在生活的挑战中最值得信赖的朋友（勇敢，机灵，影响他人，批判性思考，解决问题）。恐惧是你的敌人。

我父亲不是个好人。他是一个工人，每天上班要花一个半小时到遥远的布朗克斯县的一家售卖家具、电器和音乐唱片的商店上班，为我母亲的一个叔叔和三个表亲工作。我在八岁的时候发现，在一个非洲裔美国人和波多黎各人社区的心脏地带，这是一家极具剥削性的商店，以惊人的价格销售商品，同时诱使客户从通用电气信贷公司那里获得长期贷款，后者收取的贷款利率高得离谱。在每台电视、冰箱、洗衣机、沙发床或床架上都有一个标签，一边是价格，另一边是代码，上面写着销售员能以多低的价格出售该商品。我父亲手下的一位推销员教我阅读标签，我开始意识到，我父亲和他的老板不仅是不诚实的人，还是通用电气信贷公司的帮手，该公司通过向穷人提供信贷，从穷人和无知的人身上获得数百万美元。这是我永远不会忘记的人生一课，它播下了对掠夺性资本主义及其等级制度中对处于底端的穷人的剥削发自内心的仇恨种子（看到大局，分析数据，培养强烈的道德观，理解他人的动机）。

我的父亲几乎什么都没教过我。第二次世界大战期间，在我两岁半的时候，他从法国对德国的战争中回来，他从来没有教过我他在美国陆军训练过的徒手格斗技能。他是一个脾气暴躁、反复无常、易怒的人，他对自己的男子汉气概缺乏信心，尽可能确保我不是他的竞争对手，但在这个过程中，情况往往会适得其反，他所做的一切，让我在几乎每个方面都成为他不想看到的"对手"（保护自己的利益，快速地认清形势，评估选择，制订应急计划，有效管理威胁）。他经常无缘无故地批评我，他的情绪决定了他有频繁的言语攻击和偶尔的肢体攻击。17 岁那年，我被选为大学一年级的学生理事会成员，我开始明白他其实很怕我，所有的幻想都烟消云散了（社交，激发信心，领导他人，在大小团体中演讲，自信地沟通，雄心勃勃，热心公益，轻松地与他人接触）。那时我们被一场大规模的学生运动所振奋，该运动支持任何注册的学生俱乐部邀请任何他们想听的演讲者到校园。我们一致支持学术自由，反对大学管理层拥有对学生俱乐部邀请外来者演讲的审查权。当马尔科姆·艾克斯和时任美国共产党主席的格斯·霍尔都被我们学校封杀时，我们学生准备在理事会投票，决定是否罢课一天，以支持学术自由（理想主义，愿意按原则行动）。当我在晚餐时告诉家人即将举行的投票时，我父亲几乎从椅子上跳了起来，坚持让我按政府的要求去做。我问父亲：我上大学是要别人告诉我该做什么、想什么，还是要学会独立思考（辩论，批判性思维，在压力下保持冷静，坚决/果断地提出尖锐的问题）？我的父亲在自由主义的成长过程中逐渐成为一名政治右翼分子，他坚持让我服从"成年人"的命令。我们争论了一个多小时，直到我真的把他逼到了他卧室的角落里。最后我告诉他，在第二次世界大战中，凭着他的信仰，他实际上站在了错误的一边。在我看来，他像是希特勒或墨索里尼的盲目追随者，而不是一个献身于民主原则和为自己思考的人。我能看到他眼中的恐惧，我很清楚他知道他将永远地失去我（准确判断形势，对当权者说真话，勇敢）。这是我第一次，也是最具戏剧性的一次，我明白父亲的权利已经被他在自己的生活中对既定的政治和经济秩序做出的妥协所削弱（批判性思考，连接点，识别模式）。最终，他与我的母亲离婚了，并与一位意大利裔美国人结了婚，皈依了天主教，但后来又背叛了她，与另一个女人同居了两年多，然后回到了他的第二个家庭。他成了当时的尼克松总统的种族主义的盲目支持者。如果他今天还活着，我毫不怀疑他会是特朗普的支持者。有了这样的父亲，我学会了如何不做一个像他那样的父亲（寻求新的学习经验，善良，懂得感恩，得出有力的结论）。虽然岁月淡化了我对他的深深的蔑视，但我也认识到他是阶级和战争所造成的伤害的一个受害者。当我还是个孩子的时候，我怀疑他像在他写的一本小说中描述的那样，杀害了一个年轻的德国少女，这个怀疑得到了我同父异母的弟弟的证实，他向弟弟承认了谋杀行为。我同父异母的弟弟告诉我，他之所以杀了她，是因为害怕她会揭露他和他的巡逻队在 Bulge 战役中躲在德国后方。我不可能知道真相，但我知道战争会让有些人做出最不人道的事情。犯了战争罪，或者目睹了杀戮和致残的恐怖，没有人能毫发无损地逃脱。这是对人类精神的一种创伤。我从父亲那里学到了一个道理，那就是家庭中的权利滥用往往会伤害我们的自尊，让我们相信自己眼中的自己比真实的自己要渺小。正是这样的领悟促使我终生致力于对权利说真话，并帮助他人克服阻碍他们成功的内在障碍，帮助他们深刻认识到自己天生的力量和才能（对权利说真话，激发他人的信心和勇气，开发他人的潜力，辅导他人，理解他人的动机）。

　　我从初一跳级到初三，从此我的生活发生了翻天覆地的变化。我进入大学的时候，只有 16 岁半。我毕业于著名的史岱文森科学高中，排名班级前 15%。我每天去上学要花近一个小时的时间。我的社交生活在这所男校里倒退了一步。我去了曼哈顿下城，发现身边的其他孩子大多来自曼哈顿的富裕家庭，他们的生活方式我只在电视或电影里见过。记得有一天，我坐在一个教室里，左边是尼古拉斯·齐尔三世，他是曼哈顿一位富有的专业人士的儿子，右边是前联合国驻菲律宾大使、联合国大会主席罗伯托·罗慕洛的儿子，他来自一个富有的菲律宾外交官家庭。我在布鲁克林的生活并没有让我准备好与来自如此优越背景的人交往，我在那里也没有交到如此有社会地位的朋友。当我来到即将成为纽约城市大学皇冠上的一颗钻石的皇后学院时，我还是一个工薪阶层的孩子，选择了皇后学院哥伦比亚大学化学工程联合项目。除了科学以外，我几乎不知道其他的职业选择。我第一次在工程物理课上拿到 35 分的成绩让我大吃一惊，于是我向大学的高级辅导员寻求建议，他建议我更加努力地学习（寻求新的学习经验，批判性思维，有高度的直觉）。他是一个无用的向导，因为我发现工程物理和微积分就像一门外语，我既不能理解也不能掌握，他告诉我要做的就是更加努力地学习。多年后，我发现了心理类型理论，找到了我可以考试通过但不能掌握物理、化学，特别是高等数学的原因。这些科目与我的天赋不匹配，我的天赋更多的是在社会科学和人文科学方面（直觉型感知，接受我无法改变的现实）。

　　一次偶然的机会，我大学体育课的一位同学邀请我去参加联谊会，我同意了。我穿着工人制服——斜纹牛仔裤、皮夹克，顶着向后梳的发型，就像年轻的约翰·特拉沃尔塔（John Travolta）在《周末狂欢夜》或他的另一部早期电影《火爆浪子》中那样（寻求新的学习经验，勇敢，冒险），走进会议室，其中一个兄弟会成员认出了我，用手捂住嘴，惊讶地指着我，因为所有的兄弟会成员都来自中产阶级或中上层阶层，而不是贫苦的阶层。这位兄弟后来就是因《寂静之声》成名的音乐天才保罗·西蒙（Paul Simon）。他后来告诉我，他决定为我努力争取，让我成为他们的"新人"或潜在的兄弟。我的生活改变了，因为我被卷入了兄弟会对政治世界的热情之中，进入了每天的午餐会，在那里，兄弟们聚集在一起，讨论政治、经济学、心理学、哲学、文学、民权、人权以及许多我以前从未听说过的主题和作家（寻找新的学习机会，提出尖锐的问题，区分重要与不重要，批判性思考）。我就像一块海绵，期待着每天早上醒来，兴奋地想着那天我可能学到的新东西。

　　我加入学生会的时候，我的表现非常出色。1961 年秋天，在我们一天的罢课活动中，我从一名大一的学生理事会成员、纠察队队长升为俱乐部活动部部长，后来又当选为学生会副主席，进而成为学生理事会会长。与我一起参加竞选的还有一位我精心挑选的候选人（激励他人，做演讲，有能力，看到新的冒险机会并抓住它，领导他人，教练他人，有高度的直觉，做出艰难的决定，招聘人才，寻求新的学习经验）。那个候选人也赢了，我们再次面对的是一个大学行政部门，它决心要建立一个由两名教师和学生会主席及副主席组成的审查委员会。这是公然企图引诱我们接受它的审查。学校校长是威严的哈罗德·斯托克斯（Harold W. Stokes）教授、美国驻联合国前副大使。当斯托克斯校长将当选的学生会主席停职，并将其调离学生会时，我成为学生会代理主席。《纽约时报》报道了这场激烈的政治斗争，我几乎每天都与报社记者通电话（在压力下保持冷静，着眼大局，有策略地思考，有说服力地沟通，善于处理困难情况）。我当时 19 岁，一个工薪阶层的孩子，对这种高调公开的政治斗争几乎毫无准备。我有一个很棒的顾问团队，并采取了一种策略，通过争取所有荣誉学生的支持来向他们的系主任施加压力，系主任继而也会向各自的院长施压，而不是浪费政治资本，通过公众示威让学生会主席重返学校和办公室（领导他人，寻求新的学习经验，寻找有用的资源，在压力下保持冷静，勇敢，确定目标，规划战略，执行战略，建立联盟，建设团队）。压力起了作用，危机达到了顶点，斯托克斯校长邀请我和校报编辑在一个大型公众会议之前去他的办公室开会，听取我对自去年开始的言论自由对抗的下一步行动计划。他在会议开始时说这是一个秘密会议。我告诉他，如果他在邀请函中告诉我这是一个秘密会议，我就不会参加。我们有数百名师生聚集在化学系报告厅等待这次会议的结果，我可不想空着手面对他们。斯托克斯校长一再坚持己见，我当场拒绝了（勇敢，有原则，思维敏捷，果断，礼貌但坚定）。然后，我走进了报告厅，开始了我的演讲：

"我刚从校长的办公室回来，那位伟大诗人卡明斯（Cummings）的话一直在我耳边回响。在他的诗《我歌赞奥拉夫》中，最重要的一句是'我不吃这一套'。"

然后，我发表了一场慷慨激昂的演讲，画出了一条底线：承诺允许大规模学生示威，支持学生自由邀请演讲者到校园演讲，全面支持学术自由。斯托克斯校长第二天就投降了（战略性思考，做演讲，用我的观点激励他人，理解他人的动机，愿意承担风险，领导他人）。我的一个兄弟会成员告诉我："有些人生来就是伟大的（不是我），有些人成就了伟大（不是我），有些人把伟大强加于他们（是的，是我）。"是的，这个来自布鲁克林黑手党社区的工人阶级的孩子，化学专业 19 岁的学生，挑战了大学中最有权势的校长，并以学术自由和言论自由的名义，领导了一场师生联合运动，取得了重大的胜利。我坚定地向权利说真话，在接下来的 60 年里，这也正是我在个人和职业生涯中所做的。这种对增长我个人力量的坚持成了我的职业与人生设计咨询实践的能量之源。我成为一个坚强的倡导者，让人们在面对父母、亲戚、邻居、雇主甚至政府的虐待和 / 或不公正对待时，增长他们的个人力量。

永远无法确保最终能胜利，但至少得有一个人在面对不公正时能保持尊严。

1963 年的早春，我即将大学毕业。大二的时候，我已经从化学工程专业转到了化学专业，这是我被中级微积分和工程物理两个学期的成绩 C 拖累的结果。我完全不知道在 16 种心理类型中，我的心理类型是"奋斗者"（ENFP），我这种心理类型与长期从事物理科学（尤其是工程学）的职业是不匹配的。我的新专业是化学，我想我可能会去读法学，然后从专利律师事务所拿到一笔丰厚的签约奖金。在我的同学中，只有两个理科专业的学生选修了超出毕业要求的人文和社会科学课程，我是其中之一。我选修了亚洲民族与文化、莎士比亚的悲剧与传奇、从柏拉图到马克思的政治理论等课程（寻求新的学习经验，承担风险）。

我的一位学生理事会会长基于国家培训实验室在群体动力学方面所做的激动人心的工作，提议召开一次领导会议。来自校园各处的学生领袖受邀参加一个周末的活动，从一群不相关的人转变为一个团队。这使我神魂颠倒。当我坐在一个小组里的时候，我对自己说："这就是我感兴趣的化学反应！是人与人之间的化学反应。"突然间，我意识到我当初选择的专业多么偏离轨道。在上大学之前，我被史岱文森高中录取，这所高中多年来一直是美国最好的高中，在科学方面有着卓越的学术成就。在苏联人造卫星挑战的阵痛中，大量学生被引导进入工程领域。

我的心理学生涯就是从那时开始的。我几乎没听说过弗洛伊德（Freud）、荣格（Jung）、库尔特·列文（Kurt Lewin）、埃里克·埃里克森（Erik Erickson）或艾瑞克·弗洛姆（Erich Fromm），但从那时起，我对心理学及其相关领域的狂热就一直伴随着我（寻求新的学习经验，成为知识专家，着眼大局）。我刚刚从我的职业生涯中逃脱，我本可以成功，但在这个过程中，它让我的灵魂枯萎。其他人可以做这项工作并从中找到意义、目标和激情，但他们是和我不同的人。我在只学了两门心理学本科课程的情况下成功获得了心理学硕士学位，第一年的学习成绩全 A，然后被纽约大学心理咨询项目邀请并获得了全额奖学金（敢于冒险，善于表达，善于处理困难的情况，有说服力，有决心）。于是，我开始了我毕生的努力，去寻找破解我们所做的每一个职业与人生设计背后的秘密的钥匙。

我在纽约大学的研究生阶段，除了对心理动力学感兴趣，还进一步激发了对社会正义的追求。这在我的专业里是边缘地带，我在临床和心理咨询专业的学生中是唯一对职业在个人生命周期中的作用感兴趣的人。我在纽约大学的一个宿舍楼找到了一份领导 16 名研究生的工作（激发别人的信心，做演讲，领导别人，理解别人的动机，寻求新的学习经验，构思和发展新的想法）。我们带头做出了许多改变，包括让男女学生住在同一层楼，废除压迫性的社会探视规定，保护遭受种族主义骚扰的黑人学生和性侵犯的受害者（坚持原则，保护弱势群体，促进积极的社会变革，鼓励他人，开发他人的潜力）。当纽约大学 20 世纪 60 年代末还在为社会问题拖拖拉拉时，我们就以民主参与的方式拿到了宿舍的管理权，并且我也被推选为博士生和本科生学生会主席，与其他委员会成员一起负责宿舍管理。我们审计了餐厅的运作，发现了主管的大量腐败行为并解雇了他，雇了一个对学生友好又对营养关注的人代替他。我们把声称是"大师"的音乐教授从他的位置上赶走并拒绝承认他的权威，因为他允许一个被指控的连环强奸犯和他的几名受害者在同一个餐厅吃饭。当我成功地为一名黑人学生做辩护律师时，我们公然违抗了学生生活教务长的要求。这名黑人学生被不公平地指控骚扰学生，他帮助了那些受到匿名种族主义信件攻击的黑人女学生。我们自己做了调查，发现罪魁祸首是一个白人女学生。我担任了两年的学生众议院委员会主席，我们把宿舍改造成一个具有人文社会价值的现代生活空间，并为参加反对美国入侵越南运动的非寄宿学生提供保护、住房和食物，因为纽约大学已经成为反对那场悲惨的美国战争的中心（领导他人，批判性和战略性地思考，愿意承担风险，建设团队，组织社会变革，看到大局，构思和发展想法，看到和抓住新创业机会，设计新的程序／项目，执行战略计划，对权利说真话，权衡替代方案，理解他人的动机）。

　　在我开发职业与人生设计咨询模型和在线 CareerDNA 自我探知系统时，最有影响力的可能是我为皇后学院开发的一门课程。我的母校雇用我做了两年的实习讲师，然后把实习讲师变成了一个固定的讲师职位，让我为教员服务了 8 年。那门课程名为"白人种族主义：心理学历史方法"，其灵感来自乔尔·科维尔（Joel Kovel）博士的著作《白人种族主义：心理学历史》。科维尔谈到了白人种族主义这个令人生畏的话题，它是所谓的民粹主义和白人民族主义政治运动的基础，让人想起纳粹主义和极端民族主义在第二次世界大战期间造成了大约 6000 万人死亡。他从历史、精神分析理论、经济学、社会学、人类学甚至生物学中汲取了丰富的知识，阐述了对白人种族主义的深刻理解。我的合作者艾丽斯·艾霍兹（Alice Eichholz）博士和我开发了这门课程，从所有这些学科中汲取观点和探索白人种族主义的问题，我们很荣幸地请到了科维尔博士来上课。让教员们接受这个课程是一个很大的挑战，但是我的演讲集中在白人种族主义的婚姻以及世界上大多数有色人种的殖民历史上，我们成功了（构思和发展新想法，看到大局，设计新项目，执行新项目，研究，招聘，做演示，问尖锐的问题，理解他人的动机，处理困难的情况，战略性和批判性思考，建设团队，有效的口头和书面沟通，在数据中发现模式，创造性思维）。

美国《独立宣言》直接关系到我选择从事的工作。它说："我们认为下述真理是不言而喻的：人人生而平等，造物主赋予他们若干不可剥夺的权利，其中包括生命权、自由权和追求幸福的权利。"当然，我们没有人能保证幸福，但是美国的社会契约在其中嵌入了我们的社会对追求幸福的权利的承诺。如果不可剥夺的幸福权利包括帮助我们每个人找到最自然的工作，让我们努力发挥潜力，我们能建立一个怎样不可思议的世界？如果在追求利润的同时还有一个目标，那就是为人们提供过上充实的工作生活的手段，那会怎样？诸如此类的问题推动着我的工作，并使我向读者——你提出了这些问题。

1976 年 6 月，我和纽约大学各分校的 1200 名其他教师一起被毫不客气地解除了在皇后学院的教职。纽约市处于崩溃的边缘，许多机构的雇员被解雇。那是在我被纽约大学授予心理学博士学位之后，我已经在另外两所大学里寻找咨询主任的新职位。由于没有新工作，我查阅了一本很好的书，那是我在皇后学院做心理咨询时用过的，理查德·鲍利斯（Richard Bolles）的《你的降落伞是什么颜色？》。我已经开始在纽约心理治疗研究所的职业咨询中心工作，发现了迈尔斯－布里格斯性格分类法，我正忙于尽可能多地学习心理类型理论（寻找新的学习机会，战略性地思考，看到并抓住新的冒险机会，招聘，激发他人的信心，激励他人，咨询和教练他人，设计新的项目和服务，做演示，面试他人，问尖锐的问题）。我偶然看到一个研讨会的传单，是由理查德·鲍利斯 4 月在密苏里州哥伦比亚的密苏里大学举办的为期三天的活动。1977 年，我开发了一个模型，我现在还在我的 20 小时密集的职业与人生设计咨询中使用它，这个模型基于职业与人生设计咨询的心理学历史方法。我几乎不知道我曾经预言了积极心理学领域和职业发展理论的叙事或建构主义。我创新的职业与人生设计咨询方法专注于了解来询者的三代背景，专注于了解他与祖父母、阿姨、叔叔、堂兄弟姐妹、父母和兄弟姐妹的关系，然后对来询者的生活按时间顺序进行密集的调查。我引入了一种创新的职业卡片分类和回顾过程，以及受伯纳德·霍尔丹（Bernard Haldane）启发的分析最佳生活经历和关系，以确定激情或动机（寻求新的学习机会，设计新的项目和服务，创新，连接概念和数据之间的点，做演示，研究，批判性和战略性思考，雄心勃勃，开拓新的概念和服务）。

借鉴我本科一年的有机化学课程，我开发了一种方法，建立了一个"技能队长"团队，代表 10~15 个工作职能，描述了来询者的理想工作。我设计了一种可视化的方式来表现那些受欢迎的工作职能之间的关系和层次。这已经被证明是我的生涯六因素模型中最重要和最具标志性的特征。来询者从他们生活中最好的"心流"体验中，有机地构建了一幅他们理想工作的画面。

我现在在中国、越南和菲律宾从事一项重要的事业，通过一个协调一致的战略性劳动力规划项目，推动这些国家年轻人的人才和职业规划，将政府、行业、非政府组织和教育部门联合起来，更好地为人们提供追求幸福的途径（看到大局，构思新想法与创意，咨询和教练他人，从冒险中寻找机遇，战略性地思考，批判性地思考，设计新的项目和服务，培训咨询师和教练，社交，研究，开发他人的潜力，写作交流，影响他人，利用在线资源）。这是我 45 年来的梦想——为亚洲新兴经济体提供战略性的劳动力发展模板。越来越多的人加入了我的行列，致力于使这一愿景成为现实。我是国际生涯认证协会及其理事会的荣誉成员之一，艾伦·盖滕比（Allan Gatenby）是国际生涯认证协会的富有远见的主席。我还加入了一个小圈子，大多是年轻的中国专业人士，由蒋贤明和杨润东领导，他们的销售、活动策划和营销工作与我的苏州成功伙伴管理咨询有限公司合并，在蓬勃发展的长三角地区建立以社区为基础的职业中心。我们的职业与人生设计咨询师（400 人左右）遍布中国、新加坡、马来西亚、菲律宾、越南、新西兰、澳大利亚、印度、荷兰、加拿大等。

我希望你现在对我的人生之旅有了一个更清楚的了解，你是我的书的中文读者和我的中文版在线 CareerDNA 自我探知系统的用户。挖掘理想工作中的"金块"的练习将在关于技能 DNA 的章节中清晰地展示给你，通过使用 CareerDNA 自我探知系统中的技能 DNA 模块，你可以更容易地识别你自己的技能 DNA。

职业与人生设计咨询

许多励志书籍常把自己比作指南针，它们帮助你看清你的方向。这本书不是指南针。坦率地说，在当今这样一个变幻莫测的世界里，你需要的不仅仅是一个指南针，来确定一个合适的职业。因此，CareerDNA 提供的不是一个指南针，而是一个陀螺仪。陀螺仪保持它的方向，而不受周围物体运动的影响。风可能会把船吹向这个方向或那个方向，但陀螺仪会一直把船引向正确的方向，永远是正北。就像一个陀螺仪，CareerDNA 提供了一个深刻地了解你是谁的内在核心，并将持续指向正确的方向，无论外部力量如何影响你。

同样，这本书也没有提供只能通过面谈或视频会议才能提供的生涯咨询。随着我们进入 21 世纪，它提供了一些更重要、更必要的东西。它为职业与人生设计咨询提供了一张蓝图。这本书的目的是帮助你看清你真正的才能是什么，以及哪些才能会让你快乐。如果你花时间去了解你的 CareerDNA 模块间的联系，如果你以用心的、诚实的态度完成 CareerDNA 自我探知测评，你将会带着你天赋的光环离开，你可以用它来找到最有成就感的工作，不管外界条件如何。我不能保证做这本书中的练习或 CareerDNA 自我探知系统软件会给你提供正确答案，但你至少会在人生的下一段路走得很好。书籍和软件永远不能取代一个有才华的顾问或教练，在你的英雄之旅上，它是坚实的基础，因为你将永远需要采取这些基本的方式获得一个充实的、快乐的和自由的生活。

像朱利安一样，你可以更健康、更快乐地完成这一过程，并获得巨大的成功机会。这是你应得的。我们都可以朝着这个目标努力。

第 2 章
CareerDNA 评估模型

40 多年来，我一直在和人们一起工作，帮助他们确定他们擅长的工作类型，以及他们将在哪些工作中获得最大的满足感。我为我的来询者提供咨询的过程是一个深度探寻的过程，涉及大约 20 小时的密集的一对一的咨询工作。这个过程对我的来询者来说是非常有效和有回报的（对我来说也是如此，因为我已经找到了我应该做的），但是，因为这需要大量的人力和时间，因此成本很高。虽然我以这种方式与超过 1700 个来询者合作过，但更多的来询者将受益于影响更深远的交付系统。在这几十年里，我一直在寻找一种方法，使我的方法可用于更广泛的地方。现在，我终于将我的工作以书的形式呈现出来，让你接触到一种综合的生涯规划方法，这种方法足够深入，可以帮助你了解你是谁，并以一种全面而有力的方式将这些信息应用到工作世界中。近年来，在这本书还没写好前，基于我深入密集的面对面咨询过程和我的个人经验，我创建了一个中英文版的 CareerDNA 自我探知系统及"我是谁"工作坊。

这个过程涉及多个步骤。在这本书中，我将首先向你展示 CareerDNA 每个模块背后的理论和科学（如果你想充分利用这个系统的话，这是至关重要的），然后带你了解这个过程中每一步的机制。美孚化工公司的副总裁在 20 世纪 80 年代初参加了我的临床职业咨询方法的硕士学位课程，并在课程结束时，以可视化的形式勾勒出我的评估模型。这个模型在 2006 年推出，并不断完善，如图 2-1 所示。

第一模块是心理类型与气质，其他模块都是建立在此基础上的。从古希腊哲学家的时代开始，人们就用不同的方式来描述人的心理类型和气质。心理类型与气质是无法改变的，而你应对世界的方式都是基于你的心理类型与气质的。每个人在他的 4 个内部功能（感觉、直觉、思考和情感）中都有一个主导功能。我们将探索四个基本维度（外倾 – 内倾，感觉 – 直觉，思考 – 情感，判断 – 感知）和从这些组合中产生的 16 种心理类型。此外，我们将探索一个来自 CareerDNA 的革命性概念。有充分的证据表明，当我们接近 30 岁的转换期和 / 或中年时，一个人的第三功能（任何个体内部 4 个功能中第三个最主要的功能）通常可以与第二功能交换。理解这一点，对于我们规划自己的生涯——实际上是如何应对整个世界，以及我们每个人在人生旅途中迎接挑战，有着巨大的影响。此外，我将介绍世界上最古老的书籍之一——《易经》中的相关理念，中国古人在地球和宇宙生命的自然循环和周期规律中发现了基本原理。

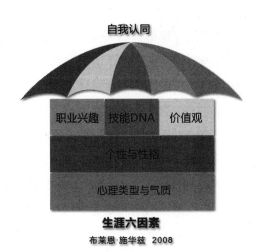

图 2-1　布莱恩博士生涯六因素模型

影响了我成百上千个职业生涯管理来询者的两个最强大的模块是心理类型与气质模块和技能 DNA 模块。后面我们会讲到技能 DNA，现在让我们先集中讨论一下心理类型与气质模块。

米奇当时 24 岁，是世界上最大的华尔街银行之一的一名年轻分析师，离开常春藤盟校仅三年，就取得了非常出色的业绩。他友好、非常热情，对世界充满好奇，但在金融界，他盲目地坚持父母为他选择的道路。在他和蔼可亲的外表下，他感到沮丧和痛苦，因为他对摆在他面前的高风险银行业的未来不感兴趣。他天生喜欢心理学，喜欢帮助别人。他的父母在经济上很成功，但不幸福。他对未来的憧憬和他想从事对自己来说有意义的工作的渴望，让他陷入了两难境地。2005 年，他从他在纽约的公寓来到我在康涅狄格州韦斯特波特一个多小时车程的办公室。他从不迟到，他比我的大多数来询者都更努力地挖掘自己，以揭示自己内心深处的真相。

米奇的性格类型是外倾的直觉和感知，在 16 种心理类型中，他是奋斗者（ENFP）。他的气质类型属于理想主义者，这种类型的人在大卫·凯尔西（David Keirsey）的《请理解我 II》中详细地描述过，这本书由他的女婿斯蒂芬·蒙哥马利（Stephen Montgomery）博士编辑。这也许不是偶然，而是缘分，米奇和我属于同一种心理类型。我们如此相似，以至于在咨询过程中，我们发现自己在互相补充对方说的话。当米奇意识到他的性格类型是一种自由支配的直觉型，如果他有选择的话，他会活在未来，他会拥护任何他觉得有趣和神奇的人和事时，他几乎从椅子上摔了下来。他很清楚地知道，银行业的职业生涯不太可能给他带来他在工作中渴望的那种内在的满足感。他的银行在金融界被视为"秃鹫"的典型，用他自己的话说，他工作是为了获得足够的收入，以确保他能过上好的生活，并在未来能够做任何他想做的事。与之相反，来自父母的压力让他既怨恨他们不理解他到底是谁，又愧疚自己在成长过程中没有足够感激父母为他所做的一切。他的朋友们，也是刚刚大学毕业的，对他有好感，但把他看作唐·吉诃德式的人物，想要追求一个自己无法把握的理想。他的支持团体很弱小，常常无法理解他对更充实生活的追求。然而，在米奇了解了他作为奋斗者的心理特征后，他最终决定放弃他的银行职业生涯，从职业与人生设计咨询中获得的见解，促使他决定攻读社会心理学博士学位。我很高兴地告诉你，他已经成功地在美国一所伟大的大学获得了学位，并开始了他人生旅程的下一个阶段，他很早以前就决定要为他的职业梦想奠定基础。他只是众多来询者中的一个，他们发现了自己的心理类型和这种类型的思维模式，并在生活中迈出了巨大的步伐。他们的命运在很小的时候就被深深地植入。毕竟，心理类型在三岁学习语言之前就已经定型了。难怪很多中国人认为三岁就决定了自己的命运（三岁看大）。

第二模块是个性与性格。大多数职业发展工具都没有充分考虑到这一点，尽管我认为我们必须这样做。当我们学会独立，开始以一种有意义的方式对世界采取行动和做出反应时，我们的个性与性格就形成了。虽然心理类型与气质是在重要的语言习得之前的婴儿期和婴儿的生存策略中产生的，但我们的个性与性格是在我们获得基本语言并在三岁左右成为社会性动物时从我们的童年经历中产生的。我们的个性与性格对我们偏好某些职业和工作环境有着巨大的影响，甚至对我们在这些领域的表现有更大的影响。我们将探索个性与性格是如何发展的，特别是家庭动力如何给我们每个人以及我们的职业选择留下不可磨灭的印记。与许多生涯咨询师不同，我已经放弃了使用性格测试，而更多地依赖来询者的自我报告。其目的是利用这个 CareerDNA 模块中的个性与性格列表来扩大和完善来询者在表达他们是谁时的词汇。了解 CareerDNA 是一个自我探索的过程，拒绝简单地将测评用于评判一个人。1977 年，我最早的来询者之一是理查德，他是一名年轻的再保险分析师，来自一个富裕的家庭，按照家族传统从事金融和保险工作。他的自尊很弱，情绪低落，在工作和个人生活中都严重缺乏信心。我和他一起探索他的原生家庭，发现他的童年有一个冷漠的父亲，他父亲期望他取得成就，但没有任何情感或实际投入。母亲是她丈夫无情批评的对象，偶尔有肢体暴力。用今天的话来说，这位年轻人表现出的症状就像在战场上受过创伤的人。我和他一起做分析，看到他的职业问题不是他人生中需要优先处理的事项，因为他有稳定的收入，但他需要考虑用心理治疗或心理分析来处理他的童年创伤，然后才能更有效地解决他的事业问题。他选择了接受心理分析。后来他在金融领域事业有成，结了婚，有三个孩子和几个孙子。正如我告诉我的咨询师学员，职业与人生设计咨询是心理健康领域的前线，许多人觉得与生涯咨询师交谈比与治疗师交谈更舒服。在我居住的中国，早期人们对咨询治疗或分析有一定的忌讳。但现在人们已经越来越意识到寻求心理帮助的好处，而不再担心别人会对自己找心理咨询师或者治疗师投以另类的眼光。

第三模块是我从伯纳德·霍尔丹（Bernard Haldane）的开创性工作和对约翰·克里斯托（John Crystal）和理查德·鲍利斯（Richard Bolles）的理论改进中发展出来的概念，我称之为技能 DNA。理想的工作环境对我们每个人来说都是不一样的。即使具有相同心理类型与气质以及相同个性与性格特征的人也可能想要找不同的工作和工作环境。这是因为我们每个人都有一个独特的角色和功能组合，这些角色和功能以我们每个人独特的方式相互作用。在我们的职业决策中，我们也有自己独特的故事驱使我们这样或那样做。一个人的技能会极大地影响他寻求的职业类型（通常会揭示一个人以前从未考虑过的职业选择）、面试方式以及求职结果的质量。

CareerDNA 的第四模块是价值观，这也是许多职业发展工具没有充分考虑到的另一个因素。价值观对工作满意度有很大的影响。那些工作和工作环境与他们的价值观紧密一致的人不仅更快乐，而且更富有成效。我已经确定了 50 多个核心价值观，这些价值观影响着一个人与工作环境的关系以及个人生活。你会把这些价值观放在一个独特的层次结构中，它们对工作和职业满意度影响最大。我们将在这本书中探索这些价值观，我将向你展示如何以你以前想象不到的方式识别你的价值观。

CareerDNA 的第五模块是职业兴趣。我们把所有的就业领域分为 17 个职业群。每个群都有与之相关的各种职业主题。总共有 900 多个职业主题分布在这 17 个类别中。这意味着有超过 900 个职业主题可供选择，每一个都包含许多职位。这些职业主题中有几个适合你？我敢肯定，许多你从未考虑过。然而，劳动力发展的前沿实践表明，未来的雇主将更关注可迁移的技能，而不是职位头衔，CareerDNA 多年来一直在预测这一发展。尽管如此，我们为你提供了卡片分类的环节，帮助你找到你的职业兴趣。

一旦你对 CareerDNA 的每一个模块都有了深刻的理解，你就可以利用一系列测评来帮助你更好地了解你自己。比起你之前接触的职业选择工具或测评，我将带你走得更远。你会问自己新的问题，用新的方式分析自己。你将能够为你理想的工作环境创造一幅生动的画面，以及明确你可以为市场提供什么，从而使你真正具有独特性和价值。到那时，你就能制订一个行动计划，让你到达你想去的地方。对于那些更独立、更敢于冒险的人来说，你的测评结果将帮助你为自己的才能创造市场。

第 3 章
心理类型与气质

1976 年，我辞去了纽约城市大学皇后学院的教职。不久之后，我在纽约市的一个心理治疗培训协会建立了属于我的生涯咨询工作室。而我的第一位来询者是纽黑文大学的一名学生，他从他的大学就业中心带来了一些测试结果，其中包括广为人知的 MBTI 测试——迈尔斯 - 布里格斯性格类型测试。当时我对这个测试只是一知半解，我被最早来自西格蒙德·弗洛伊德（Sigmund Freud）的大弟子卡尔·荣格（Carl Jung）的智慧所震撼，并立即网罗了尽可能多的关于心理类型的心理学资料，投入学习。

这是一个模型，用来确定人类应对来自外部世界和内心的大量刺激的最基本方式。这是一个有组织的系统，它解释了我们人类如何典型地理解我们的世界并做出决定。不久之后，我接触到了当代气质理论之父大卫·凯尔西（David Keirsey）博士的研究。从那时候起，我的职业生涯被永远地改变了。我开始明白，去理解我们大脑中的神经连接以及它与我们在生活及工作中找到幸福感之间的关系，比任何一个因素都更能帮助我了解是什么让我们每个人热爱我们的工作和生活。于是我觉得有必要将我们的心理类型、气质与我们的人生联系起来。

卡尔·荣格认为，每个人都有基本的和与生俱来的方式来组织他们的内心世界，创造了"外倾（E）"和"内倾（I）"两个术语来描述我们心理能量的偏好方向。他进一步确定了两个功能，第一个功能描述了我们喜欢的接收信息的方式。我们每个人接收信息的两种不同方式是通过我们的五感或感觉（S），或通过第六感或直觉（N）。然后他指出了我们做出决策的两种基本方式——思考（T）和情感（F）。凯瑟琳·布里格斯（Katharine Briggs）和她的女儿伊莎贝尔·迈尔斯作为类型学的先驱者阐述了荣格的理论，然后将他的概念推广并商业化。她们阐述了人们执行或将决定付诸行动的两种基本方式或"态度"——判断（J）针对执行过程中有组织、有计划的人，感知（P）针对自发的和开放的执行者。所以我们有一个由四个维度组成的模型，两种态度各有两个选项，两个功能各有两个选项。由此，16 种不同的心理类型（每种由四个字母组成）有力地描述了每个人在这个世界上个人生活的方式。虽然心理类型不能描述一个人的全部，但它确实描述了每一个人的大脑操作系统所建立的平台。

不太为人所知的是，卡尔·荣格在阅读理查德·威廉（Richard Wilhelm）的《易经》德语译本数年之后，才写出了他的影响深远的著作《心理类型》。在那本神奇的书中收录的中国古代的智慧在几千年之后孕育出在西方世界无处不在的心理类型与气质的术语和定义，东方的智慧是多么了不起啊！从那之后，心理类型已经是一个被数百家《财富》500 强公司使用的概念，并被无数人所熟知。我在我长期的生涯咨询服务中将其演绎成一个 CareerDNA 评估体系，使其更像一个带有故事情节的人机咨询系统，未来还将尝试使用中国古代神话人物以及构成类型理论的 16 种心理类型制作中国版本。我更像这个理论应用的践行者，在近 50 年的学习和工作中，这套理论在生活、工作中的应用效果总能让我发出感叹。

最重要的是荣格领悟了中国古人所假定的两个法则，即对立性法则和周期性法则。对立性法则告诉我们，在宇宙的每个方面，都有其对立面。周期性法则告诉我们，所有的生命都倾向于具有周期，季节、潮汐，人类、民族、国家、组织也各有其发展阶段。我已经创建了一个新的"八卦"或八边模型，不仅能让你更好地了解你的天赋在宇宙中的位置，而且能了解在组织生活中，你的兴趣、天赋或积极的技能和价值观，以及你的弱点或缺陷在哪里。原始八卦是八角形的，大自然的主要力量是天、泽、火、雷、地、山、水、风，这些在这一章后面会有更多的介绍。

心理类型与气质是天生的吗？这是一个几乎普遍存在的未经证明的假设，尽管我倾向于相信人类的一些基本本性是与生俱来的，但我对此假设是持反对意见的。我更相信我们的心理类型更多的是从娘胎里出来时使用的生存策略的结果，无论是你、我还是任何人，只要处在刚出生的时期，都需要被迫为了生存而形成自己的心理态度和功能。在我们生命的最初阶段，我们都只能依赖父母或其他照顾者而生存，但我们在寻求生存和独立的过程中，都在努力尽可能地适应环境。在语言能力显著提高之前的发育阶段，或者说在我们生命开始的头两三年，我们经常使用的神经末梢会被一种叫作髓磷脂的蛋白质鞘包裹着，这种包裹让我们的神经末梢更加容易被使用，从而让我们更多地控制我们的身体。这些我们经常使用的神经末梢就因此组成了我们大脑最原始的操作系统，就像 Linux、Mac OS、Windows 这些计算机操作系统，但是各有擅长和侧重，人与人之间的不同，就形成了我们每个人的心理类型与气质。这是一种理解我们生活的世界的基本方式，我们可以基于这样的理解，对自我的认识做出决定和反应。通过了解我们的心理类型——四个维度的四个字母组合，我们会得到一个关于我们在这个世界上为何存在的深刻故事，我们可以由此不仅找到那些可能给我们满足感和享受的工作种类，而且它还可以提供我们对自身天赋和潜力的深刻认识。这 16 种心理类型可以分为四种气质，同样也能告诉我们每个人自己是谁，拥有什么样的潜力，适合什么样的工作和生活。

　　许多年以来，我一直让我的来询者采用各种形式的迈尔斯－布里格斯性格类型测试以及凯尔西性情分类器和个人风格列表，但我无一例外地发现，经过这些测试，来询者的四个维度中至少有一个是不正确的。来询者看了测试结果后，往往会感到不舒服，或者明确地说"那不是我"。所以我开发了一种对话方法来确认他们真正的心理类型与气质。市场上关于心理类型问卷，包括广泛应用的 MBTI 测试的信度低于 75%。因此我通过我的工作经验，总结了一段结构化的对话并通过这样的对话确定来询者的心理类型，结果取得了更高的信度。再后来，我将这段对话重新构建并放到网上，用互动和卡通的形式让来询者使用，这就是我最初的 CareerDNA 自我探知系统，目前也有中文网站——dna.careerdna.cn。我相信看到这里，作为读者的你也会很想知道自己的心理类型与气质，登录网站并注册，使用本书附带的充值码，你将通过一个用户友好的、更为准确和交互式的探索方式来确认你的心理类型。最后你会得到一份 5~6 页属于你自己的心理类型的报告。

　　我的很多来询者都称这个报告直击心灵、非常震撼，我想这也可能有在我面前给我面子的成分，但是很多人这么说的话，我还是很有信心推荐你试试的。

心理类型与气质介绍

接下来，让我们一起来确定你心理类型的四个字母，关于心理类型的的名字（由四个字母组成）和核心内容我都已经得到大卫·凯尔西博士的授权。在进行下面的探索前，请大家记住：我们要寻找的是四个维度，包括外倾与内倾、感觉与直觉、思考与情感、判断与感知，每一个维度都包含一种倾向性，我们需要识别自己的倾向性，来发现自己的心理类型（见图 3-1）。

图 3-1　心理类型的四个维度

外倾（E）与内倾（I）

外倾（E）和内倾（I）经常容易被误解，前者容易被误解为外向，而后者容易被误解为内向或者易害羞。虽然通过观察你的行为可以看出这两种引导你能量的方式中哪一种你更倾向，但要真正了解这两种倾向中哪一种是你的自然偏好，了解你内心的真实活动则更为重要。我们中的任何一个人在任何时候都可能外倾或内倾，但我们的能量流动的自然方式或默认方式给了我们关于我们真实本性的答案。

孩童时期到青少年时期的我是个很易害羞的人，但是，一旦我能和别人说完"你好"，就很难再保持安静，会和别人滔滔不绝地交流很久，而这种健谈一直保持到 60 多年后的今天。事实上，那段日子的我曾属于害羞型的外倾，如果只从表面看的话，我会是个内倾的人，但是事实上，我却是个外倾的人。

再来说说我的一位时间最长的朋友，他是一名非常成功的公司董事长和企业家，他在大部分人眼里看起来是个外倾的人，因为他健谈，控制欲强。但是事实上他会自然地将精力投向内部，他告诉我，每当他要发表演讲时，他的胃就会翻腾起来。在许多社交和商业场合，他都承认自己是个"演员"，因此他属于社交型的内倾。所以，不要被外表所欺骗，无论是你自己的还是别人的。通过了解自己的心理能量倾向去了解自己是外倾的还是内倾的非常重要。

外倾的人通过参与和关注外界的事情来获取能量。他们持续关注外部世界，不管是在线聊天、打电话、阅读还是社交。他们通常需要一个外部设备来及时唤醒自己去完成平时的工作，比如智能手机上的闹钟功能，而且他们更有可能在醒来时将其设置为自己喜欢的音乐。他们经常会立即使用电脑或智能手机来获得外部刺激的"修复"，可能会听一个新的播客节目或歌曲。如果他们在排队（比如买电影票或火车票），他们很可能会开始和别人交谈。当然，有的时候他们会因为害羞而不敢开口，但是他们的内心至少是非常想开口的。他们渴望社交互动，并且很可能是最后一个离开聚会或活动的人。外倾的人在与他人交谈时思考得很好，通常也喜欢与他人互动。在会议上，他们会在说话的同时也在思考，甚至把还没有完全形成的想法放在别人面前，并期待着别人的加入，以进一步发展他们的想法。在思考时，他们经常想象自己在与另一个人交谈，但实际上只有他们外倾的自己在头脑中说话。

内倾的人通过深入自己的内心，反省、反思和思考来获取能量，他们经常这样做，并不需要也不渴望与他人互动。他们更加关注自己内心世界的想法或感受，往往不愿被外界所打扰。起床时通常不需要闹钟的帮助，或者即使有闹钟，他们也会把它关掉，然后继续他们早上的例行公事，直到他们为一天的工作做好准备为止。如果他们在排队（比如买票或买东西），他们不太可能和陌生人交谈。他们更喜欢在发言前把事情想清楚，很可能在离开会议时还没有表达自己的意见。与外倾的人相比，他们对社交互动的需求要少得多，而且很容易错过社交活动，除非是和他们已经认识的人在一起，而且他们不喜欢一次和太多的人打交道，尤其是陌生人。

好了，现在我们已经有了一个简短的定义和一些线索，来说明你的心理能量自然会流向哪个方向。你认为你是外倾的还是内倾的？可以先做一个记录，在 CareerDNA 自我探知系统模块一中有关于心理能量倾向的测评，里面还包含了一个校验的方法，可以深入探索，最终发现你在这个维度上的倾向。

感觉（S）与直觉（N）

第二个维度是你倾向如何接收信息。如果你更喜欢通过你的五感或者感觉（S）来获取信息，你可能会在生活中非常实际，更喜欢处理真实的、具体的问题和挑战，更喜欢弄清楚如何从一个地方到另一个地方，或者如何提高你所做的东西的质量或数量，而不是为生意制定策略或为新服务开发想法。你会更喜欢关注事实和细节，对你以前做过的事情更有耐心，可能会重复很多次。你更喜欢专注于此时此地，"当下"是你时间王国的国王。与一直学习新东西相比，不断完善某种技能并反复练习会让你感到很舒服。在与人会面时，你更有可能记住他们的外貌和谈话的细节——他们穿什么，他们的发型是怎样的，他们的眼睛是什么颜色，他们是否戴饰品，以及饰品看起来是什么样子的。你更像一个脚踏实地的人，运用常识，喜欢处理你所熟悉的情况，就像《绿野仙踪》中的狮子一样。对于你所知道的，你是坚强和自信的，但对于你以前从未经历过的，你有些谨慎，甚至有些害怕。你知道自己喜欢什么，喜欢重复。感觉型的人经常会在同一家餐馆或美食广场点同样的菜。

另一方面，获取信息的相反方向——直觉（N），更倾向于使用你的第六感。如果你更喜欢直觉，那么你就更容易转向大局，看整体而不是局部。你几乎能自动地将许多情况联系起来，而且经常喜欢寻找一种新的做事方式，而不是一成不变。这并不是说事实对你不重要，而是它们只是被作为一个起点，因为你对它们所暗示的可能性或你所看到的东西的含义更感兴趣。直觉型的人更倾向于面向未来，而不是强调当下。天马行空的未来要比当下有趣得多。就像《绿野仙踪》里的巫师一样，日常生活的细节对直觉者来说没有什么兴趣或重要性，特别是在压力之下，他们可能会忘记钥匙、钱包、护照或购物清单，或者忘记去拿干洗的衣服，或者忘记给汽车加满油。他们对新的想法有强烈的兴趣，同时，对日常细节的观察则是他们的弱项。

哪种收集信息的方式对你来说更自然？如果你不能轻易做出决定，不要担心。根据你的心理类型，你可能像一些人那样左右手都可以随意切换。随着你年纪越大，就越有可能对两种方式都感到满意。在这一章后面会有更多的讨论，所以请注意，如果你对两个倾向无法确定，那就先放一边吧。

思考（T）与情感（F）

一旦你能够决定你倾向用哪种方式来获取信息，你现在就可以决定你喜欢对这些信息做出什么样的决定了。我们中的一些人在做决定时更多地思考（T），而另一些人在做决定时更多地用情感（F）。没有哪一种更加有优势，它们是不同的，只是有时在某些环境下会生出一种比另一种更好的可能性。当然，在企业里，在做决策时，思考比情感更有价值，而且随着组织规模越来越大，这种情况越来越明显。然而，在人力密集的领域，如咨询、销售、社会工作、市场营销、公共关系、外交、娱乐、人力资源、教学领域等，情感导向不仅常见，而且往往更有效，组织和客户都更重视。

爱思考的人喜欢基于非个人的、客观的考虑来做决定，并且经常根据他们预期的结果来衡量他们的决定。他们以数据为导向，喜欢在做出决定前仔细分析情况。他们根据自己设定的目标来管理自己的工作生活。他们当然不是没有情感的，但他们努力不让情感影响他们的决定。虽然他们经常被认为是冷漠的，对他人的感受漠不关心，但事实可能并非如此，因为他们的舒适区是客观的存在，就像《绿野仙踪》中的铁皮人，花在他们头脑中的时间比花在他们心里的时间多得多。他们更有可能说"我需要把我的思想围绕着这件事"。他们确实使用这样的思考方式，即用他们的智慧抓住问题或应对挑战。

　　另一方面，情感型的人在做决定时是主观的，他们更可能考虑一个决定可能带来的社会利益，而不是这个决定是否正确。他们会根据自己的信念和价值观来衡量自己所做的决定，而且往往会根据个人的考虑而不是客观的标准来做决定。道德性经常引导着他们的决策，他们努力尽可能地做"正确的"事情。思考型的人可能会做出让人不高兴的决定，因为他们认为这是正确的，情感型的人更有兴趣做出促进社会和谐的决定。然而，当涉及他们的信仰及原则时，例如，他们的原则被违反，情感型的人可能和思考型的人一样具有批判性。情感型的人就像《绿野仙踪》里的稻草人，有爱心，但缺少智慧。

　　你认为在做决定时你更倾向哪一种？就像感觉和直觉一样，你可能在你的偏好上有犹豫，但我们大多数人会倾向于某一种方式，事实上，对我们中的一些人来说，思考或情感可能是我们最大的优势。但如果你在感觉与直觉维度上需要进行区分，你就要努力确定你的主导倾向，因为没有人会在接收信息和做决策这两方面自然地分成两派。在这一章后面会有更多的介绍。

判断（J）与感知（P）

　　决定你的心理类型与气质的最后一个维度是你实施或执行决策的主要行为方式。判断型（J）的人的生活方式是有条理的，他们在生活中制定并坚持执行计划。他们更喜欢事物清洁有序，你可以经常看到他们一尘不染、井井有条的桌子和电脑桌面，在一天工作结束的时候也整洁有序。他们很果断，喜欢把事情做个了结，总是急切要求解决问题并采取行动。他们非常遵守时间，严格遵守别人给的或自己设定的期限。他们做事不愿意浪费时间和资源，而是按照计划，有条不紊地把事情做完。几乎所有判断型的人都有待办事项清单，并用划掉已经完成的事情这种方式来工作或者生活。当他们在一天结束的时候，看到他们划掉了当天计划完成的所有或大部分工作项目，他们通常会感觉很棒。

恰恰相反的是，感知型的人（P）比有计划和有条理的人更随意和自发。他们最喜欢的事情就是对不断变化的情况做出反应，把计划抛到脑后，寻找有创意的方法来应对不断变化的情况。他们经常杂乱无序，尽管许多人努力克服这种自然倾向。他们通常每天都会迟到5~15分钟，而且他们对待时间的态度随意得多。他们更倾向于获得更多信息，而不是做出决策。他们在做决定时可能会比较慢，但对模棱两可的情况比判断型的人要宽容得多，并且发现自己更能在不清楚或非结构化的情况下采取行动。虽然他们有拖延的倾向，但他们往往能在最后一刻把事情做完。在学校里，这些人通常会要求延长作业上交期限，或者临近期限才紧急完成作业。他们会在出发前的最后一分钟打包行李，更喜欢随机应变，而不是制定严格的旅行计划。通过这些描述，你可以想象一下，一对判断和感知型的夫妻准备一起旅行会是什么样子。

你天生更像哪种人，有条理的判断型的人，还是随意的感知型的人？注意哦，我们可能会有这两种倾向，但一般来说，我们都有对其中一种或另一种倾向的自然偏好。看看你的桌子、你的家或者你家里你用得最多的地方，判断型的人是非常整洁有序的，感知型的人经常到处乱扔东西或东西乱作一团。不过要强调的是，不要被你可能在职场中被打造出来的规则性或者纪律性所迷惑。很多人都觉得自己工作很有条理，但你在那些由自己支配的时间里，比如周末，喜欢做什么往往说明了你真正的倾向。判断型的人总是有"要做的事"的清单，并且每天划掉已经完成的事，这是一种极大的乐趣。而感知型的人如果被严格要求把待办事项写下来或记在电脑里，他们往往要么丢了，要么忘记了。大多数感知型的人会把要做的事情记在脑子里，他们经常会忘记一些事情，尤其是日常生活中的一些琐事。他们经常在找钥匙、眼镜、收据或衣服干洗票。

16 种心理类型

经过这么多的介绍，你现在应该有一个四个字母的组合表示你的倾向性了，这就是你的心理类型。你可以在这本书后面的附录中找到一份与你的心理类型很匹配的长报告。在下面的篇章中，我对每种心理类型结合气质做了精练的介绍，方便你快速找到你的心理类型。

1. 倡导者（ESTP）

倡导者非常吸引人。他们创办一个企业、主导一个项目或活动，然后赢得人们的信任和信心，让人们参与进来。他们非常擅长操盘，处理人际关系就像一名善于演奏乐器的人一样，本能地知道何时以及如何按下按钮。他们是顽皮的豪赌客，迷人、勇敢、乐观、爱冒险，总是在那些能够让自己突破极限的体验和冒险中寻求刺激。他们是天生的猎手，不仅是为了他们需要的东西，更是为了他们珍惜的东西（见图 3-2）。

图 3-2　倡导者

注：图中的 TNOG，AMEP，IJG，OFT，DOW，LSER，WNNR 为美国各大公司名的简写

倡导者的技能：擅长以任务为导向，有洞察机会的能力，高效，总能先人一步，擅长谈判，非常擅长达成交易和启动项目，擅长用数据做依据，激励团队高速运转。

倡导者的价值观：寻求刺激，影响其他人，善于行动，自主，追求有形的结果，排斥官僚主义，具有冒险精神。

倡导者最流行的职业主题：销售 / 服务、金融、娱乐 / 体育、交易、商贸。

　　倡导者最流行的职业岗位：证券交易员、猎头、侦探、房地产经纪人、诈骗调查员、救援／救济专业、飞行指导员、犯罪学家、犯罪现场调查员、情报专家、股票经纪人、股票交易员、体育运动发起人、导游、探索引导员、舞蹈家、职业运动员、演员、艺人、厨师、餐厅老板、访谈节目主持人、空中交通管制员、视频游戏开发者、生态旅游专家、房地产开发者、商业业主／企业家。

2. 表演者（ESFP）

　　表演者对人非常友好，他们会为了身边任何一位相处得舒服的人献上自己的表演。他们充沛的精力和戏剧性总能让周围的人感到兴奋和愉快。他们多面而有趣，能够无忧无虑地把生活过成一个盛大的聚会。他们对快乐、多样性和乐趣的追求使他们成为令人愉快的伙伴，无论他们走到哪里，都散发着能量、欢乐和愉悦。他们虽然独立，却非常机智而且乐于合作，所以他们总是非常棒的团队成员（见图 3-3）。

图 3-3　表演者
注：图中的 AND SO, LONG STORY SHORT... 中文为"就像我刚才说的……"，HA HO HA HEE
中文为"哈哈哈"

　　表演者的技能：天生的艺人，语言非常生动诙谐，擅长任何形式的演讲和表演，危机中擅长处理人的问题，容易相处并且相处会愉快，能将其他人团结在一起，适应力强，适合开放式管理。

表演者的价值观：服务他人，给他人带来快乐，随性，追求生活平衡，乐于合作，乐于助人，独立。

表演者最流行的职业主题：教育、社会服务、娱乐、医疗健康、商业和销售、服务、科学。

表演者最流行的职业岗位：动物训练师、教师、体育教练、软件开发人员、牙科保健员、按摩师、营养师、兽医、紧急医疗技术员、急诊室医生、私人健身教练、导游、摄影师、歌手/舞者/演员、活动发起人、特别活动协调员、直升机飞行员、动画师、荒野冒险领袖团队教练、房地产经纪人、厨师、餐馆老板、猎场看守人或动物园员工、环境科学家、地质学家、公共关系公关员、度假村公关总监、娱乐总监、酒店礼宾员、销售人员培训师、服务型企业的老板、专业运动员和活动协调员。

3. 手艺者（ISTP）

手艺者喜欢身体动作，尤其是涉及需要使用工具、仪器或设备的身体动作。这些时候，与其说他们是在工作，不如说他们是在玩那些属于他们的工具和小玩意儿，而且他们身边似乎总有许多"玩具"要做或试验。他们是行动派，多做事少说话，非常享受甚至追求那些可能涉及危险和风险的活动。他们经常被务实的企业主赏识，并且以做事有始有终而闻名，乐于看到自己行动的结果（见图3-4）。

ISTP

图3-4　手艺者

手艺者的技能：天生的工具大师，当异常发生时能迅速察觉到，能较好地施展技能，五感非常突出，善于操控或制作某件具体东西，是精明的实用主义者，愿意用任何手段把工作做完，在危机中非常镇定并能够高效且轻松地应对。

手艺者的价值观：刺激、影响力、随性、速度、结果、变化、自由。

手艺者最流行的职业主题：销售/服务、技术、医疗健康、商业和金融、贸易。

手艺者最流行的职业岗位：测量师、情报代理员、飞行员、私家侦探、音乐家、医药销售、体育教练、摄影师、电子专家、计算机程序员、系统网络分析师、软件工程师、海洋生物学家、应急医疗技术员、股票或大宗商品交易商、采购代理、机械工程师、农夫、森林学家、商业艺术家、飞行指导员、房屋建筑商、厨师、救援人员、企业家、电视摄像操作员。

4. 创作者（ISFP）

创作者对美有着极致的追求，会选择在任何媒介上创造美，比如音乐、食物、黏土、灯光、室内装饰、摄影、迷你模型、服装等。他们不太会说话，他们可以在冲动和追求完美的驱使下，花上几个小时专注于一个创造性项目。一旦开始艺术创作，他们就会兴奋、自动自发，完全沉浸其中（见图3-5）。

图 3-5　创作者

创作者的技能：创造各种形式的美学构件，对变化敏感，应变能力强，能运用五感创造美好的事物，给团队带来创造力，擅长设计。

创作者的价值观：刺激，影响其他人，追求多样化，自由，服务他人，和谐，追求美。

创作者最流行的职业主题：工艺品制作、医疗健康、科学/技术、销售/服务、商业。

创作者最流行的职业岗位：厨师、艺术家、画家、时装设计师、纺织品设计师、花卉设计师、室内设计师、景观设计师、发型设计师、动画师、按摩师、护理师、验光师、私人健身教练、兽医、植物学家、动物学家、电视摄像操作员、考古学家、商店老板、旅游销售员、商品策划师、动物美容师/培训师、景观设计师、社会工作者。

以上四个字母组合的四种心理类型中，都有 S 和 P，一起构成了技艺者气质。大卫·凯尔西（David Keirsey）博士根据其开创性研究，写了几本关于气质的书（《请理解我》《气质画像》《请理解我Ⅱ》《人格学》），其中写到了技艺者有几个关键的特点。他们是注重行动的谈判者，是那些勇敢面对危机和挑战的人。他们喜欢冒险，而且肯定是四种气质中最崇尚自由精神的一类人。他们非常现实，享受尽可能少的限制、规章、程序和政策的生活。技艺者在传统智商范畴上没别的气质类型的人那么聪明，他们更喜欢通过练习来学习，而不是被说教或过度阅读。这并不是说他们不能用传统的方法学习，而是在有选择的情况下，他们更喜欢行动和体验，对他们来说，这些才是最好的老师。没有什么比得上能让他们自由发挥更让他们兴奋的了。尽管他们喜欢新的想法，但是对那些过于抽象的、理论的或哲学的东西他们会感到不耐烦，除非这些想法与完成任务的实际方法是相联系的。在著名的电视连续剧《欲望都市》中，成熟的金发美女萨曼莎·琼斯（Samantha Jones）是技艺者气质的缩影：令人喜爱的、性感的、爱冒险的、喜欢娱乐的、擅长公关的。

5. 监管者（ESTJ）

监管者是他们工作或生活的任何团体的支柱。他们是维护文明生活的制度的可靠且值得信赖的人。他们天生尊重权威，尽职尽责地履行自己的义务和责任，并期望其他人也这样做。他们是制定秩序、安排日程、明确职责和监督履行的大师。监管者为组织生活提供基础，在组织良好的结构和秩序中茁壮成长，并强调把事情做好。他们是天生的监督者和管理者，享受为他人提供指导（见图 3-6）。

图 3-6　监管者

注：图中的 TO "DO" LIST 中文为任务表

　　监管者的技能：做事情靠谱，值得信赖，擅长为项目构建流程，给团队明确的行动步骤，擅长与勤奋者共事，确保事情运转顺利，擅长以直接的方式协调团队关系，鼓励团队合作，在考核责任心和结果导向的环境中保持领先，擅长监督他人遵守规则和流程。

　　监管者的价值观：秩序、权利、责任、职责和义务、结果、系统、快节奏。

　　监管者最流行的职业主题：销售 / 服务、技术、管理。

　　监管者最流行的职业岗位：保险代理人、销售人员（有形商品）、丧葬承办人、政府雇员、警察或安全专家、运动教练、证券经纪人、预算分析、房地产经纪人、飞行员、酒店经理、审计师、计算机系统管理员、数据库管理员、项目经理、办公室经理、健康服务管理员、物流和供应链经理、牙医、行政专员、企业金融律师、学校校长。

6. 供应者（ESFJ）

供应者会非常自然地承担起照顾、保护和培养他人的责任。他们提供商品和服务，保障他人温饱，确保所有进入他们视野的人整体舒适。他们热情、善于交际、有责任心、充满柔情，他们知道自己圈子里的每一个人的每一件事——生日、周年纪念日、最新的八卦消息以及别人的健康状况等。他们像这个社会的黏合剂，将家庭、团队、社团成员组织在一起。他们无论走到哪里，都会重视和促进社会和谐（见图 3-7）。

图 3-7　供应者

供应者的技能：乐于贡献社会，是天生的管理者，有高超的社交能力，在团队合作中充当黏合剂，思维跳跃，擅长调配物资，擅长提供商业运行必要的物资，擅长平衡绩效和人力。

供应者的价值观：安全、秩序、规划及流程、关系、和谐、传统、结构。

供应者最流行的职业主题：医疗健康、教育、社会服务 / 咨询、商业、销售 / 服务。

供应者最流行的职业岗位：牙科医生、护士、药剂师、私人健身教练、医疗健康管理员、小学教师、体育教练、学校校长、社会工作者、律师助理、办公室负责人、客户服务代表、商店老板、酒店经理、食品服务经理、餐饮服务经理、旅行社负责人、房地产经纪人、行政助理。

7. 检查者（ISTJ）

检查者以其对标准、日程、程序、规则和规章等尽职和负责的态度著称。他们是这个社会值得信赖的检查员和审计员，确保社会运转一切正常。他们尽职地向有关部门报告所有违规、违法和错误的行为，以进行纠正或惩罚。他们低调、可靠、明智、守旧、谦虚，在幕后默默工作，确保我们所有人的福祉（见图 3-8）。

图 3-8　检查者

注：图中，Rules 中文为规则，Regulations 中文为规定，Checklist 中文为检查表，LOG BOOK 中文为记录簿

检查者的技能：沉着，有耐心，善于检查细节，非常善于进行调配管理、应对变化，非常谨慎，是细节控，严防错误发生，工作井井有条，在团队工作中非常沉着冷静。

检查者的价值观：安全、标准、责任、规则和制度、社会协作、逻辑、追求有形结果。

检查者最流行的职业主题：会计、商务、销售 / 服务、金融、教育、法律、技术、医疗健康。

检查者最流行的职业岗位：审计员、办公室负责人、保险承销商、物业经理、政府督察、建筑经理、成本估算师、警察、园林经理、农夫、建筑制图师、航海家、银行审查员、预算分析师、财务主管、学校校长、图书管理员、计算机程序员、工程师、农业科学家。

8. 保护者（ISFJ）

保护者主要关心他们最亲近的人的安全和保障。他们热情、体贴、真诚、忠诚，是家庭、教室和工作场所的忠实守护者，在幕后勤奋工作，确保传统、财产和声誉得到保障。他们坚守那些文明社会的基本要素，比如良好的举止、诚实、正直和公平等（见图 3-9）。

图 3-9 保护者

注：图中，READING 中文为阅读，WRITING 中文为书写，ARITHMETIC 中文为算术，CORRECT BEHAVIOR 中文为正确的行为

保护者的技能：极擅长秩序、日程、调度和物流管理，非常擅长成本管控、服务其他人，非常善于进行调配管理，重视文化传统，擅长记忆数字类信息，有极强的执行力。

保护者的价值观：安全、正直公平、和谐、尊重传统、社会合作、秩序、结构。

保护者最流行的职业主题：医疗健康、社会服务、教育、商业／服务、创意／技术。

保护者最流行的职业岗位：护士、牙科保健师、理疗师、兽医、医学研究员、按摩师、药师、小学教师、策展人、运动教练、行政助理或高管助理、商店老板、社会工作者、生物化学家、律师助理。

大家不难看出，以上四种心理类型都有字母 S 和 J，这在四种气质中被称为护卫者。责任和义务驱动着他们，让他们成为地球上每一个社会行政力量和管理职能的脊梁。他们非常重视做事方式的传统和标准，这也让他们的行为举止或多或少有些保守，但在政治上未必如此。他们是最好的组织者，并倾向于创造官僚机构，规范行为，朝着目标或者使命前进，以尽可能少的损耗或浪费完成尽可能多的事情。他们通常是忠诚、负责、可靠、果断、有序、整洁、专注和高效的人。没有一个组织能够在没有他们所带来的结构和秩序的情况下长期存在，因此他们是世界上大多数人赖以生存的制度和规则的"护卫者"。在《欲望都市》中，夏洛特·约克（Charlotte York）以她井然有序的生活，专注于做正确而传统的事情和对家庭生活的奉献，体现了护卫者的气质。

9. 教育者（ENFJ）

教育者是天生的教育家和沟通者，能够帮助人们了解他们生活的世界。他们鼓励他人发掘自己的才能，并完全致力于开发他人的潜力。教育者为他们的学生创造迷人的学习过程，激发他们的想象力，热情和戏剧性地激励着他们追求自己的梦想、发挥自己的才能和潜力。他们喜欢从事艺术和创意活动，比如市场营销，也有领导团队和组织的天赋（见图3-10）。

图 3-10　教育者

教育者的技能：倾向于担任领导职务并被其他人视为领导者，利用他们的沟通技巧来获得合作和达成共识，为团队成员提供最好的服务和支持，用热情和幽默激励团队，通过教练技术和积极反馈来引导他们开发潜力，善于调节组织和团队的气氛，鼓励和多样化使用团队的资源。

教育者的价值观：终身学习、道德、团队合作、情感、人际关系、合作。

　　教育者最流行的职业主题：通信、咨询、教育、公共事业、医疗健康、商业 / 咨询、技术。

　　教育者最流行的职业岗位：广告客户经理、广播或有线通信主管、心理学家、职业顾问、婚姻和家庭治疗师、个人顾问、翻译 / 口译者、老师、社会工作者、社会学家、学院或大学管理员、医生、营养师、小型企业执行官、非营利组织执行官、教练、业务发展经理、人事经理、艺人、记者、销售主管、电视制片人、杂志编辑、社交媒体经理、猎头顾问、在线教育或双语教育老师、人才管理者。

　　10. 奋斗者（ENFP）

　　奋斗者是热情的信使，向世界宣布他们不断探索所获得的可喜成果。他们喜欢让别人对他们的发现感兴趣，无论是一家好吃的餐馆、一部新电影、一本好书，以及有趣的俱乐部、服务、人……几乎任何事情。他们不知疲倦地解释人、媒体、事物、小工具和概念的好处或特点。他们有着高度的个人主义和企业家精神，喜欢启动各种各样的项目，却对跟进项目和细节并不感兴趣。他们喜欢发掘人、事业、组织的潜能（见图 3-11）。

ENFP

图 3-11　奋斗者

　　奋斗者的技能：保持团队成员之间的沟通渠道开放，使其处于最佳状态；当团队需要时，他们可以成为团队的发言人；通过倾听、引导、培训、激励、咨询等方式促使团队配合更默契；关注别人的问题，对团队成员善于在个人层面上激励他们，帮助他们找到快乐和幸福；表现出对他人的理解，促进团队合作，并鼓励他人对团队做出贡献，把精力和热情集中在奋斗目标上。

奋斗者的价值观：意义和目的、学习／规划、独立／自主、交流、真实性、挑战／多样化、合作。

奋斗者最流行的职业主题：创意表达、营销／策划、教育、咨询、医疗、社会服务、创业、商业、技术。

奋斗者最流行的职业岗位：记者、演员、编剧、编辑、电视、多媒体或电影制作人、公关专员、营销顾问、战略顾问、教师、职业顾问、商业开发主管、心理学家、人类学家、按摩师、餐厅老板、发明家／企业家、变革管理顾问、组织发展顾问。

11. 辅导者（INFJ）

辅导者致力于引导人们踏上自我发现的旅程，开发人们的潜力和发挥他们的才能。辅导者是所有心理类型中最具灵性和想象力的，是优秀的倾听者，在提供建议和咨询时具有非凡的直觉。他们擅长将远见应用于自己感兴趣和精力所投注的事物上，创造性地找到解决方案（见图 3-12）。

图 3-12　辅导者

辅导者的技能：用积极热情的方法激励他人，帮助他们找到自己的目标或意义；如果没有人愿意管理团队，他们会悄悄地以身作则，并以一种可预测的、有序的方式来带领团队；他们忠诚于团队、个人和组织，善于把团队凝聚在一起，有强烈的使命感；他们追随自己对未来的愿景，倾向于运用洞察力和热情来组织、咨询、激励和教授他人，经常使用象征和隐喻来解释团队内部的差异。

辅导者的价值观：学习和规划、创造力、合作、奉献、伦理和道德、和睦、意义和目的。

辅导者最流行的职业主题：咨询、教育、创意表达、医疗健康、社会服务、商业、技术。

辅导者最流行的职业岗位：心理学家、职业顾问、老师、社会工作者、婚姻和家庭治疗师、公共健康教育家、教育项目主任、博物馆研究工作者、艺术家、剧作家、媒体策划、编辑、艺术总监、电影编辑、室内设计师、多媒体制作人、服装设计师、纪录片导演、场景设计师、社会服务署专员、职业治疗师、营养学家、按摩师、营销顾问、婚姻顾问、人力资源经理、文学代理员、商品规划师、组织发展顾问。

12. 医治者（INFP）

医治者是最不被人理解的一群人，他们只占美国人口的一小部分，约 1%，但在中国可能更常见。他们冷静的外表掩盖了他们对人、团体和事业充满激情的底核。他们在任何地方都不动声色地施加道德影响力。人们在他们身边的时候，经常无意识地会表现得更好。因为他们有强烈的信仰，他们经常愿意并且能够为他们的信仰做出巨大的牺牲（见图 3-13）。

图 3-13　医治者

注：图中，A BETTER WORLD 中文为一个更好的世界

医治者的技能：能倾听团队成员的意见，帮助他们明确自己的身份和需求；能够辨识他人的优势，并帮助他们强化优势，弥补劣势；不在意限制自由和言论的规则，促使团队和谐交往，保护弱者和拥护有价值的倡议；鼓励实现个人目标，把不同的想法结合在一起，找到相似点来达成目标；看起来幽默风趣，但其实内心很坚毅，乐于助人，有担当。

医治者的价值观：伦理和道德、人生意义、学习和规划、合作、和睦、思想、思想开放。

医治者最流行的职业主题：创意艺术、教育、咨询、医疗、培训、技术。

医治者最流行的职业岗位：艺术家、建筑师、演员、音乐家、作曲家、电影编辑、图形设计师、布景设计师、室内设计师、教师、顾问、心理学家、图书馆管理员、营养师、研究员、翻译/口译者、策展人、公共卫生专家、按摩师、医生、人力资源专员、培训师、项目经理。

不难看出，以上四种心理类型都有 N 和 F 这两个字母，这四种心理类型构成了气质世界中的理想主义者。理想主义者被他们开发他人潜能的强烈热情所驱使。他们经常给他们所参与的事情带来道德层面的东西，他们背后的驱动力是爱，是对他人幸福的投入。他们非常重视人际关系、协同合作、社会和谐、诚实守信。与其他气质类型的人相比，他们更注重吸引他们的事物的意义和目的，因此工作对他们来说具有更重要的哲学和社会意义。他们重视民主和包容的组织文化和程序，经常花大量的时间和精力在他们的人生中践行这些价值观。他们注重真实性和对自己真实，并且在自己的生活以及他们所接触到的人的生活中提倡这一点。在《欲望都市》中，作家凯莉·布拉德肖（Carrie Bradshaw）是理想主义者气质的典型代表。

13. 指挥者（ENTJ）

指挥者是团队的领导者，天生具有领导能力。他们将组织或项目的发展方向形象化，然后组织物质资源和人员为活动做准备。在追求目标达成的过程中，他们会非常务实和巧妙地规划出执行步骤。他们是企业或组织的管理者和有远见的领导者，因为他们通常在方向上非常有战略远见（见图 3–14）。

图 3–14　指挥者

注：图中，VISION 中文为愿景，STRATEGY 中文为战略，EXECUTION 中文为执行

指挥者的技能：掌控，领导，做决策，调配资源，促成合作，赋能团队，促进团队成长，达成战略目标，关注时间和任务，具备整合性思维，善于制订计划和安排行动的优先级，集中精力于获取相关知识和能力以实现他们的愿景，擅长以系统性、战略性分析的方式来解决问题。

指挥者的价值观：组织、权利、胜任力、战略分析、系统、效率、创新。

指挥者最流行的职业主题：商业、金融、咨询 / 培训、技术、工程。

指挥者最流行的职业岗位：首席执行官 / 总经理、企业管理者、行政人员、国际销售与市场专员、大专 / 大学校长、业务拓展经理、经济分析师、投资人、银行家、财务主管、风险资本家、管理顾问、律师、法官、医生、IT 经理。

14. 发明者（ENTP）

发明者在解决系统问题和应对其他大型和复杂的挑战时有一种创新和创造的精神。他们总是在思考新的做事方法，探索新的想法和概念。他们天生具有企业家精神，甚至在大型组织中也会发扬这种精神。他们有着强烈的好奇心，会探索新的可能性和选择，尤其是在解决复杂问题的时候（见图 3–15）。

图 3-15　发明者

发明者的技能：给项目注入强大的创新能量，应用多线聚焦的分析方法看待差异，发明可以帮助团队创造性解决问题的系列方法，擅长应用其掌握的技能进行即兴创造和设计，是功能开拓者，给出愿景大纲让他人投入进来，构建理论模型来解决复杂的问题，擅长管理复杂系统并触发系统运行。

发明者的价值观：创新、企业家精神、愿景、交流、影响力、技术、专长。

发明者最流行的职业主题：创业 / 商业、营销 / 创意、规划和发展。

发明者最流行的职业岗位：企业家、管理顾问、风险资本家、代理 / 业务经理、餐厅老板、律师、人力资源主管、广告创意总监、电视或电影制作人、访谈节目主持人、艺术总监、国际营销主管、业务开发主管、互联网营销人员、战略策划人、房地产开发者、投资银行家、网络集成专家、投资经纪人、环境科学家。

15. 策划者（INTJ）

策划者是应急策划的翘楚，他们有敏锐地看到几个行动发展情况的能力。他们在计划运营方面的特殊技能和在执行过程中的灵活应变能力使他们成为令人敬畏的领导者。他们往往具有很强的企业家精神，不断地产生巧妙的想法，远远地把他们的同事甩在后面。他们有敏锐的头脑，通常也有杰出的智力天赋。他们对自己和他人都有很高的绩效标准，却没有足够的耐心去遵守这些标准（见图 3-16）。

图 3-16 策划者

注：图中，CHECKMATE 中文为将死，TEN STEPS AHEAD OF THE GAME 中文为领先对手十步，
IDEA 中文为主意

策划者的技能：精通自我控制，擅长制定目标、做规划和风险管理、综合分析、洞察差异和归纳总结，专注于目标和愿景，谨慎地做决定，坚持不懈地朝着一个目标前进，愿意对日常工作放权，喜欢保护隐私和有自主反思的时间，擅长掌握他们组织中一切事物的相互关系。

策划者的价值观：愿景、创业家精神、独立自主、技术能力、自由、创造性、战略。

策划者最流行的职业主题：商业、金融、技术、教育、医疗保健/医药、创意表达。

策划者最流行的职业岗位：经济学家、投资银行家、国际银行家、金融分析师、战略策划人、房地产开发商、管理顾问、设计工程师、商业分析师、科学研究员、环境规划师、动画师、数学家、心理学家、外科医生、律师、战略规划师、投资分析师、建筑师、情报分析员、作家。

16. 建造者（INTP）

建造者设计和建造各种实物和理论体系。这些实物和理论体系从摩天大楼、桥梁和房屋等，到战略、意识形态、理论、程序、方法和系统。建造者痴迷于解决复杂的问题，在分析时毫不留情，致力于发现产品、服务和组织中的低效和设计缺陷。对他们来说，世界的存在主要是为了被分析、理解和解释的。他们渴望掌握宇宙的基本结构，以便更准确、更全面地描述世界是如何运作的（见图 3-17）。

图 3-17　建造者

建造者的技能：能快速理解并且发掘事物背后的原理；擅长分析各种事物，表达精准，给其他人提供开放性的建议；通过对现状与事件之间的联系迅速帮助团队解决问题；擅长管理公共关系，想法丰富，能看到规律性以及不一致的地方。

建造者的价值观：知识、智慧、想法、理论和概念、逻辑、战略、精准、创造。

建造者最流行的职业主题：计算机／技术、医疗健康、商业、学术、创造性表达。

建造者最流行的职业岗位：网络管理员、新产品开发人员、网络系统分析师、网络架构师、计算机动画师、软件开发人员、神经学家、整形外科医生、生物医学工程师、微生物学家、律师、经济学家、建筑师、情报专家、历史学家、数学家、研究员、作家、发明家、音乐编曲人、电影导演、电影编辑、艺术总监。

最后这四种心理类型都有 N 和 T 两个字母，这种气质被称为理性者。他们都是擅长分析、概念化及有智慧的人，喜欢处理复杂的问题和应对挑战。他们努力工作，以定律、法律、性能、效率来排列各项事物。在四种气质中，理性者是最具有怀疑精神的，他们经常挑战遇到的任何事情，而且总是用不圆滑的方式。更多的时候他们的怀疑并不是针对个人的，但是其他气质类型的人经常会被理性者冒犯。可以肯定的是，理性者往往对他人的感受毫不在意，所以当他们的听众被冒犯时，他们不会注意到别人的任何暗示。

人的四种气质如图 3-18 所示。

图 3-18　人的四种气质

16 种心理类型及所属气质如图 3-19 所示。

技艺者		理性者	
ESTP 倡导者	ESFP 表演者	ENTP 发明者	ENTJ 指挥者
ISTP 手艺者	ISFP 创作者	INTP 建造者	INTJ 策划者
ESTJ 监管者	ESFJ 供应者	ENFP 奋斗者	ENFJ 教育者
ISTJ 检查者	ISFJ 保护者	INFP 医治者	INFJ 辅导者
护卫者		理想主义者	

图 3-19　16 种心理类型及所属气质

随着我们逐渐成长，特别是到了 30 岁出头的时候，我们的备用心理类型开始出现，这让我们每个人对自己更加关注和更想要表达，就好像一个崭新的、更加丰富的自我开始浮现。这并不是我们的基本心理类型发生了改变，而是我们在基本心理类型的基础上有了一些补充，使我们在处理生活问题时变得更加睿智和多才多艺。现在，让我们来看看它们是如何运作的，因为有一些普遍原则决定了我们的每种备用心理类型是什么样的，也就是我所在的领域的人所说的"类型动力学"（Type Dynamics）。

　　瑞士精神分析学家卡尔·荣格（Carl Jung）是西格蒙德·弗洛伊德（Sigmund Freud）的第一个弟子，也是第一个定义了人类每一种心理类型的四种内部功能的人。这四种功能是感觉、直觉、思考和情感。他还指出，这四种内部功能中有一种是我们的主导功能，或者是我们最依赖和最擅长使用的功能。不管我们是谁，我们的心理类型决定了四种内部功能中哪一种是我们的主导功能。例如，所有的倡导者（ESTP），他们的主导功能是感觉（S），他们外倾的感觉使他们敏锐地去观察外部世界的细节和事实。他们用味觉、嗅觉和触觉去感受他们的视觉和听觉范围内的一切事物，为他们丰富的感觉世界增添了许多东西。同样，所有16 种心理类型都有一个主导功能，如图 3-20 所示，灰色字母表示主导功能。

ISTJ 检查者 isfj 保护者	ESTJ 监管者 entj 指挥者	ENTP 发明者 enfp 奋斗者	INTP 建造者 istp 手艺者
ISFJ 保护者 istj 检查者	ESFJ 供应者 enfj 教育者	ENTJ 指挥者 estj 监管者	INTJ 策划者 infj 辅导者
ISTP 手艺者 intp 建造者	ESTP 倡导者 esfp 表演者	ENFP 奋斗者 entp 发明者	INFP 医治者 isfp 创作者
ISFP 创作者 infp 医治者	ESFP 表演者 estp 倡导者	ENFJ 教育者 esfj 供应者	INFJ 辅导者 intj 策划者

图 3-20　心理类型与备用心理类型对应图

　　心理类型与气质理论对职业与人生设计咨询实践的贡献不容小觑。在我们生命的头三年里形成的大脑回路或操作系统对于我们每个人都是至关重要的。在过去的 45 年里，我一直是一名职业与人生设计咨询师，我的来询者中从来没有一个人的技能 DNA 与他们的心理类型与气质不匹配。换句话说，不管我们如何看待天赋，心理类型与气质基本上反映了我们每个人的技能偏好。

但你可能觉得我过于夸大心理类型与气质的作用，甚至会问："这怎么可能呢？"其实，这是通过神奇的髓磷脂形成的。从出生开始，髓磷脂会在神经末梢周围生长，以减少神经末梢向心脏和大脑发送信号的阻力。这个过程贯穿我们的整个生命，所以神经末梢的髓磷脂越多，这些神经末梢传输信息就越快。因此，我们的天赋就根植于我们在包括新生儿时期、爬行时期和蹒跚学步时期在内的整个幼儿时期，为了理解和生存于我们降生的世界所使用的策略之中。这些基本的 16 个"操作系统"，就如我们的电脑系统中的苹果 iOS、Windows、Linux 等一样，各有特色。而这 16 种心理类型事实上源自人类最古老的书籍之一、凝聚中国人智慧的书——《易经》。

心理类型与《易经》

荣格博士在撰写他的著作《心理类型》之前，阅读了理查德·威廉（Richard Wilhelm）翻译的《易经》，他发现古代中国人通过他们的卦象已经充分理解了他们神话中的英雄与恶人、神、道教的八仙、皇帝等的深刻含义。《易经》成为他后来表达地球上所有人的集体无意识中原型概念的来源。荣格通过《易经》理解了人类与宇宙自然的关系，他的这种强大洞察力及开创性思想为后来的 MBTI 测试奠定了基础。

《易经》中通常用六次投掷三枚硬币或者 50 根小木棍的方式完成占卜和预测一个人的未来，而 CareerDNA 自我探知过程更像一套揭示一个人的命运（与宿命不同，宿命意味着一切都是命中注定的，无法选择）的练习，是能给你带来最大限度幸福和满足感的职业与人生设计。人类社会虽然在不断地城市化，科技也在进步，但是仍然是自然世界的一分子，也会服从于自然的周期性力量，即便我们为了利润、资源、舒适等的获得而改变了自然的力量。

作为一个从业者，我一直认为我的工作是神圣的。我会以一种世俗但精神的方式，让来询者向自己揭示真相。我的咨询师角色有点像《指环王》中的甘道夫，是来询者人生旅程中智慧的指引者，帮助其自己找到真实的自己。

周朝（公元前 1046 年至公元前 256 年）的周文王的重大创新是将阴阳八卦的 64 个卦象与自然界的力量联系在一起，形成后天"八卦"，并将其纳入商业、政治、家庭和社会生活的应用中。我从荣格博士和他的后继者的工作中提取了 16 种心理类型，并按照它们的主导功能排列，将它们与周文王指定的自然力量联系起来，然后将它们和自然天赋或技能组、组织功能和相关职业联系起来（见图 3–21）。

图 3–21　布莱恩博士八卦——心理类型

先天八卦一直被认为是伏羲创造的，这也成为中国的第一个文明法则，这八卦分别是乾（天）、兑（泽）、离（火）、震（雷）、坤（地）、艮（山）、坎（水）和巽（风）。而周文王在此基础上迈出了非常重要的一步，他在入狱被囚禁期间，为 64 卦各写了一篇短文。

这些短文将商业、政治、家庭和社会关系的内容融入伏羲所定义的与自然的基本力量相一致的体系中。中国许多杰出的哲学家都对《易经》感兴趣，其中最著名的是公元前 6 世纪的孔子，他为这本神奇的书写了评论，即《十翼》。孔子在他生命的最后时刻说，如果他有来生，他将专门致力于《易经》的研究！

在消化了这段历史之后，我开始着手创造一个新的八卦，我的中国团队开玩笑地称它为布莱恩博士八卦，它在伏羲八卦中整合进了16种心理类型。

请注意对立统一法则在这个八卦中的核心作用，每一个心理类型的主导功能相互对立，即感觉对直觉以及思考对情感。这个八卦还包含16种心理类型，外倾的心理类型在外圈，内倾的心理类型在内圈。这个八卦的每一边都有一个以自然力量为代表的卦象，从"天"顺时针绕到"风"，然后再回到"天"。每一种心理类型都在由天（主导直觉）、火（主导情感）、地（主导感觉）和水（主导思考）所定义的象限内与它的备用心理类型相依偎。每一个都用适当的颜色表示，这样"天"就与春天和万物成长相关联，因此被染成绿色。在炎热的夏季，"火"就用红色。"地"对应秋天，和春天种植的植物的收获有关，用橙色。而"水"用蓝色，与凉爽或寒冷的冬天有关，为下一个季节的变化做准备。这里的周而复始与对立统一是和谐的，即每一年都有四季的变化，而每个季节都有它的对立面（见图3-22）。

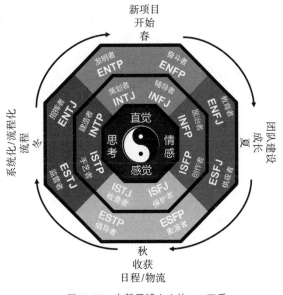

图3-22　布莱恩博士八卦——四季

每个季节都与一个基本问题有关，这个问题表征了每个心理类型的人倾向于专攻什么。这四个主要类别都提出了一个与活动的意义和目的相关的问题："为什么？"这是我们所有人都会问的一个常见问题，不管你属于哪种心理类型。孩子最典型的问题是"爸爸，为什么天是蓝的？"，然而，主导功能是直觉的人会问"什么"，以便产生创造性、创新的想法或概念来解决问题。他们会问："问题是什么？解决方案是什么？"他们总是对新的项目和新的开端充满浓厚的兴趣，尽量把未来的一些可能性带到现在。主导功能是情感的人更关注"谁"的问题，比如"谁最能应对挑战"或者"谁需要我们注意"。"谁"是他们存在的中心，因此培养、团队建设和激励他人是他们关注的中心。沿着这个八卦向南走，我们到达了"地"，那里是主导功能为感觉的人的天下，他们主要关心的问题是"何时何地"。他们是处理现实世界问题的翘楚，关注事实、细节，是实用主义者。最后，我们来到主导功能是思考的"水"，他们主要关注"如何"，从而使事物的系统、程序和过程保持流动，并为下一个周期做好准备。

从 1984 年开始，我从事企业咨询工作，运用了我从 1976 年开始学习的心理类型知识。我发现心理类型与气质理论在确定什么样的人最有可能为组织中特定的高、中、低级别职位或职能提供技能和天赋方面的价值是不可估量的。

虽然心理类型不能说明一切，但通过心理类型去了解一个工作、职位或角色的基本挑战，进而识别一个人被之前工作经验所掩盖的潜力是非常有效的。例如，就在最近，在我教授的为期三天的心理类型与气质强化课程中，有一名学生是一家有着 60 年历史的跨国公司的高级人力资源总监，该公司的中国分部设在北京。许多年来，他一直被一个错误的印象所困扰——认为自己是一个手艺者（ISTP），他在职业生涯中期又参加了 MBTI 测试，获得的结果是倡导者（ESTP）。在这次我主导的课程中，我们用 CareerDNA 自我探知的方法，得到的结果是发明者（ENTP）。他说这是他有生以来第一次对评估结果感到满意，而且他强调这个结果显然是正确的，并且和我们分享了他当前面临并且已经解决的挑战就是成功地把他所在的公司迅速转变为数字化组织，以应对全球竞争的挑战。

这个案例的关键是，他一直是一个主导功能为直觉的人，以前测试的结果却让他认为自己是一个不擅长战略的感觉型人。这种自我了解的偏差恰恰说明了了解自己的心理类型是多么的重要。这是理解我们每一个人内在动机的捷径，也是了解什么可能为我们每个人提供心流体验并带来更高的敬业度的入口。这是找到我们内心英雄的途径，是动力的源泉，是我们每个人内在动力的基础。

我的内容研发团队正在努力研究《易经》，并通过比较我的来询者的心理类型与他们的技能 DNA 分子图，从功能的角度阐述我的初步发现。在过去 45 年里，我的来询者能够从他们最好的或"心流"的经历中有机地发展出一幅理想工作的画面，这是多么令人欣慰的事啊！对于职业与人生设计咨询师来说，能够以一幅来询者理想工作的可视化图景迅速开展咨询工作，是一种多么轻松的感觉啊！

回到"布莱恩博士八卦"，我们已经开发了两套呈现方式，将可迁移的技能分配到四季或"天""火""地"和"水"的四个卦象中。配色方案保持不变，绿色"天"对应直觉功能、红色"火"对应情感功能、橙色"地"对应感觉功能、蓝色"水"对应思考功能。如果我们看一下这些自然力量的交界处，我们会发现绿色和红色的交界部分"泽"代表了大卫·凯尔西（David Keirsey）博士的理想主义者（NF）气质，绿色和蓝色的交界部分"风"代表了理性者（NT）气质，红色和橙色的交界部分"雷"代表了 SF 型，橙色和蓝色的交界部分"山"代表了 ST 型。在图 3-23 中展示的八卦描述了对应的技能。

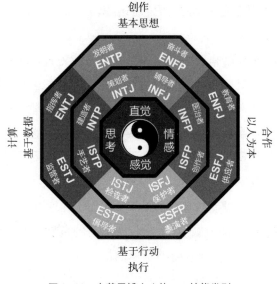

图 3-23　布莱恩博士八卦——技能类别

　　图 3-24 的八卦描述了对应的职位倾向，能够看到不同功能下的心理类型对不同组织工作的适应程度。比如，主导功能为直觉 - 思考类型的人更加适合从事战略和研发方面的工作，情感 - 直觉类型的人就更加适合从事市场方面或者人力资源方面的工作，感觉 - 情感类型的人对销售和服务以及生产、物流、服务方面的工作更加适合，而感觉 - 思考类型的人对采购、质量、行政、财务等方面的工作更加适合。

　　"泽"代表了理想主义者（NF），他们将基于思想或概念的技能与那些以人为本的技能结合在一起，所以他们关注的是与人有关的思想和概念，如心理学家、社会学家、组织发展顾问或教练、职业与人生设计咨询师或教练、市场营销分析师和战略家、记者、传播专业人士、社交媒体影响者、脱口秀主持人、人才招聘人员。

　　"雷"代表了有字母 SF 的人，他们通常结合具体技能与人产生互动，因此往往被以下岗位所吸引：销售代表、调度员、店主、物流经理、个人服务提供商、客户服务专家、办公室经理、人力资源管理员、电视或广播制片人、厨师、餐馆老板。

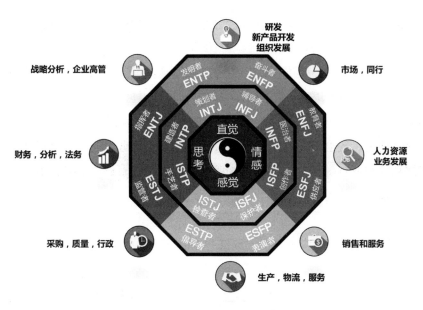

图 3-24　布莱恩博士八卦——职位倾向

"山"代表了有字母 ST 的人，他们基于具体技能和数据与事物产生互动，因此他们关注与监控、审计、实物有关的活动，经常被以下岗位所吸引：质量控制员、政府监管和检查员、仓库经理、数据库经理、审计员、安装维修经理。

"风"代表了理性者（NT），他们往往拥有基于数据的技能或者整合想法和概念的技能，因此往往倾向于当战略顾问、企业执行官或董事、智库研究员、投资顾问、风险资本家、私募股权专家、科技企业家、物理学家、医学专家。

正如你所看到的，"布莱恩博士八卦"呈现了一个更全面的心理类型系统及职业框架，根植于科学和历史，比经常使用的霍兰德模型更深刻和更准确。当看到自然技能是按照中国古代留传下来的自然法则系统排列的时候，我们都情不自禁地发出惊叹。阅读心理类型与气质领域最优秀的作家如大卫·凯尔西（David Keirsey）、保罗·泰格尔（Paul Tieger）、斯蒂芬·蒙哥马利（Stephen Montgomery）、琳达·贝伦斯（Linda Berens）、伊丽莎白·布里格斯（Elizabeth Briggs）等人的书籍，看到他们的观察和研究成果在布莱恩博士八卦中有所呈现是非常令人振奋的。尽管我们每个人的人生故事决定了我们如何将这些技能编织成一个技能组合系统，但是最终技能组合系统会为我们每个人自己代言，并完美地与 16 种心理类型匹配。在我 45 年的职业与人生设计咨询中，我从未见过技能 DNA 与个人心理类型不匹配的情况。

　　而我也在致力于将布莱恩博士八卦模型发展得更加全面，让其具备更加详细的职业主题和分类，以便能使专业人士以及家庭、组织利用它解决更多问题。

第 4 章
个性与性格和自尊

在我职业生涯的大部分时间里，我都在使用 16PF 人格测试（美国卡特尔教授开发的）的职业发展版本。在多年的实践中，我也尝试了许多种其他的人格测试。我最终得出的结论是，我将不再使用任何一种测试。虽然有时候，使用各种规范对来询者的关键人格维度进行"客观"评估是有帮助的，但我发现来询者更关注他们的人生故事，更喜欢了解他们需要做什么来书写人生的下一个篇章，而不是关注测试结果。测试，就其本质而言，在客户端和信息收集过程之间有一段距离。更有影响力的是来询者自己对他的生活的评价，以及通过深入了解其生活史而获得的见解，而不是关注任何类型的测试结果，如兴趣清单、性格测试和能力倾向测试结果等。我的扩展版 CareerDNA 自我探知系统英文版和中文版都不只是单纯的测试，用户普遍喜欢这样的方式。

CareerDNA 个性与性格特征列表

在我们的个性与性格模块中，我们构建了一个包含 61 个个性与性格特征的自我评估列表，该列表基于 1~5 分的李克特量表评估自己，1 分表明这个个性与性格特征完全不像我，2 分不怎么像我，3 分有些像我，4 分比较像我，5 分非常像我。来询者可以选择 3~5 个了解他的人对 61 个个性与性格特征中的每一个进行评估，被邀请评估的人全部完成后，来询者会得到一份平均分报告，每个评估者的分数和姓名都会被保密。

该列表的主要目的是让来询者有机会识别最能描述自己的个性与性格特征，这样他们就可以在营销材料、电梯推销和访谈中掌握相关词汇，清晰地表达自己的信息。尤其有效的方法是在"总结陈述"中陈述一个人最突出的个性与性格特征，这是写简历的人经常使用的方法。然而，多年来我发现，在寻找人生之路时，了解个性与性格特征的价值是有限的，驱动个人心流体验的积极技能，以及这些技能背后的天赋，在理解一个人的命运及其下一个职业和生活目标方面，要重要得多。

自尊从婴儿床开始

在早年父亲、母亲和孩子之间紧张的三角关系中，我们每个人都在这个世界上寻找着自己的道路。我们的父母或照顾者为我们的早期生活提供了环境。当我们来到这个世界时，髓磷脂只覆盖在我们嘴周围的神经递质上，使我们能够吮吸，为我们的生存吸收营养。就这样我们开始了每个人的"英雄之旅"。当我们开始慢慢地成长时，我们每个人都是一片雪花，在很多方面都与前人和后世的人不同。在过去的 100 年里，弗洛伊德（Freud）和皮亚杰（Piaget）以及儿童发展专家都详细地记录了我们人生的头三年特征，我们每天都在运用生存策略来理解和掌握我们母亲子宫外的环境。正是这种至少可以追溯到 20 万年前的智人的技能，赋予了现代人标志性的特征，而这些在最初的 19.5 万年间没有任何书面记录。

我一直认为我的工作主要目的是增强我的每个来询者权利感，这样他们就可以最大限度地控制他们所做的选择，让他们的生活更加自主，让他们的潜力发挥到极致。生活承载着一种文化的要求，这种要求通过养育孩子的人的行为和态度明确表现出来。父母或照顾者的自爱和自尊给了我们建立自尊的基本经验。正是我们的自尊决定了我们的成长和幸福，也决定了我们在生活中取得成功的程度。你爱自己的程度，决定了你成功的高度。如果我们不相信自己配得上成功所带来的回报，无论是内在的还是外在的，要么我们会破坏我们的成功，要么我们会避免承担成功所必需的风险或缺乏勇气。

多年来，我询问了几千个来询者，让他们告诉我他们最早的记忆，以及他们与父母或其他照顾他们的人一起生活的经历。我无法告诉你我有多么震惊，因为我经常听到那些有责任抚养孩子的人虐待孩子。来询者不可能编造那些被虐待的故事，无论是情感上的、身体上的还是性上的。有时，我很惊讶这么多人竟然能如此坚强地战胜父母或照顾者对他们的信任和爱的背叛，而父母或照顾者似乎并不关心他们的虐待行为及其后果，甚至不承认这一点。但是许多人都有充满爱心和关怀的成长环境，他们以感激的态度享受着被爱的好处，尽管他们往往没有意识到父母给他们带来的巨大影响。

聆听来询者对他们早期经历的回忆，并从他们告诉我的内容中获取有意义的信息，需要用"第三只耳朵"，这是精神分析学家西奥多·雷克（Theodor Reik）创造的一个术语。来自生活经验的智慧和深刻的自我意识为我们中的一些人提供了拥有第三只耳朵的天赋。如果你的生活中没有这样一个睿智的人，你必须做你自己的听众，但生活在自己的"主观困境"下，往往很难看到与自己生活的意义和目的相关的线索和模式。我没有魔法棒对你挥一挥来弥补这个缺憾，但花点时间、精力，甚至勇气，去深入了解你童年早期的自我，往往会揭示出你在生活中不断寻求的答案。

卡尔·荣格博士与西格蒙德·弗洛伊德博士在集体无意识的问题上有分歧。集体无意识是每个人的基本要素，它掌握着我们与宇宙和自然关系的集体智慧和真理。荣格在阅读了威廉翻译的《易经》后，发现了宇宙中所有生命的几个基本真理。他对弗洛伊德关于童年性欲、人类人格模式的精辟见解和弗洛伊德开发的精神分析或叙述疗法进行了研究，受到启发，不仅写了《心理类型》，而且还提出了"共时性"这一概念，类似于中国的"缘分"或有意义的巧合。他为理解吸引力法则奠定了基础，并采用了《易经》中阐明的两个主要法则——对立法则和周期法则。从易经的 64 卦中，他确定了我们每个人在人生旅途中所携带的性格原型。

代代相传的创伤

荣格博士投身于生命的精神层面的研究也吸引我开始在地球上长达二三十万年的智人历史中寻找人类存在的基本真理。体质人类学告诉我们，在我们的穴居生活中，男性能活到 30 岁左右，通常在他们完成生育任务后就去世了。然而，也有充足的证据表明，在许多文化中，第一个出生的儿子会被谋杀或遗弃，因为第一个孩子通常在 15 岁或 16 岁时开始拥有自己的权利，当父亲的权利和健康衰退时，儿子们会把父亲赶出洞穴，把母亲占为己有。

犹太教的代表人物亚伯拉罕，原本接受了上帝的指示，要在山上献祭他的长子以撒，以此来证明他对上帝的忠诚。然而，正如《旧约》告诉我们的，上帝派了一位天使，告诉亚伯拉罕他不必牺牲他的长子来证明他对上帝的爱了。因此，在第一个一神论的宗教中，人类从牺牲长子的古老做法向文明迈出了一步。然而，这种原始的心理倾向并没有轻易消失，即使在今天，那些对自己的男子汉气概缺乏安全感的父亲们，还可能与他们的长子斗争。一个父亲越没有安全感，他对儿子们的敌意就越明显，尤其是长子。在父亲不安全感的持续发展过程中，我们会发现这些父亲的敌意是被动发生的，又或者是矛盾的。这些父亲虽然没有公开与他们的儿子竞争和为敌，但是选择了忽视，并且不给他们的儿子提供那些必要的技能培训和性格培育，不让他们在生活中获得高自尊和追求卓越。

西格蒙德·弗洛伊德在他的《俄狄浦斯情结的发现》中戏剧性地捕捉到了父子之间的斗争。这是一部描写 4~6 岁的男孩为取代父亲、占有母亲而斗争的家庭戏剧。年龄相仿的女儿也会为争夺父亲的财产而与母亲进行类似的斗争。传统的乡村生活减轻了这种普遍的家庭政治，即除父母（祖父母、阿姨、叔叔、堂兄弟姐妹和邻居）之外，还将照顾孩子的责任分摊给其他人。但是，由于都市化，特别是工业化，核心家庭单位已经包含了大部分传统的育儿内容。这就引出了一个在职业与人生设计咨询和教练领域中极其重要的问题——自尊。

自尊与成功之间的联系

在我职业生涯和实践的早期，我发现了一种模式，这种模式在我的个人职业生涯、人生设计工作以及组织咨询中一再重复出现。我发现有意识或无意识地，我们人类只允许自己获得我们内心认为值得获得的成功的奖励和好处。这一发现早于一项新的研究，即幸福先于成功，而不是相反。根据定义，快乐的人比自卑的人有更高的自尊。因此，我的一对一咨询工作和讲座总是把这个作为我的来询者，以及研讨会、论坛和讲座的参与者成功的核心。

我的观点是，你的自尊是你的心理免疫系统，或者是你对发生在大多数人生活中的"有毒"和创伤事件的自卫系统。它是我们整体幸福感的内在保障。但它从何而来呢？自尊并不是与生俱来的。我的生活和职业经验告诉我，自尊来自我们自己在父母和 / 或监护人眼中的反映。它的沃土在家庭生活的最初几年，我们的自尊在成长过程中遭到破坏会对我们未来的幸福产生严重的后果。幸运的是，我们有办法扭转早期的自卑情绪，这一问题在生活中越早解决，我们对自我价值的最初评估就越好。

对付自尊过低的最有效的解药，就是找到一个或多个给我们无条件的爱的人。无论我们是谁，他还是爱我们的，尽管我们有缺点和不足，但他相信我们，相信我们的潜力能让我们过上美好而充实的生活。我们都需要一个"甘道夫"，在我们的生活中，当我们最需要爱、智慧和支持的时候，他就会神奇地出现在我们的生活中、我们的个人旅程中，尽可能地发展我们的潜能。即使我们在早年的时候自尊受损，这种爱、善良和支持会在我们需要的时候出现，把我们从抑郁、绝望和幸福感被吞噬的深渊中拯救出来。在培训职业与人生设计顾问时，这是我最希望在我的学生身上培养的品质。他们的存在在来询者的生活中往往是一种重要的催化剂，是积极向上的希望和有意义的行动，是来询者追求幸福的途径。追求幸福的过程比获得幸福更令人愉悦。

缘分与吸引力的魅力

在我漫长的职业生涯中，我要感谢我在中国、菲律宾和其他国家的朋友们，他们与我分享了他们的人生经历。我的美国同胞和我咨询或采访过的数百名欧洲和亚洲人与我分享了 2000 多个故事。虽然我所遇到的各种文化存在着差异，但各种心理类型的共性从他们的故事中强有力地显现出来，健康的自尊和幸福之间的关系也成功证实了积极心理学最近的研究发现。当人们重新获得幸福感和拥有权利——他们作为人类与生俱来的权利时，就像打开了共时性力量的大门，机会比比皆是。中国人把这种有意义的巧合现象称为"缘分"。正是从这个概念出发，荣格博士创造了"共时性"这个词，作为引导力量，推动我们在追求真实生活的过程中前进。

一次又一次，在我自己的生活中，在我的家人、朋友和来询者的生活中，我见证了一个人实现梦想的道路是如何带来让人震惊的有意义的巧合的。当我们获得自我意识的时候，一种积极的能量就会释放出来，我们会发现那些被我们新型的、更成熟的自我所吸引的人和事。真实吸引着真实，随着我们生活的推移，我们的关系质量也会得到提高。

英雄之旅和你的命运

我对个体追求真实性的核心理解来源于卡罗尔·皮尔森的有关"英雄之旅"的著作。皮尔森博士以卡尔·荣格博士受中国《易经》64 卦的启发而提出的开创性概念为基础，将原型的概念通过《内在英雄》的三个版本的著作和更详细的、聚焦于对"英雄之旅"最关键的 12 个原型的《唤醒内在英雄》两个版本的著作引入了生活。与约瑟夫·坎贝尔（Joseph Campbell）和肯尼斯·约翰逊（Kenneth Johnson）一样，皮尔森博士将卡尔·荣格博士深刻的洞察力活灵活现地呈现给了当代的读者。具体来说，她辨别出隐藏在每个人的集体无意识中 12 个关键的原型，而这些原型不管文化差异如何，它们都在世界各地的神话、童话故事和传说中得到了体现。"天真者"和"孤儿"、"战士"和"照顾者"这四个原型，在我们准备每一次人生新旅程时，都会发挥作用。而在对人生旅程自我探索的过程中，最关键的四个原型是"追寻者""破坏者""爱人者""创造者"。在完成探索、成为自己主人后的回归期，最重要的四个原型是"统治者""魔术师""智者""愚者"。在某种程度上，这 12 个原型在每个人的身上或多或少都存在着。

对我们英雄之旅的准备阶段至关重要的四个原型，帮助我们每个人发展自我力量，以让我们启动对个人真实性的追求。"天真者"和"孤儿"是成对的，因为他们代表我们每个内在小孩的两面，而"战士"和"照顾者"是我们内在父母的两面。

我们每个人内心的"天真者"原型都希望被爱，希望成为我们存在的世界的一部分。这部分的我们帮助自己发展呈现给外部世界的面具或"人格"，以便建立我们的社会角色。这部分的我们渴望被融入，被别人接纳。我们的"天真者"一部分与"孤儿"原型相对，"孤儿"原型保护我们不被他人抛弃、伤害或欺骗。这部分的我们衡量生活和当下的处境，以减少被别人伤害、遗忘或忽视。我们经常隐藏自己的这一面，以确保我们在他人的攻击下或者我们的生存空间受到威胁时，我们的自我防御机能能够起作用，并帮助我们幸存下来。皮尔森博士将"战士"原型定义为我们的一部分"用剑去切断任何似乎威胁到我们生存的东西"，这部分的我们包括我们的自我意识萌芽、我们的完整性，最终可以是我们真实的自我或个体的真实性。"战士"不仅保护我们，也是自我或他人的惩罚者。"战士"原型与"照顾者"配对，"照顾者"原型要求牺牲我们自己的愿望、优先事项和需求，以造福他人，安放和滋养我们的灵魂。这部分的我们有同情心，能够感同身受他人的痛苦，这是我们对他人慷慨的基础，无论对方是近在咫尺还是在遥远的地方。这四个原型对于我们准备英雄之旅来说都是非常重要的。"天真者"和"孤儿"教我们区分哪些在我们的旅程中是可靠的帮手，哪些是企图让我们远离目标的人。"战士"原型武装我们，为排除即将到来的内在和外在阻碍做斗争，并找到勇气去赢得这场斗争；与此同时，我们内在的"照顾者"原型教导我们理解人性和与他人深度共情。英雄之旅准备阶段通常是一段痛苦的、迷茫的经历。的确，这是一个即将要面对的成长的烦恼，但是有必要让我们走出舒适区，走上更广阔的生活之路。对于我的许多来询者来说，这个准备阶段通常包括培养勇气去面对那些我们害怕的人，或者面对那些我们害怕会失望或被伤害的人，尽管他们可能在我们早期的生活中曾经深深地伤害了我们。

在个人英雄之旅的准备期和探索期中的四个原型是非常重要的，它们必须非常活跃，我们才能去开发创造力和创新力，深刻洞察事物，憧憬未来的成功。转变是这一阶段的本质，我们需要从我们内在的"追寻者""破坏者""爱人者""创造者"那里得到所需的燃料，以确保我们到达个人发展的下一个更高阶段。我们每个人内心的"追寻者"原型都需要有勇气去面对和探索我们最害怕的东西。有勇气去摆脱对未知的恐惧是绝对必要的，这将使个体蜕变为一个全新的、改进的和真实的自我。"追寻者"与"破坏者"结伴而行，"破坏者"是我们经常压抑的自我的一部分，但在我们压抑它时，它变得更加扭曲、消极和有害。这就好比许多神话都涉及由龙、怪物或邪恶力量守护的巨大宝藏或力量。同样在我们的英雄之旅中，为了得到我们无意识隐藏的巨大财富，我们必须面对我们内心的恶龙并猎杀它。在面对和击败我们内心的恶龙的过程中，我们会变得更强大，因为我们现在更有能力探访隐藏在我们的灵魂深处的宝藏——我们人类存在的核心。"破坏者"原型与人类的"死亡愿望"和弗洛伊德所称的"Thanatos"有关，即死亡和毁灭的驱动力。"爱人者"的原型通常在情爱的能量中被发现。我们每个人都有男性和女性的形象，这种原型与这两种力量的结合有关。我们每个人内在的男性和女性的结合让我们能够爱我们外在的男性和女性，但只有在我们学会爱我们内在的男性和女性之后。传统文化中男性与女性的正统概念在世界各地正受到挑战，一种更灵活的性别正在出现，它允许我们以更多样化的方式表达我们的情爱欲望。"爱人者"与"创造者"配对，这有助于唤醒我们内心深处的真实自我——我们存在的精神核心。这一部分的我们，包含着我们的人生使命、我们存在的理由。作为一个从业 40 多年的咨询师，我发现每个人的命运，在三岁左右时由于在大脑中的髓磷脂形成神经回路而被确定。正是这个原型监督着我们每个人使用自己的想象力去创造一个包含了我们每个人是谁的核心真相的生活。

自 1977 年以来，随着我对职业与人生设计咨询方法的发展，我越来越认为我的工作是神圣的。虽然我从 15 岁起就是一个无神论者，但我相信我们每个人在我们短暂的生命中，都带着自己的人生使命。通过心理咨询以及一个高效的个人评估，我们中的许多人能够触及我们内在的核心，辨识出那个一直处于挣扎中的真实的自我。每个人的内在和外在的力量既会帮助我们找到那个真实的自我，也可能阻止我们找到和表达那个真实的自我。当然，咨询师需要将来询者的"创造者"原型和其他每个原型联系起来，以促进来询者对他的真实自我的探索。

最后的四个原型对于我们在英雄之旅后重新稳定自我至关重要，它们确保我们整合新知识，并开始过比以前更好的生活。我们变得更强大，更愿意分享权利，更专注于个人和工作生活中的责任和专业精神。"统治者""魔术师""智者""愚者"这四个原型是我们巩固个人发展的亲密伙伴。我们每个人内心的"统治者"的目标是创造心理上的完整，在此基础上达成完全的自我实现，从而带来内心的和平、信心和内在和谐，锻造出一个具有更完整的身份、更统一的自我。"统治者"与"魔术师"配对，当"统治者"变得太僵化或防御性太强时，"魔术师"会努力持续治疗和转化"统治者"。这一部分的我们，是自我更新和再生的源泉，更是我们内在情感和智力学习的中心。这是我们内在的媒介，促进宽恕，作为将对自己和他人的怨恨和恐惧转化为爱和理解的通道。它是治愈的根据地。"智者"原型是智慧的老人或妇女，在我们的梦中，给我们可信和可靠的建议。它帮助我们观察我们内在的不健康，重写那些早已不适合但经常又被投射到当下世界的旧脚本。"智者"是我们在踏上个人英雄之旅时所获得的新意识，它与"愚者"相伴。"愚者"是最大的骗子或小丑，不断地破坏我们完整的自我意识。我们内心的"愚者"只是想表达我们内心一切纯粹的快乐，而不太关心后果或结果。

　　2020 年夏天，我去了内蒙古。在一个月光皎洁的夜晚，我和几个朋友吃了一顿丰盛的晚餐后，一起走到一个广场。广场四周是蒙古包，每个人都在这里与亲朋好友共进晚餐。突然，一群身着蒙古服饰的年轻人点燃了一堆巨大的篝火，在熊熊的火光映衬下跳起了古老的舞蹈。舞蹈变得越来越欢快，表演者们还演奏了几种简单的当地乐器。跳舞的人邀请晚餐后的客人加入舞蹈中来，在我们还没反应过来的时候，我们就被包围在篝火周围的蛇形圈中了。似乎没有人关心他们看起来像什么，人们都在那一刻毫无拘束地在一个欢乐的海洋里跳舞。当然你可以有不去跳舞的"理由"，但我们都加入了，我们的身份在这汹涌的喜悦中淹没了。在那一刻，我们都是"愚者"，这是一个多么快乐的时刻，吃饱了美味的食物，喝足了饮料，被音乐的节奏和自发的社区的能量引领着。

过真实的生活

卡尔·荣格博士工作的价值在西方心理学领域中被大大低估了，取而代之的是他的导师西格蒙德·弗洛伊德博士的强大影响力（直到 1915 年）。尽管如此，荣格博士的推广者已经成功地通过书籍、电视剧，以及心理类型在世界各地的学校和组织中的普遍应用，分享了他的伟大见解。正是荣格博士在东方文化、哲学和精神世界的游荡，让他与弗洛伊德博士产生了分歧，并导致了他的学说被弗洛伊德精神分析学派所批判。然而，荣格博士的工作最终引导我们思考在现代世界中我们是谁。作为一个物种，一个非常独特的物种，我们发现自己脱离了自然产生的灵性，产生一种感觉，即我们是更大宇宙的一部分，我们每个人都很重要。在一个技术丰富、人类决策自由越来越受各种因素限制的世界里，人类与自身本质的异化与远比我们自身更强大的事物的联系正使情况变得越来越糟糕。机器人、无休止的战争、人为导致的气候变化、贫困、饥荒，以及收入、财富和机会的不平等，可能使我们走向现有秩序的崩溃。重新构建我们的社会结构、模式、经济和全球关系的迫切需要正在迅速地向我们逼近，正如叶芝那首著名的诗所言，"中心将不会持续"。

对于你，我的读者，请记住理解你现在生活的世界的重要性。我们倾向于责怪自己，因为恐惧、沮丧和焦虑已经成为这个后现代时代的特征。我们生活在一个解体和矛盾的世界中，被殖民国家已觉醒并在世界新秩序中寻求其应有的位置。我敦促你试着去理解那些比你自身更强大的力量，从而增加你所能控制的力量。生活在现代世界是一个相当大的挑战，比我们大多数祖先所能想象的要复杂得多。

我们的生活背景、我们的过去、现在和即将出现的未来要求我们在我们自己的内心不断往深处挖掘，同时扩大我们的视野，超越我们自己和我们的直系亲属的限制。我们需要理解我们正在运作的系统，并尽力超越某些媒体提供的"包装版"的现实。谁制作"新闻"？他们在运营谁的利益？我们从哪里获得我们赖以了解我们所生活的世界的信息？我们如何过滤来自社交媒体的信息，区分事实与虚构？

卡罗尔·皮尔森（Carol Pearson）是《内心的英雄》一书的作者，她用时代的智慧写出了指导我职业生涯的基本真理。虽然我对她的深奥的著作不能完全理解，但我凭直觉开始实践她在她的最后一本书中强力表达的内容：

我们越是脚踏实地地展现我们独特的自我，我们就越不需要快乐。我们可能不需要大量的工作，只需要我们自己的工作；我们可能不需要很多爱，只需要那些真正能满足我们的爱；我们可能不需要那么多财产，但真正珍惜我们所拥有的，因为它们反映了我们自己的一些东西；我们甚至可能不需要那么多钱，因为我们把钱花在我们真正喜欢的东西和活动上。

慢慢地，但可以肯定，我们开始发现获得快乐并不需要爬上成功的阶梯，我们只需要做真正的自己。如果我们这样做了，我们就拥有了一切。不断重复的痛苦的循环减轻了，部分是因为我们有了期待，因此不再害怕；部分是因为我们越来越认识到，我们并不总是要成为一个统一的自我来感觉到完整。"愚者"回应内在的多样性，不是通过痛苦，而是通过提供心灵中不同的片段，选择与他人共舞。跳舞的音乐是不和谐的还是和谐的，舞蹈是美丽的还是笨拙的，都是无关紧要的。舞蹈是为了愉悦自己。

第5章
技能 DNA

现在你熟悉了心理类型，也看到了其中的价值。在接下来的章节中，我将带你进行一系列的测评练习，这些练习可以帮助你比以前更清楚地了解你的职业和人生潜力。

我们知道了自己的心理类型，也知道心理类型和我们的潜能相关，但是我们怎么才能够将这些和我们真实的核心竞争力关联起来，以便让我们找到属于自己的发展蓝图？

这就需要我们来到我一般会和来询者开始工作的地方——找到你的技能 DNA。

本章中的练习将帮助你找到一系列专属于你的理想工作，而且在本书后面，你将学习如何将它们与实际的职业匹配起来。

对于我们每个人来说，为了完成我们的英雄之旅，有必要回顾一下我们从哪里来，以便更好地了解我们到目前为止成了什么样的人，知道那些在未被了解之前看似命运的东西将对我们每个人的未来产生何种影响。在这种个人的“挖掘”探索中，我们所寻找的闪光点总是包含在使我们的生活有意义的经历或故事中。如果我们的许多人生经历或者故事基本上围绕着相同的问题或挑战，它们就会成为我们人生中的重要主题，进而可能发展成更宏大的故事。

我在美国有一位好朋友是一名菲律宾华人，他在 20 多岁的时候移民到美国成为美国公民。我是通过邻居介绍认识他的，当时他正经营着一家小型干洗服务公司。多年来，我一直鼓励他选择更专业的职业。他是一名动物学专业的大学毕业生，当时还住在马尼拉，他的心理类型是创作者（ISFP）。我问他：“比起管理一家干洗店，还有什么样的职业更吸引你？”多年来，他邀请我参加各种大型家庭假日活动，比如烧烤活动，他是这些活动的组织者和大厨。他向我展示了他在家里所做的种种小项目，比如建造室内用的小型喷泉，就是那种用微缩装饰物创造的一个场景，比如饲养有异国情调的小鸟，还比如布置家具和家居用品等来创造美丽的家居环境。他告诉我他对室内装潢和设计感兴趣，我当即鼓励他接受进一步的培

训，因为他在心理类型上是一个创作者，非常适合这类职业。然而，我的
建议不得不因为他很遗憾地告诉我他是色盲而作罢，因为对颜色的辨别对
于艺术的确是很高的门槛。不过随后我建议他考虑成为一名专业厨师，因
为他在烹饪方面有很高的技能，并且他经常为家人做饭。在后来和他的接
触中，我持续鼓励他，花了两年时间让自尊并不高的他最终申请了美国首
屈一指的烹饪学院。他以全班第一名的成绩完成了一年半的课程，并在康
涅狄格州的格林威治最高档的美食店找到了一份工作。在进入那里之后的
六个月里，他受到了极端严苛的管理。不过明智的是他决定离开那里，自
己去经营一个私人餐饮生意。现在我可以很高兴地告诉你，他已经是纽约
地区顶级的餐饮供应商之一，拥有包括亿万富翁、高管、对冲基金创始
人、名人、艺术家和设计师在内的一批优质客户，他已经成为一个传奇
人物。

在他向我展示的他的成果以及各种活动故事的线索中，我找到了那些
能够指引他走向更广阔人生道路的线索，这些线索让我兴奋，并且我愿意
去鼓励他。而他也鼓起勇气，离开原本一眼望到头的生活，走上属于他的
英雄之路。尽管他很害怕，但在一个他天生擅长的领域接受培训时，他的
自尊得到了增强，并成为一名非常成功的职业人士。这一切也还是要感谢
他那一长串的小故事，那些他充满爱心和耐心参与的项目，让他知道了自
己的热情所在，并最终敢于冒险改变自己的职业和人生。

在这一章中，我们将进行一次仿佛挖矿一般的探险。为了确定你的
技能 DNA，你需要挖掘你的经验，从中找到那些能够揭示你自己真实面
目的"金块"。这些技能不仅仅只是在你的人生的巅峰体验或人际关系中
用到，而且在使用这些技能的时候你还非常享受和满足。这个探索技能
DNA 的过程，也像制作奶酪的过程，我们需要重新提炼、分析你的技能，
最终获得技能中精华中的精华。在本书中，我们将以一个初步练习的方式
开始这次采矿探险，这将为技能 DNA 测评奠定基础。

技能有三种，分别是可迁移技能、技术技能和自我管理技能，在这里
我们不讨论技术技能，这些技能一般来自教育或培训，不需要我们在此做
探索，而我们需要探索的是我们每个人的可迁移技能，就是当你从一种生

活或工作转换到另一种生活或工作的时候仍旧存在的技能，以及自我管理技能。

探索你的人生故事

这个练习的目的是更好地了解自己。这些年来我的一个重要咨询心得是：当我按时间顺序梳理来询者的生活时，他们会发现许多他们可能错过的主题、故事和变化。于是接下来的这个练习，能够帮助你找到那些最重要的和愉快的生活经历和主题，让你对自己曾经去过哪里、发生了什么、有何意义等有一个清楚的感受。

我想让你做的是，按照我下面提出的问题的顺序，对你的人生故事做笔记。当然，我给你的是较为全面的问题，不是每一个问题都适合你，但一定要试着写下所有的答案。你回答的方法和答案的长度取决于你自己，不过，请记住，我们练习的目的是识别甚至重新体验重要生活事件中的情感和想法。因此，我认为如果有可能，你要写下并且生动地体验你在那段经历或关系中的感受，而且过程中更加重要的是，你必须对自己完全诚实。放心，你写这篇笔记的读者只有你自己一个人，这意味着你可以记下你所有的想法，甚至你最隐秘的想法。

多年来，当我和我的来询者一起工作时，我们通常会先从梳理他的祖父母辈（爷爷、奶奶、外公、外婆）、父母辈（叔叔、阿姨、舅舅、姑姑）和平辈（兄弟姐妹）的背景信息开始这个类似传记的过程。我根据以往的经验清楚地知道，家庭事件和家庭关系往往是印象深刻的，而且经常一代又一代地产生影响。

对于祖父母辈的每个人，我或多或少都会问一套标准的问题：

1. 他或她还活着吗？如果是的话，他或她有多大了？如果没有，他或她是什么时候去世的？是由于什么原因去世的？他或她是个什么样的人？他或她和你父亲的关系，还有你母亲和外祖父母的关系如何？他们每个人都是出生在哪里的？接受了多少教育？他们做什么样的工作？

2. 你的祖母和外祖母各有多少孩子？这些孩子（叔叔、阿姨、舅舅、姑姑）的教育、职业情况是什么样的？你是否与他们亲近？（注意，如果他们都有孩子，也就是你的平辈，而且这些人也都和你比较亲近的话，也需要询问他们的教育水平和职业。）

这个练习可以让你回顾你的家庭三代人的一些经历。你会发现这些回顾为你提供了家庭的背景信息，你可以注意到一代代的教育和职业水平的变化，从中也能够看到一些你对待婚姻、离婚以及家庭关系稳定的态度。在对祖父母辈的回顾结束后，会探索你父母辈和平辈。

针对你的父亲的问题：

1. 你父亲还活着吗？如果是，他多大了？如果不是，他去世时的年龄有多大？原因是什么？

2. 你对你父亲的成长经历了解些什么？他在童年、少年和青年时期是怎样的人？

3. 你父亲的教育背景是什么样的？

4. 你父亲的工作经历是什么样的？

5. 你去过你父亲的工作场所吗？那次经历是什么样的？

6. 你会如何描述你的父亲呢？他是一个什么样的人？他的性情是什么样子的？

7. 你父亲的政治和社会态度是什么？他的生活价值观是什么？

8. 在你看来，他最大的优点和缺点是什么？

9. 当你还是个孩子的时候，你是怎么看你的父亲的？当时你和他在一起的时候你感觉怎么样？他是怎么管教你的？

10. 你十几岁的时候是怎么看你的父亲的？你和他相处得怎么样？你和他会谈到什么话题？你信任他吗？

11. 成年后你是怎么看你的父亲的？多年来，你们俩之间的关系发生了什么变化？

12. 你现在如何看你的父亲？他总的来说是什么样的人？

13. 你的父亲了解你的职业状况吗？他觉得你的职业生涯怎么样？

14. 你认为你的父亲真的想从你身上得到什么吗？这让你对他有何感觉？让你对自己的感觉如何？

针对你的母亲的问题：

1. 你母亲还活着吗？如果是，她多大了？如果没有，她去世时已经多大了？原因是什么？

2. 你对你母亲的成长经历了解多少？她在童年、少年、青年时期是怎样的人？

3. 你母亲的教育背景是什么样的？

4. 你母亲的工作经历是什么样的？

5. 你母亲有多少个孩子？这些孩子的出生顺序是什么样的？

6. 你母亲在哺乳期做了什么？如果她在外面工作和生活，是谁照顾你或其他孩子的？

7. 在孩子们长大后，她做了些什么？

8. 你将如何描述你的母亲？她是个什么样的人？

9. 你母亲的政治和社会态度及其生活价值观是什么？

10. 在你看来，她最大的优点和缺点是什么？

11. 你小时候怎么看你的母亲？你在她面前感觉怎么样？她是怎么管教你的？

12. 你十几岁时母亲是什么样子的？你和她亲近吗？你和她谈过什么话题吗？

13. 你现在如何看你的母亲？这些年来，你和她的关系有了什么变化？

14. 你母亲知道你的职业状况吗？

15. 你认为你母亲真的想从你身上获得什么吗？

针对你的平辈的问题：

1. 你与兄弟姐妹的关系如何？

2. 这些年来，你与兄弟姐妹的关系发生了什么变化？

3. 你的兄弟姐妹的教育水平各是怎样的？他们如何谋生？

4. 你的兄弟姐妹知道你的职业状况吗？

5. 你的兄弟姐妹认为你应该怎样处理你的生活？

针对你自己早年时期的问题：

1. 你最早的记忆是什么？（如果你还记得的话，试着回到学前班去。）

看看这个最早的记忆，它涉及其他人吗？如果是这样，是谁？你怎么看待这些还留存着的记忆？

2. 你记忆中最好的早期性格是什么样子的？你是活跃而快乐的吗？你是害羞的、更喜欢独处的，还是性格外向的、善于交际的？

3. 其他人告诉你你小时候是什么样子的？

4. 如果你去过幼儿园，你记忆中是什么样的？

5. 你记得去学校和幼儿园的第一天是什么样的？你喜欢在那里做什么？你有什么样的朋友？你对他们做了些什么？你还记得老师吗？他们是什么样子的？

6. 你早年时期不上学的时候做什么？

7. 你小学一年级的老师是谁？他是什么样子的？你觉得这位老师怎么样？老师觉得你怎么样？

8. 你对一年级还记得些什么？你最喜欢和最擅长的科目是什么？哪个对你来说是最困难或最具挑战性的？

9. 谁是你的朋友？你怎么对待他？

10. 那一年你最喜欢谁，并花时间在一起？

11. 在休息期间你做什么？

12. 你在空闲时间阅读什么书、听什么音乐，或者做什么感兴趣的事情？

13. 你有没有上什么特殊的课程或参加有组织的活动，如加入一些俱乐部、少年联盟，做体操，玩乐器，唱歌，跳舞，上艺术课和计算机编码课等？

14. 你在小学的每个夏天都做了什么？

对小学一年级到六年级的每个年级都重复问以上问题。

针对你自己初中时期的问题：

1. 你记得你青春期的时候是怎样的？你为青春期带来的情感和身体上的变化准备好了吗？你对你的身体变化有什么样的感觉？你有多自信？

2. 你在中学时的朋友是谁？你们最喜欢在一起做什么？

3. 你有迷恋的人或者事物吗？你最好的朋友是谁？你对自己的性行为

感到满意吗？

4. 你觉得从小学到中学是怎么样的感觉？

5. 你是如何适应初中的生活的？

6. 你的学业成绩如何？你最喜欢的科目是什么？你是如何处理你的家庭作业的？你会觉得作业太多了吗？

7. 你觉得你的老师怎么样？对他你有什么突出的印象吗？如果有的话，是什么？

8. 你在放学后和周末时都喜欢做什么？你在校外热衷的活动是什么？它们现在还陪伴着你吗，即使形式不同？

9. 你如何度过暑假？

10. 此时你周围的世界发生了什么？（在这里想想你直接接触的世界和整个社会。）

针对你自己高中时期的问题：

1. 当你上高中时，你的感觉如何？过渡时期是什么样子的？你觉得自己有多自信？

2. 你觉得你的高中课程和老师怎么样？有没有对哪个老师印象很突出？如果有，为什么？

3. 你最喜欢的是哪些科目？

4. 你在高中时最伟大的成就是什么？这里主要指校外的，例如，运动、志愿者工作、音乐、业余爱好等。

5. 你的社交群体是什么样的？你在这个群体里充当什么样的角色？做了些什么？谁是你最好的朋友？你最享受的社交活动是什么？

6. 此时你周围的世界发生了什么？

7. 你有没有做什么白日梦？

8. 你玩什么样的游戏或运动项目？

9. 你在学校的课外活动是什么，如音乐、舞蹈、戏剧、田径？

10. 那时的你开始尝试约会和性探索了吗？

针对你自己大学时期的问题：

1. 是谁或者是什么方式帮助你选择学校(大学或职业学校)及专业的？

你高考发挥得怎么样？

2. 你是如何选择学校的？为什么去那里？

3. 你在高中和大学之间的暑假做了什么？

4. 作为大学新生，你是如何抵达学校的？你在最初几天和几周内是如何调整适应的？

5. 你在大学里的社交生活怎么样？你最亲密的朋友是谁？你最喜欢和他们一起做什么？

6. 你的专业是什么？你是如何选择你的专业的？当你做出选择的时候，你是如何考虑你的未来的？

7. 你在大学时期最大的成就是什么？试着一年一年地想想。

8. 大四的时候，你认为毕业后自己会做什么？

针对你自己成人时期的问题：

1. 毕业后你第一次找工作的经历是什么样的？你是怎么去找工作的？

2. 你从家中搬出去独立生活的过程是怎么样的？

3. 你对你的第一份工作感觉如何？

4. 你的每段工作经历都是怎样的？

5. 你最伟大的工作成就是什么？

6. 你之前的离职原因都是什么？

7. 你觉得自己的职业生涯方向是正确的吗？如果不是，你什么时候才意识到你的方向有偏差？

8. 你的成年社交生活是什么样子的？谁是你最亲密的朋友？你和他做了什么最令人愉快的事情？

9. 你是已婚还是有性伴侣？你最亲近的人是谁，是朋友还是家人？

10. 你的业余爱好和兴趣是什么？

11. 你最享受的社区、社会、文化、体育和政治活动是什么？

创建你的生命地图

如果你通过对这些问题的思考，完成了属于你的自传甚至还做了些笔记，你可以好好静下来反思在这个过程中领悟到了什么。你的一些回答让你感到惊讶吗？是否有一些原因让你更深入地探究你生活的某些方面？现在把这些笔记放在一边，过几个小时甚至几天再来处理它们。你的人生主题出现了吗？在你的生活中，你有没有看到任何一致的模式？你有没有发现自己偏离了轨道，与梦想和计划失去了关联？无论你在这里发现了什么，都为我们接下来要进行的练习奠定了基础。接下来，我想让你开始着手创建你的生命地图。这是理查德·鲍利斯（Richard Bolles）在《你的降落伞是什么颜色？》一书中创建的生命地图的增强版，我在这么多年的应用中发现这是生成你的技能 DNA 的关键形式。大多数人会选择在像 Excel 这样的电子表格上这样做，但是如果你愿意的话，你可以在一张大白纸上这样做。当然，我也同样建议你使用 CareerDNA 自我探知系统，这是最简单和最方便的，因为这个自我探知系统有一个模板可供你填写，以完成你的生命地图。

如图 5-1 所示，在图的左侧，按时间顺序列出你的人生各阶段。你也可以选择关键的生活场景，如幼儿园 / 小学、初中、高中、大学、早期工作、中期工作、近期工作。在图的右侧，划分为四列，并将它们标记为教育 / 学习、工作、休闲娱乐、家庭 / 个人生活。

在创建这个生命地图的时候，一定要在每个格子里留出足够的空间。我画的这个比你们实际应该画的要小很多，毕竟我只是想把它放在这本书的一页上展示。

现在你已经创建了生命地图，用以下内容填充每个格子：

1. 你愉快的或令人满意的或有意义的成就。如果你对自己正在做或之前做过的事感到自豪，用一个词、短语或简短的句子（比如，减肥，当选年鉴编辑，对抗老板或父母，去国外旅行，获得晋升，坐直升机去滑雪，划皮划艇等）将其写在格子里。不管别人怎么想，如果你认为你的经历是愉快的、满意的、有意义的，就把它写在生命地图上。有些时候宁缺毋滥，但是这个时候则多多益善。

2. 你最愉快或最满足的角色（父母、爱人、伴侣、朋友、红颜知己、顾问 / 咨询师、主人或女主人、经理、学生、活动策划师和战略家等）。

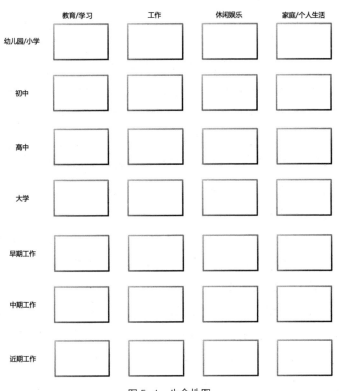

图 5-1　生命地图

3. 你最满意的或深刻的关系（浪漫的伴侣、朋友、导师、红颜知己、父母，兄弟姐妹、儿子或女儿等）。

4. 你有意义的失败。这些情况可能是痛苦或不愉快的，但它们帮助你成长，发展更好的性格，加深你对一系列价值观或人生的理解。这些可能包括失败的婚姻或关系、疾病、道德方面的失误、生意或工作的失败、悲惨或困难的家庭等。

回顾你生命中的巅峰体验

到了这里，你可能已经对自己有了一些有趣的发现。这是一个极好的机会，你会看到你以前从未见过的生活模式。现在，我们要把这些信息应用到实际中去。

仔细查看你的生命地图，选择七个你生命中最快乐、最满足、最充实的经历或关系。这些都是你人生经历的精华，是你最真实地感觉自己到达巅峰的时刻、事件或关系。不要去想别人会怎么看你的选择。在这一点上唯一重要的是，你认为你选择了七个最好的、最重要的和愉快的经历、关系或你的生活主题。即便不是全部，这些巅峰事件中的一些是"心流"的体验。

现在为这七种经历、主题或关系写一篇简短的描述性文章。有的人可能会觉得对着录音设备说话更容易、更有成就感。这篇文章应该告诉你自己什么时候和谁做了什么，以及为什么这是你一生中最满意的经历之一。只要你愿意写就好，我唯一的要求是，你要尽可能详细地回忆这些经历，因为你最终能够确定在这些经历中所使用的技能是很重要的。

你刚才做的就是描述你的"巅峰体验"。这些是你最好的生活的瞬间。这些时刻是你最快乐、最投入、最有成就感的时候。这些最好的时刻会非常有启发性，当你解构它们，看看你在这些经历中做了什么时，你就可以确定你所使用的可迁移的和自我管理的技能，而更重要的是，这些技能都是你最喜欢使用的。

完成你的技能表

一旦你找到了你的七个巅峰体验，你就可以分析它们中的每一个，看看你在巅峰体验中使用了哪些技能。为此，你将使用技能表。同样，最好的方法是使用 CareerDNA 自我探知系统中的第三模块，但如果你想使用纸张和颜色来标记，我将表 5-1 提供给你。

将顶部从"巅峰体验 1"到"巅峰体验 7"的方格分别涂上不同的颜色。

从第一个巅峰体验开始，沿着你左手边的技能列，每当你发现你在这段经历中使用过某项技能时，就用你分配给这一列的颜色把与该项技能对应的方格涂满。如果你喜欢在这段经历中使用这种技能，或发现它令人满意或舒服，在涂满那个颜色的方框中画一个"√"。继续这样做，直到你完成了第一个巅峰体验的全部技能列。然后，继续第二个巅峰体验，重复上述步骤。

如果你有一个特别喜欢运用的技能没有出现在表 5-1 中，就在"其他技能"中输入该技能名称，并用第八种颜色标示。CareerDNA 自我探知系统提供了这一功能。

表 5-1　技能表

CareerDNA 技能表		巅峰体验1	巅峰体验2	巅峰体验3	巅峰体验4	巅峰体验5	巅峰体验6	巅峰体验7
序号	技能							
	人际交往技能							
1	团队组建与团队建设							
2	提供咨询与专业建议							
3	提供咨询与辅导							
4	营造快乐的工作氛围与社交环境							
5	在团体讨论与团队活动中充当领导者或推动者							
6	提供帮助，服务他人							
7	通过对项目前景的洞察来鼓舞他人							
8	指导、教授他人							
9	判断人员素质							
10	在没有多媒体设施的情况下做口头演讲与展示							
11	幽默感强，善于让人发笑							
12	管理团队，培养人才，激励他人，指引方向							
13	担任资源整合者，合理分配人力与物力资源							
14	思维缜密，善于调解冲突与争论							

（续表）

CareerDNA 技能表		巅峰体验 1	巅峰体验 2	巅峰体验 3	巅峰体验 4	巅峰体验 5	巅峰体验 6	巅峰体验 7
序号	技能							
15	善于社交，能很好地维护、拓展人脉							
16	说服他人在想法和行为上做出改变							
17	代表组织与外界交流							
18	推销产品，对他人施加影响							
19	能流利地说一门以上的外语，或有口译、笔译的才能							
20	招聘、雇佣与面试员工							
21	为他人治愈创伤							
22	理解他人的行为与动机							
23	扮演好团队成员的角色							
24	善于与顾客直接沟通以及处理公共关系							
25	能创造性地写作							
	战略分析技能							
1	分析信息与数据							
2	分析市场需要、产品需求，完成设计							
3	快速学习，迅速抓住基本概念							
4	解决复杂问题、评估各种潜在选择与解决方式							
5	构思新想法与创意							
6	构思新想法并可视化地展现出来							
7	设计项目、活动、工作坊或课程							

（续表）

CareerDNA 技能表	巅峰体验 1	巅峰体验 2	巅峰体验 3	巅峰体验 4	巅峰体验 5	巅峰体验 6	巅峰体验 7
序号　　　技能							
8　设计软件、视频、图文或游戏							
9　设计系统或流程							
10　制定目标与战略							
11　诊断问题							
12　预想事物的未来发展							
13　能够高效执行，完成任务							
14　做出预测							
15　预测可能出现的问题							
16　开发新的产品与服务							
17　排列和组织信息							
18　安排工作并设定优先级							
19　从新的投资、业务、服务及项目中寻找机遇							
20　能迅速把握大局与全景							
21　寻求新的学习机会							
22　在新的投资中抓住机遇，开创新事业							
23　合成新想法							
24　有批判性、有逻辑地思考							
25　战略性思考，有长远眼光							
26　有效运用计算机系统							
27　运用数学解决问题							
28　计算机编程							
肢体行动技能							
1　房间与室内布置							
2　视觉编排、摄影、房间布置、花朵摆放等							

（续表）

CareerDNA 技能表		巅峰体验 1	巅峰体验 2	巅峰体验 3	巅峰体验 4	巅峰体验 5	巅峰体验 6	巅峰体验 7
序号	技能							
3	能精准操控机器设备，驾驶车辆							
4	摆放餐桌，为活动与派对布置环境							
5	设计有形物体，如设备、配件、工艺品、家具							
6	检测语音、音准、响度和音调上的差异							
7	辨别颜色、形状、亮度并进行匹配							
8	对颜色、形状、质地、气味和味道有敏锐的感知能力							
9	有良好的肢体操控能力，能灵巧操控手脚与身体							
10	有良好的体能与耐力							
11	善于检查产品或服务的质量问题							
12	掌握基本的烹饪方法							
13	能同时应对多个任务，并能在任务间进行高效轻松的切换							
14	在商定协议、达成结果、选择方法时负责谈判							
15	为他人表演，愉悦他人							
16	饲养、训练动物							
17	维修机器或系统							
18	快速、准确地认清形势							
19	食物和酒水的测试、加工与品尝							
20	旅行，探索新的文化、食物、人群和地域							

（续表）

CareerDNA 技能表	巅峰体验 1	巅峰体验 2	巅峰体验 3	巅峰体验 4	巅峰体验 5	巅峰体验 6	巅峰体验 7
序号　　　技能							
21　排除故障，解决问题							
22　手工生产产品或制作物品							
23　能够想象出物体摆放在不同位置的效果							
管理安排技能							
1　执行某项行政工作							
2　评估与监督自己、他人或组织的绩效							
3　通过私人服务对他人给予关怀与帮助							
4　控制设备与系统的运行							
5　协调活动							
6　高效处理细节性工作							
7　物品的定价与估价							
8　编辑图书、报告、备忘录、电影、视频或论文							
9　确保他人健康和安全							
10　评估信息，以确保和标准、规则、法律和规章一致							
11　在规定时间和预算内完成任务							
12　种植植物或农作物							
13　举办派对、活动、聚会或会议							
14　实施规划、项目或政策							
15　检查设备、结构、材料的性能及其缺陷与错误							
16　根据说明书安装设备、机器及程序							

（续表）

CareerDNA 技能表		巅峰体验 1	巅峰体验 2	巅峰体验 3	巅峰体验 4	巅峰体验 5	巅峰体验 6	巅峰体验 7
序号	技能							
17	负责设备维护，并决定何时需要修理							
18	做判断，下决定							
19	承担资金及金融资产管理							
20	监督运行或监视仪表盘、指示器，保证其运行良好							
21	监控资源、资金、材料的使用							
22	计划安排旅行、活动或会议，组织会议或活动							
23	处理信息，如编码、分类、计算、审计、验证							
24	研究调查							
25	安排工作或活动							

创建你的技能组

合适的时机已经到了，该开启你对技能 DNA 的寻找了。我们即将呈现一个伟大的"悬疑惊悚片"，解开谜团的线索就在你面前。你现在需要做的就是将它们放在一起，使解决方案能够显示出来。

当你查看技能表时，你应该看到表中到处都是色块和√。现在把注意力放在√上，把你至少√过一次的技能都拿出来——你可以用任何你觉得方便的方式来做这件事。如果你是在电子表格中做的，只需要复制和粘贴这些技能到一个新的工作表。如果你是在纸上写的，那么请把它们放在一起。甚至你可以在每个技能旁写下数字来记录你在该项技能上√了多少次。采用何种形式取决于你，不过，最简单的方法是在 CareerDNA 自我探知系统中使用模块三。在 CareerDNA 自我探知系统里，所有这些都是由计算机程序自动完成的。

这些技能也就是"巅峰技能"。现在选择 10~15 项你绝对离不开的巅峰技能——这些技能对"你是谁"来说是最重要的，而且无论你选择从事什么工作，它们都将成为你工作中至关重要的一部分。和以前一样，不要向别人寻求建议，也不要让别人告诉你的东西影响你。深入你的内心，找出最能定义你的 10~15 项技能，专注于那些让你感到兴奋或非常有趣的功能、活动、任务和角色，那些让你在做时忘记时间的事情。

这 10~15 项技能从现在开始是你的技能组的关键词了。把它们想象成你玩球类电子游戏中运动队的明星球员，而你要做的，是用它们组建你的各"技能球队"，你让它们当各"技能球队"队长，描述并且赋予其队长的角色和相应的职能。当然，有队长就会有球员，前锋、中锋、后卫、守门员都会跳出来承担其角色和职能。

你的表格现在会有 10~15 个表头，如图 5-2 所示。

激励他人	咨询	改善产品或服务	诊断	做演讲 / 演示	看到新的投资机会	良好的团队合作精神和态度	创造视觉效果	向决策者销售产品或提出建议	寻找新的学习机会

图 5-2　表头

现在把你剩余的技能，那些没有成为队长的技能，放在它最能支持的技能组中。例如，对于图 5-2 中的技能队长"激励他人"，你看看你所有剩下的技能，然后选择那些最能描述你激励他人的方式的技能，也许你激励他人的方式包括倾听，鼓励他人去尝试冒险，对他人的优缺点给予有用的反馈。将这些技能放在"激励他人"的技能组中，如图 5-3 所示。

激励他人
倾听
鼓励他人去尝试冒险
对他人的优缺点给予有用的反馈

图 5-3　"激励他人"技能组

继续以同样的方式建立你的其他技能组。如果某项技能既不是你的前 10~15 项技能，也没有进入某个技能组，那么很有可能你并不像你原来认为的那么重视这项技能，或者它只是你为了乐趣而使用过，但在你的职业生涯中不会用到。

发现你的技能 DNA

你几乎解开了你的谜团。你只需要再做一个练习，就可以确定你的技能 DNA。最后一项工作是将每个技能组与其他技能组进行比较，并据此对每个技能组进行排名。当我给来询者提供一对一咨询时，我使用积分系统来产生这些结果。你可以做的是创建一个强制比较图（见图 5–4），将每个技能组与其他各个技能组进行比较。目的是表明你在两个技能组之间的偏好。例如，当你将"激励他人"技能组直接与"咨询"技能组进行比较时，你可能会发现你偏好其中的一个。有时候，你会发现你真的无法在这两者之间做出选择。在这种情况下，你可以把两个技能组的比较结果称为平局。如果两组打成平局，则分别获得 0.5 分。

```
1 –2
1 –3   2 –3
1 –4   2 –4   3– 4
1 –5   2– 5   3– 5   4– 5
1 –6   2 –6   3– 6   4 –6   5 –6
1 –7   2 –7   3– 7   4– 7   5 –7   6–7
1 –8   2 –8   3 –8   4 –8   5 –8   6 –8   7 –8
1 –9   2– 9   3– 9   4– 9   5– 9   6– 9   7– 9   8– 9
1 –10  2 –10  3 –10  4 –10  5 –10  6 –10  7 –10  8–10  9 –10
```

图 5–4　强制比较图

1– 激励他人　2– 咨询　3– 改善产品或服务　4– 诊断　5– 做演讲 / 演示　6– 看到新的投资机会
7– 良好的团队合作精神和态度　8– 创造视觉效果　9– 向决策者销售产品或提出建议　10– 寻找新的学习机会

下面我使用我们已经讨论过的技能组为你提供这个强制比较图示例。

方法：

在比较两个技能组时，将你偏好的技能组框起来（或圈起来）。如果你真的无法选择，两者一起标上框或圈。

得分：

每一个标上框或圈的技能组获得 1 分。两个技能组一起标上框或圈的得 0.5 分。

计算：

计算每个技能组的得分，得到以下结果。

激励他人：9 分

做演讲 / 演示：7 分

向决策者销售产品或提出建议：8 分

咨询：6 分

良好的团队合作精神和态度：4.5 分

诊断：4 分

看到新的投资机会：3.5 分

改善产品或服务：2 分

创造视觉效果：0.5 分

寻找新的学习机会：0.5 分

你可以在技能 DNA 分子图中显示它的层次结构，如图 5-5 所示。

这是你的技能 DNA 的一个视觉描述。你会注意到，我将 4.5 分、4 分和 3.5 分的技能组放在了同一排。根据规则，你可以将彼此分数差别在 1 分内的技能组放在同一个层级。

在本书后面，我将向你展示如何将这个模板与实际的职业相匹配，包括一些你可能从未考虑过的职业。当你完成这个过程后，享受你所取得的突破吧。你现在可以看到——也许是第一次，你会在你理想的工作——一个匹配你的激情和技能的工作中做什么。这让你比之前更强大，也让你有机会成为市场上的一股重要力量。通过直观地展示什么样的工作最吸引你，你将能够与潜在的雇主或合作伙伴分享使自己更好地适应工作的关键。不是在预感、猜测或假设！你现在正在你的人生旅程中很好地了解自己的优势，并能够向世界陈述你的价值主张。

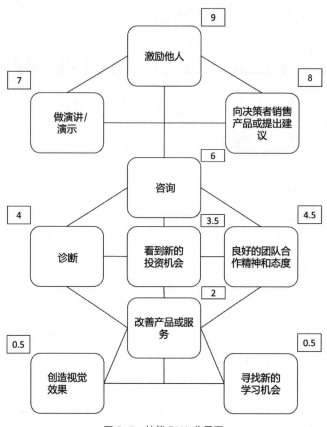

图 5-5 技能 DNA 分子图

第 6 章
价值观与职业匹配

虽然互联网、杂志和其他印刷媒体上有大量文章抱怨 20 世纪 80 年代以后出生的千禧一代，但客观分析表明，他们中有些人的萎靡不振甚至叛逆在很大程度上是因为婴儿潮一代一手造成的。我们生活在一个日益反乌托邦的时代，环境破坏和地球升温正在给越来越多的人带来灾难性的变化。各代人之间以及发达国家和发展中国家内部的价值观冲突影响着许多国家的和平与稳定。紧张局势不仅在某些国家和地方出现，而且越来越多地出现在街头和大大小小的企业中。《巴黎协定》列出了许多国家做出的承诺，但在遵守这些承诺方面却存在太多的不一致。

价值观在我们生活中的作用

价值观是我们每个人内在的 GPS，它们告诉我们什么是对的，什么是错的。当我们处于危险之中时，无论是内部的还是外部的，它们都为我们敲响警钟。它们是我们对自己和我们所生活的世界的基本信念，无论是好是坏，它们往往受到我们生活的时代的巨大影响。虽然普世价值观往往是世界主要宗教体系的基石，也是启蒙时代人文主义大发展的成果，但它们只是被一部分人所接受，因为在基本需求得不到保障的国家，人们更多关注的是日常生存挑战。每年发布的世界幸福指数中，幸福指数高的国家贫富差距明显缩小，这并非偶然。

许多研究都表明，伟大的领导者是那些构建了一个组织或文明的人，而这些组织或文明能让在其中生活和工作的人发挥出最好的一面。你是否曾经问过自己，如果各种组织的基本原则之一就是帮助人们最大限度地发挥他们的最大潜力，那么我们将生活在一个怎样的世界里？我一生的工作本质上是协助人们过上自己想要的生活，只要他们不伤害他人的生命，而是与他人联合起来，共同解决问题，迎接挑战。这些都是驱动我的价值观。然而，我是一个理想主义者［奋斗者（ENFP）是我的心理类型］，我不指望每个人都能接受我这种心理类型与气质的人自然流露出来的价值观。我们思维方式的丰富多样性不允许这种情况发生，因此，我们在社会中寻求平衡与和谐，以确保大多数人获得丰富的心理和精神成果。

你们有些人可能会想，为什么我选择在一本关于如何在职业生涯和人生中找到最佳方向的书中包含一些政治立场的内容。与人共事多年，让我明白了什么是过美好生活的最基本要素。发现一个人内在的心理类型的天赋中的个人力量，建立自尊，把新发现的力量用于行动，是过上美好生活的关键。这是一种自我寻找英雄的过程。一项关于 2020 年电影收入的研究表明，70% 的收入来自讲述英雄和超级英雄的电影，这并非偶然。在广告和娱乐领域，销售梦想是一块巨大的蛋糕。还有什么梦比我们把自己和他人从不应有的悲剧、混乱甚至死亡中拯救出来更振奋人心的呢？我们每个人内心深处都有一种拯救自己和他人脱离危险的渴望。

寻找我们内心的英雄总是需要我们去探索，然后按照我们的价值观去生活。这些价值观往往隐含在我们的心理类型和气质中，并被我们的生活故事所强化，不仅是我们生活的现实，还有我们所接触到的童话和神话，以及在线动画、电影、小说、新闻故事和其他人告诉我们的故事和经验。

CareerDNA 价值观列表

在我们的价值观模块中，我们构建了一个价值观列表。请记住，这个列表的目的主要是为你提供一个词汇表，不仅在你面试或研究时使用，而且作为一种方式来突出你最珍视的信念，希望与你选择加入的组织保持一致。这是为模块五准备的，该模块侧重于呈现最吸引你的职业群、职业主题和工作头衔，以及它们为什么吸引你。价值观是你做出职业选择的核心要素。

1. 让我们回顾一下丹尼尔·平克（Daniel Pink）所总结的关于动机的大量研究中的开创性工作。他告诉我们，对我们所有人的内在动机来说，最重要的因素之一是"独立自主"，即做出选择和以我们每个人最舒服的方式工作。在要求以一种标准的方式做事的组织和那些给员工空间和灵活性以自己的方式工作的组织之间存在着根本的不同。组织常常是由对效率的渴望所驱动的，这与大多数人在工作中更自由的需求背道而驰。比如价值观列表中描述的"我渴望按照自己的方式做事"，虽然所有 16 种心理类型的人都在某种程度上重视这一点，但最重视独立自主的是奋斗者（ENFP）及策划者（INTJ）。在布莱恩博士八卦中，他们是在天这个位置、主导功能为直觉型的四种心理类型之一，通常对启动新项目至关重要，他们与倡导者（ESTP）和表演者（ESFP）一起因想要摆脱约束而闻名。

2. "技术能力"在价值观列表中被定义为"我希望在某专业领域有很深的造诣"。虽然许多人并不经常选择这个价值观，但检查者（ISTJ）经常选择该价值观作为他们非常珍视的价值观之一。同样，策划者（INTJ）也是如此。

3. 在 21 世纪，随着工业 4.0 的兴起，越来越多的人渴望对自己的时间和生活质量有更大的控制权，创业吸引力在许多千禧一代中明显上升。我们的价值观列表将创业描述为"我渴望开创新的事业"。热衷于这种价值观，不仅仅是为了获得高额回报，而是人们对自己热爱的事情的强烈渴望。拥有自己的产品以及决定如何去生产，可以让人们获得驾驭最吸引他们的技能的体验，这是丹尼尔·平克（Daniel Pink）"内在动机"概念的另一个组成部分。创业尤其吸引了很多策划者（INTJ）、奋斗者（ENFP）、发明者（ENTP）、手艺者（ISTP）和教育者（ENFJ）。

4. 在我们的价值观列表中，"意义和目的"被描述为"我希望自己的工作有更强目的性或对我个人有意义"。这常常是气质类型为理想主义者（NF）的口号，包括奋斗者（ENFP）、医治者（INFP）、辅导者（INFJ）和教育者（ENFJ）。

5. "挑战和竞争"是大多数文化中倾向于完美主义的人的一个特征。倡导者（ESTP）和表演者（ESFP）经常对他们发现的在体育、娱乐和艺术中非常有吸引力的活动感到兴奋。指挥者（ENTJ）和监管者（ESTJ）也是竞争的爱好者。

6. "生活平衡"的前景对千禧一代越来越有吸引力，因为年轻人看到他们的父母在追求经济利益时生活失衡，决定不想要这样的生活。在中国，许多年轻人正在远离"996"，也就是每周工作 6 天，从早上 9 点工作到晚上9点，认为这种生活不幸福。表演者（ESFP）对这个问题特别敏感，经常选择这个作为他们的关键价值观之一。许多其他心理类型的人也发现生活质量越来越重要，并高度重视这一点。

7. "成就"是生活在竞争社会中的人强烈持有的价值观。我们的价值观列表将成就描述为"我喜欢为自己设定很高的目标并去实现它"。指挥者（ENTJ）、监管者（ESTJ）、策划者（INTJ）、创作者（ISFP）和检查者（ISTJ）通常选择这个作为他们的关键价值观。

8. "冒险"在我们的价值观列表中被描述为"我喜欢不依赖资源或框架，去探索全新的环境、地点与人际关系"。那些不喜欢结构化的、心理类型以P结尾的感知型的人就特别喜欢冒险。表演者（ESFP）和倡导者（ESTP）以及手艺者（ISTP）都特别喜欢冒险。

9. "美感"被描述为"我喜欢有美感的环境，希望看到、听到、接触到美丽的事物"。这几乎是对创作者（ISFP）的完美描述，也是对他们的备用心理类型医治者（INFP）的重要描述。他们的重要价值观之一是将嗅觉、视觉、听觉、味觉和触觉结合起来，创造出美丽的东西。

10. 对于那些看重"社交"的人，我们的描述是"我希望自己的工作环境能允许我发展亲密的个人关系"。它吸引外倾情感类型的人，即教育者（ENFJ）和供应者（ESFJ），也吸引内倾情感类型的人，即医治者（INFP）和创作者（ISFP）。这种价值观通常对奋斗者（ENFP）和辅导者（INFJ）也具有很大的吸引力。

11. "艺术表现"通常是一种普遍的价值观，尤其受到创作者（ISFP）和他们的备用心理类型医治者（INFP）的重视。然而，概念性或观念性创造通常更吸引主导功能为直觉型的人，而具体或实用的艺术表现更吸引主导功能为感觉型的人。

12. 我们中的一些人高度渴望在一天或一周中做不同的事情。如果一个人在装配线上工作，或者在政府、社会服务、制造业和其他需要重复行动、具有一致性、注重效率和质量控制的部门中工作，那么这种"多样性与有变化"的愿望就很难实现。奋斗者（ENFP）和创作者（ISFP）对多样性和有变化的需求特别敏感，如果没有多样性和变化，他们会比其他类型的人更容易感到无聊。

13. 在我们的价值观列表中，有"我希望自己有权掌控一个团体或组织，并能决定其发展方向"。有些人对控制和指挥其他人的想法强烈反感，但司法审判官、司法审判监督员和司法审判视察员对权力感兴趣。然而，检查者（ISTJ）通常只在工作中没有其他人承担责任的情况下才对权力感兴趣。外倾思考型的指挥者和监管者是社会中真正的权力玩家，他们自然倾向于那些允许他们对其他人行使权力的职位。具有强烈个人愿景的策划者（INTJ）也倾向于有权力的职位，特别是当领导权没有被他人有效提供时。

14. 在 21 世纪新兴的数字世界中，促进"创新和创造力"的社会，显然正走在为应对现代文明挑战制定独特解决方案的道路上。四种主要的直觉类型的人，即策划者（INTJ）、发明者（ENTP）、奋斗者（ENFP）和辅导者（INFJ）富有创造力。在布莱恩博士八卦中他们都在天这个位置，与"新的开始"的春对齐。毫无疑问，其他心理类型的人也重视创造力和创新，但这四种心理类型的人通常在这一价值观以及与其相关的技能和主动性方面处于前列。

15. "道德"在价值观列表中被描述为"我希望自己能在有高度诚信标准并充满道德感的环境中工作"。尽管道德问题可能因国别而异，但那些持有诚信标准的人通常是医治者（INFP）、奋斗者（ENFP）、辅导者（INFJ）和教育者（ENFJ）。有理想主义气质的人在工作中最关心自己的道德。这并不是说其他心理类型的人不重视道德，而只是说，理想主义者几乎总是高度一致地将道德排在考虑的前五位。

16. 我们的价值观列表中包括"结构"价值观，并将其描述为"我喜欢有明确程序、政策、目标和前景的工作"。根据定义，所有心理类型以 J 结尾的人都高度重视结构。这是价值观与心理类型相关的一个很好的例子。在我们有足够的语言来阐述什么是价值观之前，我们的大脑系统就已经定义了我们的一些价值观。我最早的一位员工是检查者（ISTJ），她每天下班离开办公室前都有一个惯例：清理她的桌子，为所有的东西都找个地方放，使每件东西都在该在的地方。这对她来说，这就像呼吸一样。在这一天结束的时候，一切都放得很整齐。事实上，如果她没有把每样东西都整理好，她会感到焦虑。作为一个主导功能为感觉类型的人，她一丝不苟地注重细节，高度重视把结构强加在她的工作和她的桌子、她的衣着外表、她使用的语言（英语和她的母语中文）上。

17. 我们中的许多人梦想出名，这出现在我们的列表中"我希望成为名人，引人瞩目"。一般来说，外倾的人对成名更容易满足，而内倾的人，像往常一样，更喜欢有自己的私人时间和空间。

18. 在我们的列表中，那些重视生活和工作中"快节奏"的人是这样描述自己的："我喜欢需要快速完成工作的环境。"这种价值观充斥在技艺者（SP）的世界中。倡导者（ESTP）、表演者（ESFP）、手艺者（ISTP）和创作者（ISFP）都是希望"快速完成工作"的人。

19. "帮助他人"的价值观在列表中被描述为"我希望自己的工作能帮助有需要的人"。虽然所有人都觉得这很有吸引力，但这是理想主义者最喜欢做的事情。奋斗者（ENFP）、教育者（ENFJ）、医治者（INFP）和辅导者（INFJ）都选择这一价值观作为他们的前五个价值观之一，并且成为他们日常工作的核心功能之一。供应者（ESFJ）和保护者（ISFJ）在这个价值观上得分也很高。

20. 那些重视"发展他人"的人会用以下陈述表达这种价值观："我希望自己的工作能开发个人、组织及团队的潜能。"正如你可能认为的那样，虽然许多人对此感兴趣，但理想主义者几乎总是把这个价值观放在前五个中。

21. 对于一个用户/来询者来说，不管他的心理类型如何，可能出现在前五个价值观中的会是"金钱"。在我们的列表中有这样的描述："我希望能有一个赚大钱的工作，让我什么都能买。"这一价值观与那些来自普通和贫穷家庭的人产生了强烈的共鸣。广泛的研究表明，许多超过中产阶级的生活水平的人，不仅幸福感没有显著增加，而且随着财富的增加，其心理健康状况反而有所下降，出现了更多的焦虑和抑郁。在中国，父母、祖父母和他们的千禧一代子女之间的代沟似乎越来越大，因为年青一代往往认为，金钱本身并不能让他们更幸福。

22. "影响力"的价值观在我们的列表中以如下方式表达："我希望影响到他人的想法、感觉和行动。"影响力与"权力"是不同的，对于行动导向的气质类型为技艺者的人来说，影响力总是更有吸引力的。心理类型以 J 结尾的人更倾向于权力，而以 P 结尾的人更倾向于影响力，而不是直接行使权力。

23. 那些认为自己是"知识专家"的人会在列表中明确表示自己的偏好："我喜欢被看作专家或者很有学问的人。"这是气质类型为理性者的人所偏好的，特别是建造者（INTP）和策划者（INTJ）。这些人经常会说"知识就是力量"。

24. 喜欢"压力小"的工作和生活的人在我们的列表中会这样表达："我喜欢压力小的工作。"虽然技艺者气质类型的人可能倾向于这种价值观，但我在焦虑 / 抑郁的人身上发现了对低压力的渴望，他们缺乏在更具挑战性的环境中工作所需的弹性和能量。

25. 培训研讨会中最常见的话题之一是"领导力"，在我们的列表中有这样的表述："我希望自己的工作需要长远眼光、组织能力和号召能力。"哈佛商学院人类学家琳达·希尔（Linda Hill）博士与她的团队在美国一些大公司工作，她发现，伟大的领导者是那些把组织架构得让员工发挥出最大潜能的人。虽然任何心理类型的人都有成为伟大领导者的潜力，那些最自然地被吸引到领导职位的是指挥者（ENTJ）、策划者（INTJ）、发明者（ENTP）、奋斗者（ENFP）和教育者（ENFJ）。要知道，领导者和管理者不同，前者更倾向于有远见和有战略眼光，能调动人员、物资、信息等资源。

26. 那些重视"闲暇"的人在我们的列表中发现了这样一段描述他们偏好的陈述："我希望在工作之余能有大量时间去参加自己感兴趣的活动。"这些人主要是表演者（ESFP），对他们来说，生活本身就是对快乐、乐趣的追求。

27. 对"秩序"的追求在心理类型以 J 结尾的人中比较普遍。在我们的列表中，这个价值观用以下句子描述："我喜欢整洁的工作环境和有序的工作方式。"这是监管者（ESTJ）和检查者（ISTJ）所偏好的。

28. 对"体能与户外活动"的热爱当然会自然而然地落在主导功能为感觉类型的人身上，如表演者（ESFP）、倡导者（ESTP）以及手艺者（ISTP）。这个价值观可以在这句话中体现："我喜欢对体能有一定要求和需要在户外进行的工作。"

29. "玩乐"是一种更容易与童年联系在一起的价值观，但那些将工作视为"玩"的人往往正是因为这个原因而热爱自己的工作。我们的列表中将玩乐描述为"我喜欢像玩乐一样地工作，自然而且充满乐趣"。这是对所有心理类型以 P 结尾的人的完美描述，包括发明者（ENTP）、奋斗者（ENFP）、建造者（INTP）、医治者（INFP）、创作者（ISFP）、手艺者（ISTP）、表演者（ESFP）和倡导者（ESTP）。重视"玩乐"的人往往会发现，在公司和政府的官僚职位上工作很辛苦。

30. "威望"在我们的列表中用这样的话描述："我希望我的贡献和才能被给予特别的尊重。"这种价值观在许多人中是不受欢迎的，但它往往是那些在童年时没有得到足够关注和欣赏的人的价值观。他们在工作中不断寻求被认可，如果得不到认可，他们常常会感到被轻视或不被欣赏。"威望"是一种外在的价值，如果人们认为自己有威望，就会得到精神上的满足。

31. "利益"这一价值观很有趣，因为它不仅意味着对金钱的渴望，还意味着一个人对财富的兴趣超过了自己的劳动所能支配的。在我们的列表中这样描述："我希望能通过他人的工作获得大量资产与钱财。"这种价值观越来越受到年轻人的质疑。任何心理类型的人都可能沉湎于利益中。

32. 在世界动荡日益加剧的今天，"保障"成为越来越多的人关注的问题。我们的列表上用这句话来描述："我希望我的忠诚能换来一份稳定的工作。"这是护卫者气质类型的人所偏好的，即供应者（ESFJ）、保护者（ISFJ）、监管者（ESTJ）和检查者（ISTJ）。

33. "稳定"是另一种价值观，它的实现受到不稳定和快速变化的生活节奏的严重威胁。我们的列表中是这样表述的："我希望我的工作内容和形式不要有太多的变化。"由于我们生活在一个有时会发生急剧变化的时代，这个价值观已经比较落伍了。护卫者（SJ）气质类型的人，即监管者

（ESTJ）和供应者（ESFJ），以及检查者（ISTJ）和保护者（ISFJ）会偏好它。他们的价值观取向往往不仅会阻碍他们成为变革的倡导者，而且实际上他们可能是回到过去、追求舒适的倡导者。

34. 普遍而言，随着许多国家越来越多的人认识到在组织生活中产生创造力和创新的往往是团队，"团队合作"成为一种日益流行的价值观。16 种心理类型中的任何一种人都可以成为团队中的建设性成员，但有些心理类型的人强调团队合作是其工作条件的关键特征。供应者（ESFJ）和保护者（ISFJ）与所有的气质类型为理想主义者的人，即奋斗者（ENFP）、教育者（ENFJ）、医治者（INFP）和辅导者（INFJ），都是特别以合作为导向的人。

35. 那些喜欢"独立工作"的人在我们的列表中这样描述自己："我希望工作时尽可能少地与他人接触或合作。"这是内倾型的人的偏好，对于那些不太擅长社交的内倾型的人［如手艺者（ISTP）和建造者（INTP）］来说更是如此。

36. 在不断变化的工作环境中，特别是在较发达的经济体中，"时间灵活性"的重要性日益增加。科技对现代生活的影响如此之大，以至于个人生活与工作之间的关系变得如此复杂。因此，灵活地照顾年迈的父母、孩子、丈夫或妻子的需求，是维持幸福生活的必要条件。我们的列表以如下方式向这个价值观致敬："我喜欢宽松有弹性的时间表，并能按自己的方式自由工作。"对时间灵活性的需求是普遍的，无论何种心理类型的人。

37. 那些重视"责任"的人会在下面这句话中找到共鸣："我喜欢能给我带来重大责任感的工作。"指挥者（ENTJ）通常对责任有极大的兴趣，就像气质类型为护卫者（SJ）的人，即检查者（ISTJ）、保护者（ISFJ）、监管者（ESTJ）和供应者（ESFJ）那样。

38. "和谐"在许多国家都是非常重要的价值观，在这些国家中，稳定是文化的主要特征。在我们的列表中是这样写的："我喜欢没有争执和冲突的工作环境。"当然，"面子"很重要的亚洲文化往往不鼓励对抗和冲突，然而，有一个愉快的工作环境往往是许多人看重的，特别是内倾的理想主义者，如医治者（INFP）和辅导者（INFJ）。

39."诚实 / 开放"的价值观被全世界的千禧一代特别强调，并在我们的列表中做如下描述："我喜欢人们彼此信任、工作高度透明的环境。"史蒂芬·柯维（Stephen R. Covey）在其杰出的著作《信任的速度：一个可以改变一切的力量》中提出了一个信任模型，强调了信任薄弱或不存在会给组织带来的可怕的后果。诚实和开放对建立信任至关重要，尤其被理想主义者和护卫者所珍视。然而，所有心理类型的人都能从强调诚实和开放的环境中获益。

40. 对"智力挑战"这个价值观，在我们的列表中是这样描述的："我希望能与杰出人物互动，讨论某些非凡的创意和复杂的挑战。"正如人们所期望的，这通常是气质类型为理性者的人的需求，即指挥者（ENTJ）和策划者（INTJ），还有发明者（ENTP）和建造者（INTP）。

41."资源丰富"是一个较少被高度强调的价值观，因为人们常常理所当然地认为，需要资源来完成我们需要完成的任务。我们在列表中发现了这句话："我希望工作环境能满足自己的一切需求。"对于千禧一代的人来说，他们的需求已经发生了变化，他们经常希望在工作中能方便地找到许多家庭和个人生活的便利设施，例如，休息室有零食、饮料和电子游戏，能为狗、猫和其他宠物提供方便的服务，有洗衣和干洗衣服的服务等。

42. 在这个流动性很强的世界中，"差异性"的价值观变得如此重要，以至于一些很传统的公司都接受了它。我们在列表中体现了这一价值观："我希望能与拥有不同文化背景与民族背景的人一起工作。"这要求我们减少或消除对人与人之间差异的负面评价，并将差异作为一种潜在的积极因素来接受，不仅在工作场所，在我们的个人生活中也如此。

43. 从工业时代以来，工作的一个标准特征就是有"福利"，而随着我们进入信息时代，以及进一步进入数字时代，这些福利已经发生了变化。你在我们的列表中可以发现这样的价值观："我希望能在有很多福利的环境中工作。"医疗保险、产假、消费者折扣计划、健身俱乐部会员资格和许多其他福利已经成为公司为员工提供的福利计划的一部分。

44. 生活中最大的乐趣之一是"旅行"，尽管许多人主要在商务中旅行，而且发现这很累人和乏味。然而，对一些人来说，这能使生活更有趣，特别是如果一个人有时间去探索新的地方、人、食物和文化的话。关于旅行的一项描述是这样的："我更喜欢在不同的地方工作，甚至到国外旅行。"

45. 虽然世界范围内的趋势是远离"等级制度"和建立更扁平化的组织，但一些人更喜欢舒适的等级制组织。这句话可表述为"我希望工作中上下级间有明确的层级关系和汇报制度"。虽然护卫者这类人可能偏好这种环境，但在我多年的职业与人生设计咨询中，我很少看到这个价值观被来询者选为最重要的价值观之一，不过我很欣赏有些人喜欢这种高度结构化的和以层级为导向的环境所带来的舒适感。

46. "高风险／高收益"的前景对那些愿意为了一个更有回报的未来而拼搏的人特别有吸引力。在我们的列表中是这样描述的："为了获得更高的回报，我喜欢在面临很大风险的情况下工作。"对于那些有创业抱负的人来说，这是一个典型的价值观。虽然护卫者类型的人通常更传统，因为他们以安全为导向，但理性者和技艺者类型的人往往渴望与气质类型为理想主义者的奋斗者（ENFP）一起在初创企业中"掷骰子"。

47. "有形结果"的世界是技艺者的世界，包括倡导者（ESTP）、表演者（ESFP）、创作者（ISFP），特别是手艺者（ISTP）。此外，也包括指挥者（ENTJ）、策划者（INTJ）、监管者（ESTJ）、保护者（ISFJ）、供应者（ESFJ）和检查者（ISTJ）。在我们的列表中是这样描述的："我需要可见的、可衡量的工作成果，对我来说这样更真实。"

48. 人们离开组织的一个主要原因是厌恶权利游戏和政治，在太多的组织中，每个层次都在玩"政治"。"不玩政治"的价值观体现在这句话中："我讨厌争权夺利和有潜规则的工作环境。"与其他心理类型的人相比，指挥者（ENTJ）更容易被权利所吸引，而对权利的追求往往是因为无意识地承认自己的软弱和自卑。职场中的欺凌者和施虐者通常是这种人。

49. 在大公司和政府机构里，几乎不可能找到"官僚作风较少"的"绿洲"，但有许多人更喜欢小的、灵活的、快速移动的环境。我们的列表中提供了这句话："我希望工作中不要有层层审批，可以快速处理事务。"护卫者气质类型的人通常对官僚主义更宽容，而技艺者类型的人是最不可能对此宽容的人。

50. 如今一个常被引用的价值观是"变化"，大多数人正在经历的变化可能比智人历史上所经历的还要多。我们的列表上写着："我喜欢每天都有很多变化的工作。"对多样性和变化最感兴趣的两种心理类型的人是创作者（ISFP）和奋斗者（ENFP），其中奋斗者更偏好变化，而创作者更偏好多样性。

51. 有些人更喜欢能够提供"监管与支持"的环境。我们的列表上写着："我希望能在工作时监管他人，或获得他人的支持。"当然，监管者（ESTJ）和供应者（ESFJ）都非常偏好这个价值观。

52. 我们越来越多地听到人们在找一份感觉更"有趣"的工作。毫无疑问，千禧一代的人倾向于这种工作环境："我希望自己的工作能带来享受并富有社交上的乐趣。"技艺者们在这里带头振臂高呼，特别是倡导者（ESTP）和表演者（ESFP），外倾的理想主义者紧随其后，即奋斗者（ENFP）和教育者（ENFJ）。

53. 解决问题通常是大多数工作的核心，但那些"客户导向"的人会对"我喜欢以客户需求（通常指对无形服务的需求）为导向的工作"这句话产生共鸣。我们发现所有 16 种心理类型的人都或多或少对评估和满足客户需求感兴趣。顾问、咨询师和教练无疑偏好这个。然而，解决问题是我们人类生活的普遍焦点，并且经常出现在所有心理类型的人的前十项价值观中。

54. 另一种解决问题的方法是"顾客导向"，这种方法更加直接和具体。我们的列表中这样描述："我喜欢以满足顾客需求和愿望（通常指对有形产品的需求和愿望）为重点的工作。"

55. 促进内部信任和合作的组织产生了一种可以称为"伙伴关系"的氛围。我们的列表中这样描述："我喜欢看重尊重和合作的工作环境。"各种心理类型的人都可能高度强调这一价值观。

56. 许多世界上成功的人在接受访谈时都会敦促别人重视"激情 / 正能量"。我们的列表这样描述："我希望工作环境中的人们都充满激情与活力。"无论这个人的心理类型是哪种，他都有可能对自己所做的事情充满激情。我们中的任何人都可以在一个工作场所中与充满激情的人保持联系，他们对自己所做的事情感到兴奋。

现在你已经完成了你的价值观列表，并确定了你所持有的十大价值观，你已经为职业兴趣模块做好了准备。价值观是决定员工与组织相容性的最重要因素。

第 7 章
职业兴趣与职业主题

20 世纪 60 年代中后期，当我在纽约大学攻读博士学位时，我的一位老师罗伯特·霍珀克博士（Dr. Robert Hoppock）地位相当高，他以长期支持开发职业信息服务于年轻人，帮助他们探索他们的职业未来而闻名。我记得当时我在想，这看起来多么无聊啊，没有意识到与来询者分享知识或者开发出他们可以自己研究的职业信息数据库的重要性。当时我还年轻，不知道自己对未来的职业有多么不了解。事实是，即使完成了职业与人生设计的评估，你也必须走出去，收集尽可能多的关于你决定探索的潜在职业选择的信息。获得一流的职业信息是这项任务的重要组成部分。然而，我的那些使用过 CareerDNA 自我探知系统进行生涯六因素评估的来询者必须首先完成第 6 章中强调的价值观练习，这是在为"职业兴趣卡片排序"也就是第五模块做好准备。毕竟，本模块会让你对大约 100 个职业主题进行分类，每个主题下有约 16 个职位名称。

职业兴趣卡

在早期开发测试版 CareerDNA 之前，我已做了 30 年的咨询工作。我设计了一个 3 英寸 ×5 英寸（1 英寸 ≈ 2.54 厘米）的职业兴趣卡，并每隔几年更新一次卡片，因为职业的变化总是非常快。我开发了一套分类和采访系统，对来询者有很强的启发作用。我让来询者把卡片分成三组：第一组，卡片上没有来询者喜欢的内容；第二组，卡片上至少有一个职位名称来询者喜欢，但由于某种明显的缺点使来询者无法把这张卡片放入第三组卡片中；第三组，卡片上至少有一个职业主题或职位名称来询者喜欢。然后我让来询者将这三组中的每一组分类成主题组，以表达他喜欢或不喜欢这类工作的主要原因。这是我敦促来询者将他们所持有的价值观付诸行动的方式。基于我几十年来为众多来询者工作的经验，我在 CareerDNA 自我探知系统的模块五中构建了一些最常见的主题。我发现绝大多数来询者在分类价值观的卡片时与他们的心理类型有密切关系，并且我很质疑霍兰德分类系统，它过于简单，往往混合了一些其他因素，没有锚定在一个全面的、科学的和有逻辑的框架上。

在创建最初的测试版 CareerDNA 时，我与吉姆·卡西欧（Jim Cassio）合作。吉姆·卡西欧是美国劳工部世界一流的职业分类网站 O*Net 的专家。我们没有资金为每个职业主题和职位名称提供详细的定义，但我们能够开发用户认为对个人有用的资源。当我搬到中国苏州时，我发现在中国还没有类似 O*Net 的职业分类网站。现在，中国版的 CareerDNA 有一个"中国化"的卡片类别，其中有许多是专门为中国劳动力市场定制的职业主题和职位名称。英文版 CareerDNA 是基于美国和西方劳动力市场的。

职业兴趣卡片分类的目的不仅是帮助你确定最吸引你的 8~10 个工作头衔或职业主题，而且还要确定它们吸引你的主要原因。在这个过程中，你还可以找出你对不同的职业感兴趣或不感兴趣的主要原因。这是一个澄清的过程，帮助来询者弄清他们为什么喜欢或不喜欢不同类型的工作，以及基于不同类型工作的职业生涯。这是我 20 小时结构化咨询过程中的最后步骤之一。随着 CareerDNA 自我探知系统的出现，这个过程可以节省些时间，尽管从质量的角度来看，几乎没有什么可以替代面对面咨询的。然而，并不是每个人都能负担得起一对一个人职业与人生设计咨询的。

职业兴趣卡片分类首先将大约 100 张职业主题卡片按以下指导方针分为三组：

1. 那些对来询者毫无吸引力的卡片被归类为"不喜欢"类别。"不喜欢"组中的每张卡片随后都会被来询者查看，并询问他不喜欢这张卡片的主要原因是什么。这个主要原因要被记录下来。

2. 如果来询者发现至少对卡片上的一个职业主题或该主题下的任何一个职位名称感兴趣，卡片将被移到"喜欢"组。

3. 如果卡片上有来询者感兴趣的职业主题或职位名称，但由于某种原因导致不能将卡片放在"喜欢"组，那么该卡片就会被归类到"可能喜欢"组中。

所有购买本书的人都可以访问我们开发的在线职业兴趣卡片分类系统。用户或来询者不仅有机会表明他们对不同的职业主题和与职业主题相关的特定职位感兴趣的程度（如果有的话），而且有机会确定影响他们偏好的潜在的价值观和技能。使用者就像在健身房里一样，通过不断锻炼来提高他的个人判断和评估的能力，找出他对不同类型的工作感兴趣、排斥或无所谓的原因。我们还开发了一个更简单的版本，主要针对初中和高中学生。

从最初的三组职业兴趣卡片开始，从"不喜欢"到"可能喜欢"再到"喜欢"，要求来询者对每张卡片进行思考，然后将其放入三个初始类别中的任何一个。第一个细化的过程是研究"不喜欢"的卡，一次一张，确定自己不喜欢的主要原因。在我使用这种方法的 45 年里，我听到过来询者不喜欢那些职业的理由各式各样。在我的经历中，最深刻的感受是一个人的心理类型与职业兴趣有极大的关联。我是奋斗者（ENFP），我自己在研究卡片分类时，被自己的倾向所震惊，因为我不喜欢的那些卡片都是感知类型的人所擅长的，而那正是我不擅长的。

我提供的传统的一对一咨询和使用在线测评的体验是不一样的。让来询者从头到尾浏览卡片，使我能够仔细探究人们选择不喜欢、可能喜欢和喜欢的职业主题和职位的原因。没有什么能代替一个经验丰富和 / 或有天赋的咨询师的洞察力和直觉。然而，事实证明，在线测评对于确定吸引来询者的较宽泛的职业主题或职位已经足够用了，在报告解读的过程中，如果能向咨询师咨询，那么在自我发现的旅程中，很多关于价值观和偏好的信息都会被揭示出来。

"可能喜欢"组中包含来询者认为至少有一个职位名称有吸引力的卡片。我们会对每张卡片进行回顾，让来询者首先找出这张卡片吸引他的主要原因。这些信息会被记录下来，然后来询者会被要求找出他不能把卡片放在"喜欢"那一组的主要原因。这是一个功能强大的练习，它不仅帮助来询者理解他为什么喜欢或不喜欢某种类型的工作，而且为他提供了一个机会，让他对许多职业信息或他可能进行的工作面试进行职业兴趣讨论。用同样的过程对"喜欢"组的卡片进行回顾，并特别强调要找出每个职业主题 / 职位名称吸引来询者的主要原因。

从 1977 年开始，职业卡片分类就一直是我的职业与人生设计咨询的

一个特色。我总是让来询者从他们的"喜欢"组中选择最吸引他们的 10
个职位。人们一直很感兴趣的是，最受欢迎的 10 个职位被选出的主要原
因是什么。来询者潜在的价值观总是与其心理类型产生共鸣。因此，当你
在做这个练习时，请注意哪些价值观反映在你的前 10 个职位的选择中，
并看看你最后的报告是否与你选择那 10 个职位的主要原因相符。

引人注目的职业分类结果

职业兴趣卡片分类中出现的最戏剧性的情况之一发生在 20 世纪 90 年
代初。一位曾帮助我转介绍的心理治疗师打电话给我，告诉我她想转介绍
她 28 岁的儿子彼得，尽管彼得偶尔尝试过治疗，但多年来他一直深陷深
度抑郁之中。她告诉我，他对与心理学家谈话很谨慎，但当他明白重点将
放在他的职业方向上时，他就妥协了。这是令他沮丧的主要方面之一，因
为他无法决定如何度过自己的职业生涯。这位年轻人在赴约时表现出了明
显的抑郁症状，没有刮胡子，蓬头垢面，牙齿看起来也很糟糕。

像往常一样，我带他回顾了他的家族史和按时间顺序排列了他的人生
故事。他和父母的关系很糟糕，因为他父母多年来一直互相敌对，在儿子
面前经常吵架，后来特别痛苦，最后离婚了。自从他六岁时父母离婚以
来，他父母之间的敌意一直持续了很多年。他父亲是一名精神病医生，曾
在医学院进行过精神病实习和住院医师实习，母亲是心理学博士。两人都
有丰富的心理治疗实践，在前几年都向我介绍过一些来询者，所以他们知
道我的工作和效果。

彼得在讲述他的童年时常常泪流满面。他从 14 岁起接受过几次心理
治疗，对叙述治疗过程相当抗拒，甚至对服用精神药物更有敌意。他在心
理上受到了严重的伤害，尽管他非常聪明，但他与朋友相处很困难，尤其
是与女性相处。我发现，他看似冷酷的外表之下，是一个"小男孩"，他
不仅因为父母之间长期的敌对情绪而受到情感上的伤害，而且在成长过程
中，父母无休止地争夺对他的监护权，他被当作了情感的棋子。遗憾的
是，有些治疗师自身的问题干扰了他们的婚姻和 / 或人际关系，尽管他们

可能在与患者的工作中做得很好。我认识他的父母，并在与他们的几位病人合作后，发现他们都是相当有能力的治疗师。

在职业兴趣卡片分类之前的大部分咨询过程中，彼得不仅对他的父母，而且对生活，特别是他的生活，进行了愤怒的发泄。我鼓励他，因为抑郁者往往把愤怒指向自己。我甚至用试探和挑战来增加他的愤怒。我在职业生涯早期学到的一个真理是，职业与人生设计咨询师绝不能害怕来询者的愤怒。在大多数情况下，对于抑郁的来询者，咨询师可以通过鼓励来询者表达他的愤怒来帮助他解除抑郁。通常情况下，来询者害怕表达他的愤怒，因此有一个愿意尊重和容忍他的感受的咨询师，可以使来询者不那么害怕表达他的愤怒情感。我在自己的心理分析中第一次学到了这一点后，把它应用到我的长期患抑郁症的母亲身上。她患病时间很长，即使在节日的晚餐或午餐中，她也在愤怒的情绪中煎熬着。我学会了在这些对抗中引入一些幽默，我从来没有让来询者失控，他对自己的权利和控制的感觉增强了，抑郁也就减轻了，甚至在许多情况下愤怒的情绪明显融化了。

当彼得和我开始进行职业兴趣卡片分类时，他当然也要把这些卡片分成三组。当他完成卡片分类后，我们开始查看"不喜欢"组的卡片，并让他说出他拒绝每张卡片的主要原因。由于他之前曾表示过对哲学感兴趣，我问他为什么拒绝了"心理学家"这张卡片，他告诉我，因为他的父母都从事这个领域的工作，他讨厌他们对他的所作所为，他永远不可能成为一个心理学家。我反驳说，有各种各样的心理学家，并指出卡片上的职位包括教育心理学家、社会心理学家、实验心理学家、发展心理学家、组织发展心理学家、生理心理学家等，这些领域中的许多内容都符合他自己对哲学的浓厚兴趣。彼得对自己有较强的逻辑性而自豪，他无法找到一个好的答案来应对我的挑战，于是不情愿地把这张卡片放在了"可能喜欢"组。他是一个策划者（INTJ），特别重视理性和逻辑。然而，我也知道，作为一个 28 岁的年轻人，他正在经历他 30 岁的转换期，所以他的情感功能可能会爆发，想要寻求表达，他的情感爆发表明我们即将在我们的"采矿"作业中找到"金块"。结合他的策划者和后备类型辅导者（INFJ）的特点，在心理学方面有几个选择他可以考虑，而不是成为临床心理学家和心理治疗师。

　　我们接着看了"可能喜欢"的卡片，果然，当我们看到心理学家卡片时，彼得已经根据他的理解准备好了所有不喜欢心理学的理由，这些理由都是基于他的父母在养育孩子方面有一定问题的表现的。按照我的流程，我问他为什么最后决定把心理学家的卡片从"不喜欢"移到"可能喜欢"，换句话说，他应该是发现了心理学家身上有什么优点。彼得深吸了一口气，说有许多心理学家不仅为当代哲学贡献了重要思想，而且他们本身也是哲学家，尽管这不是他们的学术重点。他不仅引用了弗洛伊德、荣格和阿德勒这些最重要的早期精神分析学家，还引用了维克多·弗兰克尔（Viktor Frankl）、艾瑞克·弗洛姆（Erich Fromm）、罗洛·梅（Rollo May），甚至还有咨询心理学之父卡尔·罗杰斯（Carl Rogers）。在这之前，他从来没有说过他知道这些心理学巨人是谁。我问他为什么一直把这个秘密保守到现在，他不好意思地承认，他曾经研究过一些心理学家的工作，他们的创造力和对人类状况的深刻理解给他留下了深刻的印象。他很不情愿地把心理学家卡片移到"喜欢"那一组，但他发誓，因为父母的原因，他永远不会成为心理学家。

　　现在我相信你已经猜到了，当我们把注意力集中在"喜欢"的卡片上，进而确定五个最吸引人的职业主题或职位时，心理学家被排在第一位。的确，在他选择的前五种职业中，组织发展心理学排名第一，其次是哲学教授、工业/组织心理学教授、社会心理学家和发展心理学家。漫长而曲折的卡片选择和他之前在经历回顾中的愤怒让他找到了他真正的使命。咨询结束后，他申请了一些一流大学的博士项目，并被美国最好的大学之一录取。在过去的 20 年里，他一直是一个著名的组织心理学家。这是我最满意的案例之一。彼得有勇气严肃地看待一个他对其有深刻偏见的领域，这其中有可以理解的原因，最后他获得了通往比他在等待的更好的生活的门票。在心理上，他从认为自己是一个受害者和失败者，转变为将接受智力挑战和成为知识专家视为成就事业和生活的关键。我也很高兴地告诉大家，五年后他结婚了，现在有了一个家庭，孩子都十几岁了。

　　虽然职业兴趣卡片分类在缩小职业选择范围方面非常有用，但它也经常揭示来询者的职业信息水平。我们经常对不同的职业有刻板的印象，所以拥有职业方面的信息将有助于人们在进行卡片分类时和之后根据最新和准确的信息做出决定。多年来，美国劳工部在创建 O*NET 职业数据库方面做了惊人的工作。然而，数据库中的信息相对总是滞后的，我们需要以一种更友好的方式来提取嵌入在数据库中有价值的信息，我们正在与著名专家吉姆·卡西欧（Jim Cassio）合作，优化我们的英文版本，而且也在为中国用户开发更好的分类法。

17 个职业群

众多职业可以被分类为 17 个职业群。虽然各职业群之间存在重叠，但大多数职业都可以轻松地归入某一职业群。17 个职业群如下所述：

1. 农业、动物和自然资源
2. 建筑与施工
3. 艺术、设计、传播和图书馆 / 博物馆
4. 商业、管理和行政
5. 教育和培训
6. 金融和保险
7. 政府与公共管理
8. 健康科学
9. 酒店、旅游、娱乐和体育
10. 人类服务
11. 信息技术
12. 法律与公共安全
13. 制造和生产
14. 营销、销售和服务
15. 科学、工程和数学
16. 社会科学
17. 运输、分配和物流

为了更好地理解职业主题和职位名称，有必要对每个群进行更深入的

挖掘。职业信息分类本身就是一个职业服务专业，我不奢望职业规划师和教练是这方面的专家。然而，在为来询者服务的过程中，我们需要对不断变化的职场保持适当的了解，我们必须知道有哪些职业信息来源比较好。世界上有成千上万个专业组织，它们是快速变化的世界中丰富的信息来源。

让我们更深入地看看这 17 个群。

1. 农业、动物和自然资源涉及农产品和资源的生产、加工、销售、分销、融资和开发，包括食品、纤维、木制品、自然资源、园艺和其他动植物产品/资源。新的职业频繁出现，包括用干细胞培育肉类，而不是屠宰牲畜。这类职业包括农业工程师、动物科学家、环境工程师、食品科学技术人员、森林保护技术人员、林务员、苗圃和温室管理人员、石油工程师、土壤科学家、动物学家。

2. 建筑与施工涉及住宅、商业、工业、海洋等建筑与环境的设计、规划、管理、建造和维护。这类职业包括建筑师、景观设计师、土木工程师、施工经理、成本估算师、测量师、木匠、砖瓦工，以及建筑专业教师。

3. 艺术、设计、传播和图书馆/博物馆包括设计、制作、展览、表演、写作和多媒体出版，也包括视觉和表演艺术设计、新闻、娱乐、博物馆和图书馆服务。这类职业包括演员、广告和促销经理、摄影师、商业和工业设计师、社交媒体影响者、作曲家、艺术家经纪人和业务经理、艺术指导、创意作家、编辑、展览设计师、平面设计师、室内设计师、翻译、多媒体艺术家和动画师、画家和插画师、节目总监、公关经理、记者、布景设计师。

4. 商业、管理和行政包括计划、组织、指导和评估业务功能，这是有效和有生产力的业务运作所必需的。这些职业机会在几乎每个经济实体里都有。这类职业包括审计员、预算分析师、企业主、企业家、总经理和高管、薪酬和福利经理、客户服务代表、人力资源专家、一线主管、营销经理、活动策划师、管理顾问、统计员和报税员。

5. 教育和培训包括计划、管理和提供教育培训服务以及相关的学习支持服务。这类职业包括职业教育讲师和教授、人类学和考古学讲师和教授、艺术／戏剧／音乐讲师和教授、信息技术讲师和教授、各级教育行政人员、职业生涯辅导员、健身教练、公共健康教育者、特殊教育教师、培训和发展专家、瑜伽教练、武术教练。

6. 金融和保险包括财务和投资规划、银行、保险和企业财务管理的规划和服务。这类职业包括精算师、房地产估价师、信贷分析师、金融分析师和审查员、保险理算员／审查员／调查员、保险承保人、贷款人员、个人财务顾问、首席财务官、风险资本家、天使投资者、风险管理专业人员和评估专员。

7. 政府与公共管理执行政府职能，包括地方、州或省、国家或联邦各级的治理、国家安全、外交服务、规划、税收、监管和管理。这类职业包括城市规划师、金融规划师、海关检查员、职业健康和安全专家、社区服务经理、税务检查员、卫生检查员、业务发展专员和消防检查员。

8. 健康科学包括规划、管理和提供治疗服务、诊断服务、保健信息、支持服务、生物技术研究和发展。这类职业包括麻醉师、外科医生、听力学家、中医、牙医、营养师、内科医生、医疗和临床技术人员、妇产科医生、验光师、药剂师、理疗师、精神病学家、注册护士、按摩师和兽医。

9. 酒店、旅游、娱乐和体育包括餐厅和其他餐饮服务、住宿、景点、娱乐活动和场地、体育和旅游相关服务的管理、营销和运营。这类职业包括运动员、体育教练和球探、厨师和厨师长、门房、食品服务经理、会议策划者、宴会经理、博彩经理、裁判员／体育官员、餐厅经理、旅游顾问、旅游销售代理、邮轮工人、导游。

10. 人类服务包括为个人、家庭和组织提供咨询、指导和治疗，以及教育、宗教／精神、执法、保健等服务。这类职业包括社会工作者、临床／咨询心理学家、教育心理学家、丧葬承办人、社会服务助理、职业和人生设计顾问／教练、个人成长工作坊负责人。

11. 信息技术涉及与硬件、软件、多媒体和系统集成服务的设计、发展、支持、管理有关的技术和专业。机器人技术、大数据和人工智能的飞速发展，使这一领域成为一个动态且变化迅速的领域。这类职业包括计算机和信息系统经理、计算机硬件经理、计算机硬件工程师、计算机软件工程师、应用 / 系统 / 数据库管理员、网络和计算机系统管理员、网站管理员和网站设计师。

12. 法律与公共安全涉及规划、管理和提供法律、公共安全和保护服务以及国土安全等专业和技术支持服务。这类职业包括法官、听证官、仲裁员、刑事调查人员、法医、律师、私家侦探、犯罪学家和消防队员。

13. 制造和生产包括计划、管理和执行从材料到中间产品或最终产品的加工，以及相关的专业和技术支持活动，如生产计划和控制、维护和制造 / 过程工程。这类职业包括电气工程师、工业工程师、工业安全和健康工程师、产品安全工程师、采购经理、质量控制经理、装配线工人和生产计划员。

14. 营销、销售和服务包括计划、管理和执行营销、销售和客户服务活动，以达到组织目标。这类职业包括零售店员和经理、销售工程师、营销策划师、营销经理、营销研究分析师、社交媒体营销和销售经理、销售代表、广告销售代理、广告和促销经理、房地产经纪人、折扣店经理、客户服务代表和物业经理。

15. 科学、工程和数学涉及规划、管理和提供科学研究和专业技术服务（如物理科学和工程方面），包括实验室和测试服务以及研究和开发服务。这类职业包括天文学家、生物化学家、生物物理学家、化学工程师、环境工程师、地质学家、数学家、核工程师、物理学家、产品安全工程师、材料工程师和科学摄影师。

16. 社会科学包括对社会各个方面——从过去的事件和成就到人类行为和群体之间的关系的研究，帮助人们理解个人和群体做出决策、行使权利和应对变化的不同方式。这类职业包括人类学家、考古学家、经济学家、心理学家、地理学家、历史学家、政治学家、社会学家，以及区域 / 民族 / 文化研究人员和教师。

17. 运输、分配和物流涉及公路、渠道、航空、铁路、人员和物资的规划、管理和移动，以及相关的专业和技术支持服务，如运输基础设施规划和管理、物流服务、设备移动和设施维护。这类职业包括空中交通管制员、飞行员 / 副驾驶员和飞行工程师、邮政局长、快递服务经理、仓储经理、配送经理、运输经理、卡车司机、铁路工人、货船船长、送货员、渠道经理。

在进行职业兴趣卡分类之前，你最好考虑一下上述 17 个职业群中的哪个最吸引你。一次考虑太多职业会导致"选择困难症"，所以卡片排序提供的过滤过程是一个有价值的工具，可以将你的注意力转移到最适合你的选项上。

职场总是动态的和不断变化的，人们需要准确的和最新的职业信息来帮助自己不仅了解每个职业是做什么的，而且了解相关的信息，如该职业是如何演变的，需要多少人，有多少人正在进入该领域，在这个领域取得成功最关键的技能是什么，不同的人才通常的薪酬范围是怎样的。尽管美国劳工部通过 O*NET 系统和职业头衔词典做出了巨大的努力，但无法提供最新的信息，用户体验不友好。对数以百万计的中国高中、职业高中和大学学生来说，创造一种不断更新的职业分类将会对他们有很大的帮助。有些新兴经济体还没有开发中的职业词典，那些年轻人和他们的父母因为缺乏这方面的信息而处境糟糕。

第 8 章
你的梦想临界点

多年来，我深入研究了数百个来询者，发现他们每个人前进的关键一步是写篇文章或记录他们对两种不同练习的想法。每个来询者都有两个不同的选择，我只要求他们选择一个来写。第一篇文章的主题也是更有挑战性的，就是"你想在你的葬礼上以你的名义发表的悼词中说些什么"。你会被问到，你愿意如何被那些聚集在一起送你去安息之地的人记住。我们都在早年间就学到过，生命本身就是出生、童年、成年、衰老和最终死亡这一永恒的循环。一个人一生中每个季节都有一个特殊的时刻，但其生命周期就像太阳在早晨升起，在晚上落下一样确定无疑。第二篇文章阐述来询者如果在彩票中赢了一大笔钱，想如何花掉或如何送人。

你临终前有哪五大遗憾

人们一开始通常会对这个问题感到惊讶。你被要求在你生命的终点前规划你自己，并详细描述你希望被记住的方式。如果你对自己诚实，就不能隐瞒自己真实的想法。

邦妮·韦尔（Bronnie Ware）曾是澳大利亚的一家临终关怀医院的护士，她在自己的著作《临终前最后悔的五件事》中讲述了临终病人最常后悔的事情。我经常在开始我的 CareerDNA 职业与人生设计咨询师认证课程时，做一个演讲和相关的讨论。虽然我不确定，但在过去的 11 年里，我的许多中国同事的祖父母和父母也有同样的遗憾。我知道，在遗憾方面，我的美国同胞和澳大利亚人没有什么不同。在不同的文化中，这些遗憾发生的频率可能会不同，但根据我的经验，这些遗憾是普遍存在的。

第五个遗憾是"我希望我能让自己更快乐"。邦妮进一步说："这是很令人惊讶的。许多人直到生命的最后才意识到幸福是一种选择。他们被困在旧的模式和习惯中。所谓的熟悉的'舒适'渗透到他们的情感以及他们的物质生活中。对变化的恐惧让他们假装对自己感到满足，但在内心深处，他们渴望大笑，在生活中变得愚蠢些。"亲爱的读者，我一生的工作都致力于这样一个命题：追求幸福是一项普遍的人权，却因为各种善意但不真实的原因而被放弃了。当我们允许自己快乐时，大量研究告诉我们，我们在生活中取得成功的可能性会显著增加。这是我发誓我永远不会有的遗憾，因为我不可避免死亡越来越近。这本书是为他人的幸福而发出的一个强有力的呼吁。帮助他人追求幸福，是我对人类的微薄贡献。

第四个遗憾是"我希望我能和朋友们一直保持联系"。邦妮进一步解释道："通常，他们直到临终前的几周才真正意识到老朋友的好处，而且通常不可能找到他们。多年来，许多人太专注于自己的生活而让黄金般的友谊悄悄溜走。对于没有给予友谊应有的时间和精力，他们有许多深深的遗憾。每个人临死的时候都会想念他的朋友。"这在我们今天的生活中尤其如此，因为谋生需要花费大量的时间，而对家庭生活的需求缩小了我们的社交选择范围。与朋友之间深厚而有意义的关系经常在现代生活中被忽视，但最终，正是友谊带给我们最大的幸福。对于那些幸运地拥有慈爱的父母和兄弟姐妹的人来说，有带血缘关系的家庭是多么的幸福啊。但是我们许多人被有毒的或者冷漠无情的家庭关系所伤害，不管我们怎么努力。我们从出身家庭中找不到在朋友那里感受到的那种爱。对我来说，当我说"再见"的时候，我非常希望能够看着那些真正爱我的人和我所爱的人的眼睛，否则像是死在陌生人面前，即使我认识他们已经很久了。

第三个遗憾是"我希望我有勇气表达自己的感情"。这是我每天在许多人的生活中发现的一个遗憾。他们倾向于克制自己的情绪，特别是矜持的中国人。他们经常有深刻的感受，却很少与他人分享。然而，随着千禧一代越来越多地使用社交媒体来表达自己的情感，我看到了非常有希望的变化迹象，这是一个好兆头。相关研究表明，财富的增加并不一定会带来更大的幸福。物质上的成功把许多人带进了一个叫作"消费主义"的死胡同。艾瑞克·弗洛姆（Erich Fromm）警告我们，关系的市场化会破坏我们的幸福。他的畅销书《爱的艺术》是对爱的不同形式及其对人类最终存在的重要性的经典探索之一。爱最终是一种积极的态度，需要表达关心、责任、对他人的理解和尊重。众所周知，感情可能是不可靠的，可能来来去去，但它在行动和语言中的外在表达给我们每个人与他人建立亲密关系提供了一个锚点。

第二个遗憾是"希望我以前没有那么拼命地工作"。随着工业革命的到来，这个有关工作的问题变得越来越复杂。人类历史上早期大多数工作是狩猎、捕鱼、耕作或手工劳动，人与工作及其产品和服务有直接关系。随着资本主义和工业时代的兴起，人越来越成为生产资料所有者的"工具"。卡尔·马克思（Karl Marx）和弗里德里希·恩格斯（Friedrich Engels）捕捉到了工业资本主义世界不断激化的内在矛盾，以及它们对那些以技能换取每周工资的人的影响，这在查理·卓别林（Charlie Chaplin）不朽的电影《摩登时代》中有很生动的体现。幸福的生活取决于在工作和持久的关系之间取得平衡，这种关系就是存在于亲密伴侣、孩子、朋友和家人之间的爱。当一个社会过于注重工作时，我们的人际关系和休闲活动中就少有个人生活的空间。

第一个遗憾，也是在大多数发达国家引起共鸣的是"希望我有勇气过自己真正想要的生活，而不是别人希望我过的生活"。这让我们想起了莎士比亚的《哈姆雷特》，波洛尼厄斯劝告他的儿子莱尔提斯说："对自己要诚实。"邦妮继续说道："这是最常见的遗憾。当人们意识到他们的生命即将结束并清晰地回顾它时，很容易看到有许多梦想没有实现。大多数人甚至连一半的梦想都没有实现，却不得不面对死亡，遗憾于这是由于他们做出的选择，或者没有做出选择。很少人意识到健康带来的自由，直到他们不再拥有它。"

你希望在生命的尽头如何被人铭记

我要求你写一篇文章——你希望在你的葬礼或追悼会上读的悼词。我要求你使用你在 CareerDNA 的六个模块中学到的东西，以及你在提高自我意识的道路上获得的咨询意见。邦妮·韦尔（Bronnie Ware）非常简洁地说：

如果我们能够诚实地面对自己不可避免的死亡，在我们到达那个时刻之前，我们就会在为时已晚之前改变我们的优先事项。这让我们有机会把精力投到真正有价值的方向上。一旦我们承认时间有限，尽管我们不知道那是几年、几周还是几小时，我们就不会被自我或别人对我们的看法所左右。相反，我们更多的是被内心真正想要的东西所驱动。承认我们不可避免地会接近死亡，让我们有机会在剩下的时间里实现更大的目标和有更大的满足感。

在我们的职业与人生设计咨询中，不管是否使用 CareerDNA 自我探知系统，我们都会引导你面对不可避免的死亡的过程，要求你写下或记录你希望留下的遗言。

在我多年来提供咨询的过程中以及在"我是谁"或"成为你自己的英雄"的工作坊上，人们被要求回答这个尖锐的问题，即他们希望如何被记住，他们希望如何理想地生活。当读到他们的答案时，我经常被感动得流泪，事实上，他们自己也经常感动得流泪。当他们的渴望和心底的想法表达出来时，被他们的梦想深深打动是一种共同的快乐体验。我们经常让多达 40 人的整个小组一起讨论，这种分享和集体宣泄会产生一种难以忘怀的亲密力量，我们在一起的两三天的经历常常成为永远不会消失的记忆之一。分享故事的力量总是让我感到惊讶，这也是为什么当我培训职业与人生设计咨询师时，我会和他们分享我的坚定信念，那就是来询者的故事胜过一切。我们越接近真实的自我，就越能感受到信念、真理和承诺的积极力量。真实的力量是至高无上的，在这些时刻，我们是生活中"真正的人"。

如果你中了大奖怎么办

现在你想象自己是一个彩票的大额中奖者。在美国，我让来询者或工作坊参与者想象自己赢得了 2000 万美元，这些钱足以让任何人过上奢侈的生活。在中国，彩票的中奖金额为 1 亿元人民币；而在菲律宾，彩票的中奖金额为 1 亿比索。我们现在正在为印度、新加坡、越南、欧盟（英国、荷兰）和澳大利亚的来询者准备类似的练习。我们要求你想象一下，如果你获得了这么多钱，在完成了可以理解的旅行和其他个人用品购买之后，既然挣钱不再是你的奋斗目标，你会用你的余生做什么呢？你和你的直系亲属的生活在你的余生中都是有保障的，你将做什么，享受什么，在你选择的时间期限内？另外，你还被告知，你必须捐出 1000 万美元。

让我们来看看一个大三学生是如何完成这个任务的。21 岁的贾斯汀是《财富》10 强公司一位高管的儿子。他在一所被认为"迷你常青藤联盟"的学校完成了大学三年级的学习，这所学校比八所常青藤联盟学校中的任何一所都要小，但同样具有竞争力，质量和声誉也非常高。他从中学起就是校队运动员，并一直延续到大学，是校足球队和棒球队的先发队员。他的兴趣广泛，但体育和娱乐是他最感兴趣的。他是家中四个孩子中的老大，显然是他父亲的最爱。他过着优越的生活，没有经历过重大的创伤，在学业、运动和社交生活方面一直表现出色。然而，进入大四，他渴望找到人生的方向，为他提供目标和使命。他成长在一个富裕社区的小镇，在康涅狄格州费尔菲尔德县，纽约的北部。尽管他的心理类型是监管者（ESTJ），但更深入讨论后，显然他是一名表演者（ESFP）。在他的父母、朋友和老师看来，他一定会在一家公司担任高管，这与他父亲的职业轨迹没有什么不同，而且这也是这个小镇上其他人所期望的，很多董事会主席和首席执行官都居住在这里，这对他如何看待自己是否适合成为大公司的高管产生了重大影响。

按照我通常的时间顺序来看贾斯汀的生活史，很明显，一旦他离开家住到大学里，他不仅被体育运动所吸引，也被学生会的社交生活和音乐所吸引。他特别受欢迎，后来成为学生会的主席，但他最感兴趣的还是当校园广播站的早间音乐节目和当地小镇广播站的主持人。他喜欢接听那些熬夜到凌晨的人的电话，满足他们的要求，不仅播放符合他们的情绪或口味的音乐，而且与他们讨论他们的想法。随着他更多地透露了有关是什么感动他的信息后，很明显，他在做决定的时候，更多的是出于感觉，而不是思考。当他不必满足学校的结构化要求时，他更喜欢在当下对他人的需求做出开放性和自发的回应，而不是领导一个结构化和有计划的项目。在进一步透露他的职业倾向测评结果之前，让我们看看他是如何回应中奖2000 万美元挑战的。

如果现在或毕业后有人给我 2000 万美元花，我会给我的父母、兄弟姐妹每人 100 万美元。我的家人总是形影不离，如果能让他们的生活稍微舒适一点，我会感到非常高兴。做完这些后，我会再投资 150 万美元在低风险、低利息的大额存单上。我不会使用这些钱，直到我准备退休。我希望能够享受我的退休生活，同时也有足够的钱留给我的孩子们，让他们的生活更舒适。我会再花 100 万美元买回我长大的房子。如果它不出售，我就会付钱给房地产管理公司，让公司在它一上市时就帮我买下它。我一直很喜欢那所房子，我最想做的就是在那里养育我的家人。

做完这些后，我会把剩下的钱存入银行，然后去游轮上工作。我想在我准备安定下来并抚养一个家庭之前，在一艘大型豪华邮轮上工作几年。我想当一名邮轮主管或者门房，甚至调酒师。生活在海上几年，遇见许多人，他们在船上的唯一目的是度假，我认为这将是一个非常棒的体验。

在满足了对旅行的渴望之后，我将回到我的家乡。我不会搬回我长大的房子。我会在城里的某个地方买一套小公寓，继续出租童年时的房子，因为一个人住实在太大、太孤单了。我的下一个项目是开一家高档餐厅和酒吧，或者两者都开。我热爱餐饮业，但我知道维持一份好生意有多难。为了确保这一切不会变得无聊，我将把我的生意交给其他人打理。在这时候，我也会寻找一个妻子安定下来，建立一个家庭。我想要一个和我一样的家庭，有三四个孩子，有男孩和女孩。我也会拿些钱，在佛蒙特州买一栋度假屋，等我的孩子们长大了，花很多周末去那里教他们滑雪。

我相信这种生活方式可以持续到我 50 岁左右，或者到我的孩子们大学毕业并独立生活为止。到那个时候，我会卖掉我的房子和我生意的大部分股权，也许会保留一家餐厅，这样我就不会觉得无聊了。我会在家乡买一套小公寓，把佛蒙特州的房子卖掉，再在落基山脉买一套房，可能是在阿斯彭。我还会在棕榈泉或佛罗里达买一套度假公寓，具体取决于我的孩子住在哪里。我会把我的黄金岁月花在这三栋房子之间，然后周游世界，当然坐头等舱。

另外 1000 万美元需要捐赠，我将首先捐给的慈善机构之一是许愿基金会。我会给它 200 万美元，我相信它是一个真正有价值的基金会，因为它试图帮助那些将死于绝症的孩子们。我钦佩这群人已经有一段时间了，我也愿意付出时间，而不仅仅是金钱。我还会给领先的癌症研究组织捐赠200万美元。癌症已经影响了我的家庭生活，我很愿意帮助它找到治疗方法。另一个我愿意捐100万美元的基金会是一个致力于研究更好的治疗方法甚至治愈艾滋病的基金会。我会捐100万美元给一个像圣约之家这样的组织，它帮助大城市里离家出走的孩子。这些孩子需要帮助和支持，这些组织做得很好，但我知道它们迫切需要经济支持。我还会捐一大笔钱给纽约市的施粥所和无家可归者庇护所。我会给这些机构100万美元，因为无家可归者是不容忽视的人，这是我们社会的一个现实问题。我们有这么多人无家可归，更糟糕的是，没有任何食物，我的钱不能解决一切，但它至少可以给予帮助。我还想给警察联盟100万美元，因为我认为警察是一个报酬低而有较高价值的职业。我的钱可以用来帮助那些在执行任务中受伤的警察，资助他们的养老金计划，或者其他需要钱的地方。最后，我会捐给这个地区的各种青年组织200万美元。虽然这不是一笔巨款，但在一个贫困地区，我认为必须给予青年尽可能多的支持。这笔钱将用于少年棒球联盟和其他体育项目。我从参加这些项目中学到了很多，我希望我的孩子们也能像我一样。我的钱也可以用于青少年中心的建设和维护，因为青少年需要有地方去，远离麻烦。这些地方给孩子们提供了选择，将帮助他们远离犯罪和毒品。

贾斯汀非常认真地对待这个练习，你可以从他的个人奖金安排和慈善捐助中看到他的个人发展，一个来自非常优越环境的年轻人，一个有社会意识的享乐主义者，对改善人类生活有着深刻而认真的承诺。我们将在下一章再次访问贾斯汀，并从他的测评结果中，看看他的未来理想如何引导他。

第 9 章
整合你的结果

共时性或缘分的普遍力量

　　CareerDNA 的自我探索过程与其他任何在线或面对面的测评流程都不同，因为它基于一套系统的方法，并将所有评估模块集成到一个完整的个人解决方案中。在我向来询者提供的咨询中，始终包含着荣格博士提出的"共时性"的概念。有些人将这一概念描述为"有意义的巧合"，但我认为，即使这样描述，也忽略了其中蕴含的本质力量。宇宙，至少就我所知，是按照一定的原则在运行的，其中一些原则可以在中国的《易经》中找到。中国古人知道宇宙中存在着大多数人能意识到的之外的力量，这在详细阐述的阴阳规律和自然周期性规律中有暗示。《吸引力法则》和《秘密》中介绍了一些关于宇宙基本规律的观点，量子物理学大师尼尔斯·玻尔（Neils Bohr）、维尔纳·海森堡（Werner Heisenberg）和大卫·博姆（David Bohm）正在进行相关研究。生物物理学家坎蒂斯·珀特（Candice Pert）和卡尔·普里布拉姆（Karl Pribram）进一步证实，信息在细胞与细胞之间、大脑与大脑之间、心脏与心脏之间以及类似的吸引物之间通过虚拟的和物理的方式传递。这种"强力"作用远比电磁学定律中典型的"异性相吸"更为强大。我直觉地相信，随着我们越来越意识到自己是谁，我们会越来越向宇宙敞开自己，并吸引那些与我们相一致的人。正是因为这个原因，我更多地专注于帮助来询者更深入地了解自己，扫除通往幸福和成功之路的障碍，而不是简单地让来询者执行 CareerDNA 测评所得到的结果。

　　我第一次接触到共时性的概念是在读约瑟夫·贾沃斯基（Joseph Jaworski）的有影响力的著作《共时性：通往领导力的内在道路》时。我读到了一个非凡的故事，一个人离开了他的法律工作和行政职位，花了两年时间与杰出的人见面，寻找自己的人生目标和意义。我意识到他在写什么了。我深信，如果我能帮助我的来询者找到他们的核心真相，当他们在生活中接受这些新的真相时，机会就会更经常地来到他们的身边。当我反思自己的生活时，我一次又一次地发现我的成长和个人的自我认知是如何导致各种情况出现，从而带来了生活改变的。当然，我的来询者是最终教会我共时性的人。当他们的真相被揭示时，他们会带着故事进入下一个新的环节，讲述他们的生活如何随着自我意识的增强而变得更好。就好像眼罩被摘掉了，他们可以借助新的 3D 眼镜看到周围的人和环境。

关于缘分的案例

让我们来看看我早期工作中最引人注目的一个案例，以说明这种职业与人生设计咨询的集成系统方法，以及它与来询者的互动。在我执业的第一周，两个想要改变人生的来询者分别来到我位于康涅狄格州格林威治的新办公室。一位是美国非常著名的公司的高管妻子，她刚刚被抛弃；另一位是一家公司的首席执行官，这家公司成为该行业产品标准的制定者。出于对对方隐私的尊重，他们的名字被保密，正如本书前面所述，某些事实也被修改了。

他们都是由同一个人推荐来的，是一位年轻女士，来自一个长期在国际银行业享有盛誉的显赫家族，她之前是由她的心理分析师推荐给我的。四年前，她从一所常青藤盟校毕业，但直到经历了我的 20 个小时的职业与人生设计咨询后，才找到了自己的人生方向。让她的家人非常失望的是，她决定从事艺术摄影，并将其作为自己的一个终身职业。这不仅使她在其工作领域内获得了荣誉，更重要的是给她带来了一个充满激情的生活，这是任何金钱都买不到的。在 20 世纪 70 年代，社会活动经常以教堂或乡村俱乐部为中心。这位年轻的女士在这些环境中并不感到自在，但她尽职尽责地跟随她的家人参加这些活动。1977 年秋天，在一个凉爽的周日，那位即将离婚的妻子和那位与她毫无关系的首席执行官都在乡村俱乐部，在谈话中，听到了这位年轻女士当时已经完成的职业与人生设计咨询经历。他们询问我的联系方式，并进行了预约，随即发生的一切帮助他们改变了生活。

即将到来的离婚让这位公司高管的妻子陷入了深深的抑郁之中，25 年的婚姻宣告破裂。她丈夫的恶名使她在乡村俱乐部的小圈子里的生活变得难以忍受和不安，因为围绕着离婚的传言公开了她的隐私。她是一个多么了不起的女人，尽管她的丈夫为了一个更年轻的女人抛弃了她。她毕业于美国最优秀的女子学院之一，是一位有名的企业家夫人，她不仅接待过美国和欧洲一些大企业的首席执行官，还接待过国家元首、外交官以及著名的科学家和金融家的后代。然而，生活在美国企业家权利与虚拟偶像的阴影下，她的自我意识减弱了，看不到自己多年来作为妻子和四个孩子的母亲所磨炼出来的非凡技能。首先，我们确定了她的心理类型是教育者（ENFJ），然后收集了她祖父母、姑母、叔叔和表兄弟姐妹、父母和兄弟姐妹的背景信息，按时间顺序让她介绍了她的生活。她完成了她的技能 DNA 模块，并画出了一个"技能 DNA 分子图"，其中排名前五的技能是设计与协调活动、创造一个有趣的社交或工作环境、管理他人、团队建设和寻求新的学习经验。这些技能都经常被认为是领导者和教育者的天赋技能，特别适合在社会和非政府组织环境中工作。最后，职业兴趣卡片分类列出了她最喜欢的五个职业，分别是活动策划师、餐饮承办商、咖啡店或餐厅老板、礼仪教练和室内装潢师。她的心理类型、技能 DNA 与选择的排在前面的职业匹配得非常好，于是她开始学习职业信息收集的速成课程，并选择了活动和派对策划作为自己的职业选择。她在格林威治镇以及周围的费尔菲尔德和威彻斯特镇富人区都有很好的人脉，建立了一个持续 25 年成功的企业。

另一位来询者是一家著名的、历史悠久的公司 CEO，他来到我的办公室，把理查德·鲍利斯（Richard Bolles）的《你的降落伞是什么颜色？：求职跳槽实用指南》放在我的办公桌上，书里塞满了纸条，他显然做了大量功课。他抱怨说，他想知道如果他决定辞去他在公司的首席执行官职务，他应该做什么，他已经做了书中的所有练习，但仍然没有得出结论。在我给他做咨询的过程中，我发现，从他童年时代起，他的父母就一直在培养他成为 CEO，人们只是期望他能继承祖父和父亲的衣钵。他从大学毕业后就一直在家族企业工作。四年前，他 40 岁出头，接替父亲担任首席执行官。他描述了一种可能被称为中年危机的情况，他越来越觉得自己在公司中无法施展手脚，因为他的父亲仍然是董事长，他还没有承担决定公司愿景和战略的全部责任。他与祖父（当时 87 岁，已退休）和父亲（当时 66 岁）的关系虽然是正常的，但日益紧张和疏远。尽管多年来在大学里独立生活和不断冒险，他的毕业也证明了他将成为一个孝顺的儿子，能承担起责任，也在人生的进步中接管了家族企业，但在过去的四年里，他变得越来越焦躁不安，越来越绝望地试图找到自己的人生道路，他购买并使用理查德·鲍利斯在 1972 年出版的《改变职业生涯的圣经》来锻炼自己。他的名字叫威廉，而别人更愿意叫他"比尔"。

比尔的心理类型是发明者（ENTP），主导功能为直觉，现在处于职业生涯的中期，所以我们可以期待他的后备类型奋斗者（ENFP）浮现。他已经长大了，在学习上很有自律性，但他更喜欢他的自然倾向——感觉。他娶了一个富有自由精神的创作者（ISFP），她在年轻的时候是一个有才华的手工艺人，但在 30 岁出头时，她的后备类型医治者（INFP）浮现了，她被人类服务所吸引。他们是三个孩子的父母，随着孩子的长大，他们都对父母教育和心理学越来越感兴趣。他们都积极参加教会活动，教会成了他们家族四代人的第二个家。

说起比尔的故事，也让我想起我的许多中国来询者和朋友，他们在自己的职业爱好和家人为他们安排的职业之间左右为难。作为一名职业与人生设计咨询师，我必须考虑到他们的父母和祖父母的愿望，但请永远记住，大部分人已经做出了重大的人生决定，无论是好是坏，并在地球上已生活了大部分时间。我的主要职责是帮助坐在我对面的来询者，因为他是一个面临职业和生活困境的人，正是这种困境把他带到我的办公室。

比尔做了他的技能 DNA 识别，发现他的前五个技能不太可能在他的首席执行官职位上得到应用，特别是因为他的父亲在 5~10 年内都不会退休。他的五大技能是用口头和书面文字来激励他人、构思和发展想法、寻求新的冒险机会、团队建设和开发新产品与服务。最后，比尔完成了他的职业兴趣卡片分类，列出了他最喜欢的五种职业：牧师、社会服务执行董事、教育心理学家、哲学教授和慈善家。经过很多讨论并完成了他想要的悼词，比尔做出了改变人生的决定——进入神学院，攻读研究宗教的博士学位。他完成了学业，成为他成长中一直信奉的那个教派的一名牧师，并和他的妻子一起带头为他们所服务的社区发展社会服务。他将自己的管理技能和经验迁移到伴他成长的宗教社区，并将自己的影响力扩展到许多其他国家的教会。

我们可以看到 CareerDNA 的模块一、模块三和模块五之间的逻辑关系。模块一和模块三总是联系在一起的，它们是得到相似真相的两种非常不同的方式。模块一不仅可以帮助你辨识你最自然的心理类型，而且可以帮助你找到蕴含你天赋和价值观的备用心理类型。当然，模块四在确定对你最重要的价值观的同时又是模块五的启动泵。悼词或中奖练习为你打开共时性之灯画出了逻辑线索。通过想象和描述你对未来的期望，你正在让自己进入一个更好的人生。

在模块三的基础上，模块二和模块六列出了你生活的故事，以及你在英雄之旅中所具有的个性特征和自尊水平。正如我在这本书中多次提到的，是你的故事最终告诉你生活的下一个篇章需要的是什么。把这些评估模块综合起来，可以帮助你找到前进的道路。当然，没有任何软件或书籍可以取代一个有同情心、有智慧、有技巧的职业与人生设计咨询师来帮助你找到你真实的自己。每个模块都是独立存在的，但它与所有其他模块都在某种程度上密不可分。量子物理学和神经肽的存在告诉我们信息可以从一个细胞传递到另一个细胞，从身体的一个部位传递到身体的另一个部位，从一个身体传递到另一个身体，甚至从无生命的物体传递到有生命的物体。宇宙万物之间的联系比我们几乎所有人能想象的都要紧密得多，但如果我们提高自我意识，我们就可以定位自己。机会往往潜伏在每个角落，我们每个人的生活水平将会因抓住它而得到大大的提高。一旦我们有意识地关注那些我们以前未曾察觉之处所包含的天赋和内在的力量，将会吸引和发现那些跟我们有着相似的或共同的人生使命的人和机会。

教育者（ENFJ）贝琳达的案例

让我们看看另一位来询者，一位教育者（ENFJ），自从我们一起工作以来的 20 多年里，我一直密切关注着她的职业生涯。贝琳达毕业于一所顶尖的常青藤盟校，在一位来询者的介绍下成为美国一流的执行教练和组织发展顾问之一。她是我的来询者中最努力工作的人之一，也是我有幸共事过的最有洞察力的人之一。她后来上了医学院，但发现这个职业的工作要求她不喜欢。当她在一个鸡尾酒会上遇到我以前的来询者，了解到我的职业与人生设计咨询时，她正陷入困境中。她的人生故事引人入胜，展示了如何克服出身家庭的障碍和童年的创伤而取得成功。对于读者你，我将集中在咨询过程的结果，展示如何关注心理类型、技能 DNA、职业兴趣卡片分类，这可以帮助你理解一个人的命运，并增加一个其他测评不太可能发现的决定一个人的职业方向的维度。

作为一名教育者（ENFJ），贝琳达具备了领导者的所有素质，她对职场中的人而不是事物有明确的定位。她具有与他人建立长期友好关系的杰出能力，以及完成工作的能力，这强烈建议她在非营利性组织或公司中担任领导角色，或在非政府组织中担任行政职务。她的后备类型供应者（ESFJ）表明了她会在战略和战术之间保持平衡，但她主要的外倾情感取向指出了她的职业生涯特征，即她追求的是成为建立和维持团队所需的关键人物。理想主义者往往能看到别人最好的一面，通常会同情、理解和支持别人。他们的次要偏好功能是直觉。教育者更关注他人的潜能，而不是他人当前的具体行为。

我在美国最受尊敬的同事之一，保罗·泰戈尔（Paul Tieger），写过或与人合著了许多关于心理类型的书，但他最有影响力的畅销书是《做你想做的：通过你的心理类型的秘密发现你的完美职业》。他为每一种心理类型确定了 10 个最重要的能产生高职业满意度的工作因素。他为教育者（ENFJ）列出了如下清单：

1.让他与同事、客户建立并保持温暖和支持型的人际关系。

2.让他想出创造性的解决方案来解决项目中的问题。在这些项目中，他可以看到他的努力给其他人带来的积极结果。

3. 能在一个有明确期望、赏识贡献、鼓励个人和专业成长及发展的环境中工作。

4. 让他成为他信任的、由有创造力的人组成的团队的一员，参与其中并富有成效地工作。

5. 让他有时间开发创造性的解决方案，然后与其他支持和关心他的人分享。

6. 能在积极和具有挑战性的环境下完成工作，能同时处理好几个项目。

7. 允许他使用他的组织和决策技能，并对自己的项目有控制权和责任。

8. 给他各种各样的任务，但允许他以一个相对有秩序和有计划的方式工作。

9. 让他在一个没有人际冲突和持续紧张的环境中完成工作。

10. 在工作中能让他接触到新的想法，探索新的方法，尤其是那些能改善他人生活的方法。

最吸引教育者（ENFJ）的职业主题是沟通、咨询、教育/公共服务、医疗保健、商业/咨询和技术。职业有作家/记者、筹款人、传播营销主管、编辑、社会科学或人文学科教师、学院院长、在线教育工作者、教育项目总监、健康业从业者、人力资源执行官、首席学习官、组织发展顾问、企业/团队培训师、小企业主、旅行顾问、会议/活动策划师。

现在，就像你可以将你的心理类型、模块一长报告中建议的职业主题和职位名称与模块三中的技能 DNA 进行比较一样，让我们看看贝琳达的技能 DNA，看看它是否匹配她的教育者（ENFJ）心理类型。图 9-1 是她的技能 DNA 分子图，这是她理想的工作。

注意，她的关键技能是产生和发展想法。这通常是主导功能为直觉者的首选，但贝琳达是教育者（ENFJ），主导功能为情感，直觉是她的第二功能。我们在这个例子中看到，作为一个杰出的财务高管的女儿，她被要求追随她父亲的脚步。她的情感功能在某种程度上被淹没了，"咨询/建议"技能组显得很突出，这个组被分析技能包围，反映了她的家庭和她在大学里对物理和金融学科的偏好。

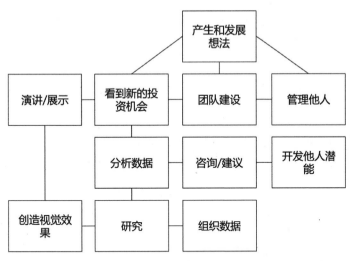

图 9-1　贝琳达的技能 DNA 分子图

现在让我们来比较模块一、模块三、模块五的结果，多年来，它们需要三种非常不同的测评方法，并且一直保持高度一致。心理类型与气质同自然成长出的技能 DNA 相一致，技能 DNA 又与职业兴趣卡片排序的结果相一致。

贝琳达认为以下职业主题是她最喜欢的：

1. 研究在哪里可以实现有价值的目标，为自己和社会提供内在价值。

2. 可以表达创造力和乐趣的工作。

3. 参与分析 / 解决问题和预测活动。

4. 提供咨询、建议、策略。

5. 指导项目和人员。

6. 提供咨询和治疗他人。

7. 拥有自己的生意，比如餐厅、美食店。

当我们结束职业兴趣卡片排序后，结果是：

1. 首席人力资源官。

2. 人力资源、人际关系、职业 / 行政发展或组织发展顾问。

3. 人力资源策略 / 计划专员。

4. 组织发展、培训或招聘方面的人力资源专家。

5. 心理学家。

6. 社会工作者。

7. 辅导员。

与模块一和模块三对齐的作用是强大的，正如我在这三个模块中所介绍的。根据我为众多来询者工作的经验，在我的那个 20 小时的咨询过程中，以及相关的工作坊中，心理类型、技能 DNA 和职业兴趣卡片排序总是匹配的，明确了来询者人生下一步的方向。还需要我鼓励你加入那些人的行列吗？他们已经解开了自己该选择什么样的工作这个谜题。

让我们看看贝琳达是如何回应她处理彩票中赢得的 2000 万美元的。

如果我有 1000 万美元可以花在我自己和我的家人身上，我会把 100 万美元给我妈妈。我想她会用这笔钱投资，靠利息生活。剩下的 900 万美元我会投资。我计划把钱花在我孩子的教育上，这可能要花费 50 万美元。我会用剩下的钱养活自己，这样我就可以做我热爱的工作，而不是为了钱而工作。

我想去日本、埃及、南非和澳大利亚旅游。然而，大部分的钱会花在改善生活质量的项目上，比如一个更好的家，有更好的衣服和食物。

我也想给我的孩子们留下一些，这样他们就有了一些安全感。

请注意，贝琳达并没有具体说明她会喜欢什么样的工作，但她对家庭的关心显露了出来，尤其是对她的孩子们，他们那时还没有出生。她进一步说：

如果我有 1000 万美元可以捐出去，我会把 30 万美元给我祖父母和外祖父母，让他们去旅行，做一些他们负担不起的事情。我还会将 70 万美元分给我的朋友。

对于另外 900 万美元，我将捐赠给我的大学 100 万美元，因为我在那里有一个很好的经历，也希望别人享受我所拥有的。我将捐赠 50 万美元给我小时候就读的私立学校，理由和捐赠我大学的理由一样。我会给国家公园管理局 150 万美元来购买和保护一块土地，因为保护荒野很重要。我会给家庭暴力庇护所 100 万美元，还会将 50 万美元用于计划生育，100 万美元用于癌症研究，50 万美元用于艾滋病的研究，100 万美元用于研究环境问题（如空气质量和土壤问题），100 万美元用于人口研究，100 万美元支持当代艺术家。

虽然贝琳达在她的文章中没有提及她的职业方向，但显示了她对那些我们认为是理想主义者（NF）的人所从事的活动的兴趣。后来她成了一名组织发展专家，并迅速晋升到人力资源高级职位。她以创业精神与合作伙伴在医疗设备领域建立了私人风险投资公司，投资于医疗和心理产品及服务。她的使命是帮助人们，提供他们需要的服务。她不需要彩票中奖，因为她和别人一起创造了自己的财富，基于她对帮助别人的热情。她的分析以及研究技能和兴趣是她活动的核心，在这个过程中她一直忠于自己和她的价值观。请注意，由保罗·泰戈尔（Paul Tieger）提出的 10 个因素组成的对理想工作的描述非常适合贝琳达的技能 DNA。

再次探讨贾斯汀案例

最后，让我们回到前一章中的大三学生贾斯汀。你读过他的文章，内容是如果他中了 2000 万美元大奖，他会做什么。

回想一下，他是一个表演者（ESFP），有着来自家人、朋友和邻居的巨大压力，要求他成为公司高管，更具体地说，是在蓬勃发展的信息技术领域。但一离开家去上大学，他发现自己很享受成为学院和当地小镇电台的晚间 / 清晨音乐节目主持人。让我们看看他的技能 DNA 分子图（见图 9-2）。

他最感兴趣的技能是"创业 / 启动新项目"和"处理好困难局面"，这是以行动为导向和积极排除故障的、气质为技艺者类型的表演者（ESFP）通常的选择。他的技能 DNA 的第二层是"团队建设"和"团队管理"。技艺者气质类型的人，一般来说，特别是表演者（ESFP），不喜欢等级制度，更喜欢在结构相对扁平化的组织中工作，领导者分散在行动团队中，为了更大的利益团结在一起。他的技能 DNA 第三层是"作为一个队员去比赛 / 竞争"，这表明一个高度销售导向的企业是他喜欢的。第四层中有"销售创意或服务"，这使他在组织的销售管理中发挥潜力。"演讲 / 展示"，可能指销售演示。"咨询 / 建议"可能指咨询性销售。这是他从前七个心流体验和 / 或关系中发展出的对理想工作的描述。总结自己的经历，贾斯汀选择的心流经历都是发生在学校、休闲和家庭活动中有着紧密的团队关系的情境中，他的慷慨和善良的天性以及愿意走出自我的特点，使他为了团队和其他人的利益愿意走到领导者的岗位。他是自由的，喜欢冒险和刺激，但在社会中，他愿意为他人的福祉贡献力量。读到他的文章，我很感动，我知道我面前站着一个有着美好未来的年轻人，但他又是如此的谦卑，不太可能滥用任何赋予他的权利。他也是勇敢和诚实的，与我分享他的自我怀疑产生于他对他的真实本性的觉醒，以及他与周围特权环境的冲突。

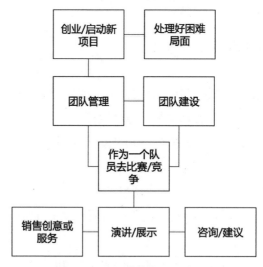

图 9-2　贾斯汀的技能 DNA 分子图

从他的职业兴趣卡片分类中可以看出，人们对他的期望（尤其是他父亲对他的期望）和他自然偏好的事之间存在着矛盾关系。他偏好的职业分为七个主题：

1. 老板，尤其是餐馆老板，因为他已经做了四年的兼职和暑期工作，觉得这是一个"有趣的生意"，他可以尽情享受对美食的热爱。

2. 体育是一项他着迷的活动，作为一个参与者和球迷 / 观察者，他希望自己有一天成为一个球队的老板、总经理或球探。他对棒球和美式足球都有极大的兴趣。

3. 在执行部门，他可以成为部门中职位最高的人之一，能够做出重要的决定，对直接向他汇报的人行使控制权，掌握事情的进展，在工作中有巨大的幸福感和成功的潜力。他表示对财务没有什么兴趣，但成为一个注重行动和执行的参谋长或首席运营官是非常有吸引力的。他还表示，对大学校长或学院院长可能也感兴趣。

4. 销售代表是他的一个巨大的兴趣，因为他喜欢那种与人打交道，需要做好准备和组织工作，总是活跃在聚光灯下的工作。他愿意销售一个好的产品或服务，以使他人的生活更好。他认为销售是开始职业生涯的好工作，他可能还会考虑计算机和其他信息技术、咨询服务、制药、医疗设备和纺织品等方面的工作。

5. 表演职业他也很喜欢，包括电视 / 广播 / 互联网节目导演、电台经理、制作经理、制作人、新闻导演或广告销售。他曾担任过演员、新闻播报员、脱口秀主持人。此外，对制片人和舞台监督也很喜欢。

6. 他对管理他人有着浓厚的兴趣，因为他喜欢"亲自管理"各种事务，处理日常问题，这是成为一名高管必经的一步。贾斯汀知道他必须了解他人，让他们发挥出最大的能力，做出正确的决定。他最感兴趣的是酒店和私人俱乐部管理、零售、市场营销、销售、人力资源和旅游等相关工作。

7. 活动和会议的策划和执行。

当被要求选择自己当时最感兴趣的选项时，贾斯汀选择了以下几个选项：

1. 公司高管（首席运营官）

2. 体育用品特许商

3. 电视 / 广播 / 互联网高管

4. 餐馆老板

5. 销售经理

6. 销售代表

7. 电视台脱口秀主持人 / 播音员

虽然他首选的职业与他所处的社会经济阶层有关，但其他选项都说明他是个表演者（ESFP）。当他开始理解他真实的自我时，他是多么不安又充满活力。通过关注并验证他的真实本性，他能够更加清晰地看到他的未来，也能够更好地理解他经历的紧张。在莎士比亚的《哈姆雷特》中，波洛尼厄斯告诫他的儿子莱尔提斯"对自己要诚实"，这句话回响了好几个世纪。现在，贾斯汀直面这个在他青少年的大部分时间里一直暗暗困扰着他的问题。在这苦乐参半的生活中，他要么遵从他人的期望，要么找到自己的路。贾斯汀完成咨询过程后，致力于寻找自己的道路，尽管违背家庭和周围人的期望会让他的安全感受到影响。

我亲爱的读者，我想说的是，如果你是在通往更真实的自我的人生道路上，生活会充满挑战。任何有价值的事情都需要努力去争取。与许多人的愿望相反，捷径不会是通往幸福和成功的道路。

第 10 章
个人和组织的新生活

雷可德公司

1984 年，被中国人称为"缘分"或"共时性"的现象以一种最有力的方式发生了。我当时在康涅狄格州格林威治的一家专业的职业介绍公司做职业测评工作，公司的两个负责人让我去见一个新的公司客户代表，就是雷可德公司的首席人力资源官里克·波格（Rick Pogue），非常能干的一个人。这家职业介绍公司希望我成为它的团队的一员，因为我的深度测评和高管教练方法与众不同。里克是这家《财富》500 强公司的一名年轻而富有魅力的专业人士，是这家公司的董事长兼首席执行官的得力助手。他从公司的创始人手中接过了目前这个位置，这位创始人把公司发展成一家价值 10 亿美元的机构，在人力资源管理方面做得不好。里克邀请我到他的办公室讲讲，从一家化学品商业公司扩展为一家专业的化工公司，在创建现代人力资源职能时会面临的挑战。他告诉我，他们需要为他们的执行团队制定继任者计划，并问我能否为他们设计一个。我从未因挑战而退缩过，我向他保证我可以。我没有告诉他，我根本没有高管团队教练的经验，也从未听说过继任者计划。在驱车返回康涅狄格州格林威治的路上，我已经迫不及待地想研究继任者计划，并且准备利用这个极好的机会来影响这家《财富》500 强公司。

我设计了一个为期两天的继任者计划培训项目，第一天专门介绍心理类型与气质，以此为基础来了解一个人的心态、潜在的动机及其独特的技能，这是人们工作激情的来源。该项目并不太关注被视为新高管职位候选人（通常是晋升上来的）过去的成就，而是关注他在新职位上取得成功的潜力。这与传统的继任者计划完全不同，它基于对继任候选人的深入了解，并将他们的潜在形象与在新职位上取得成功所需的关键技能相匹配。执行团队的每一位成员都被要求阅读大卫·凯尔西（David Keirsey）博士的《请理解我 II》，并在两天的培训前完成 MBTI 性格测评。

　　尽管我对这次的"百老汇戏剧首演之夜"（这是一个比喻）感到紧张不安，但我相信，我所设计的是一个全面的项目，它将深度测评结合在一个领导力模型中，将推动董事长的变革进程。我在设计过程中见过董事长几次，他是一个奋斗者（ENFP），是那种能够刺激这个沉睡的化学巨头成长为 20 世纪末行业领先者的人。里克也是一个奋斗者（ENFP），你还记得吗？我也是这种心理类型的人。头半天的培训结束后，董事长把我拉到一边说："这是我整个职业生涯中经历过的最好的培训项目。"他的赞扬让我大吃一惊，我记得我当时有一种奇特的感觉，我在这个过程中与大家沟通的是一些真理，这些真理是我在我的专业领域里独立实践的过程中积累起来的，并首次将其应用到组织中。这个成功的项目使我得到了一份报告，根据报告我建议公司创建一个绩效管理系统，然后我与里克和他的人力资源部经理团队一起设计了这个系统，并在接下来的七年里实施了这个系统和其他人力资源相关举措，尽管在此之前我从未有过人力资源管理经验。

坎普弗尔公司和麦克阿瑟格伦欧洲公司：房地产开发商与奢侈品奥特莱斯中心

　　三年后，一位相识 20 年的老朋友请我去他在华盛顿特区创办的一家房地产开发公司做顾问，并且之后我在这家公司做了 15 年的组织发展顾问。1993 年，我帮助他创办了现在已经发展成欧洲最大的奢侈品奥特莱斯中心。从 5 个人起步，到现在已经拥有 30 个漂亮的奥特莱斯店，员工超过 800 人，一些极具特色的建筑赢得了许多行业大奖，并与世界最大的购物中心开发商和业主 Simon Property Group 建立了合作伙伴关系。该公司拥有超过 80 亿欧元的年收入，并在欧盟和加拿大创造了 30 000 多个就业机会，与它合作的许多零售合作伙伴中，有许多是世界上领先的零售品牌，如普拉达、拉夫劳伦、蔻驰、香奈儿、古驰、爱马仕、杰尼亚、布里奥尼等。我帮助坎普弗尔公司（现在是沃那多的一部分）和麦克阿瑟格伦欧洲公司建立了管理团队。这两家公司还让我有机会开发我的 CareerDNA

软件和附属的 TeamDNA、TalentDNA（其开发由捷蓝航空公司资助）软件，以及我在 1984 年最初为雷可德公司开发的 SuccessionDNA。最令人愉快的是，我最初为个人开发的职业发展模型及其实践，在这三家重要的公司中应用于应对组织挑战时也具有适用性。

将对职业发展的研究和实践带到中国和整个亚洲

自从 2010 年搬到中国并在 2013 年创办了自己的公司以来，我帮助了众多追随者，他们与我一起扩展了我在 2004—2006 年设计的最初测试版 CareerDNA 软件。我们在 2014—2016 年升级并扩展了 CareerDNA 软件，目前正在开发智能手机版，以扩大我们的服务范围，帮助那些无法使用笔记本电脑的人。

Success Partners 的研发团队与我们的全球 SuccessDNA 研发团队一起，正在为我们的职业发展框架设计新的应用程序，以应用到生活的各个领域，使我们能够从更深层次的自我意识和对他人更深层次的理解中获益。在个人层面，CareerDNA 是 RelationshipDNA 的基础，后者关注的是夫妻双方如何更好地了解自己和彼此。

FamilyDNA 的诞生源于我们与上海迈威的合作，并且应用于一些家庭，这些家庭的成员大多有企业家，他们与自己十几岁的子女一起面临着挑战。我们扩大了我们的服务范围，将重点放在 13 至 18 岁儿童的教育问题上。与此相关的是我们面向初、高中生的 SchoolDNA 项目。我们不仅为学生提供"我是谁"和"成为你自己的英雄"工作坊，还为教师和管理人员提供职业发展的咨询、教练、测评及培训，以及为校长和高层领导者提供系统的培训。我亲爱的朋友和同事——艾伦·盖滕比（Allan Gatenby）先生，曾是澳大利亚教育系统的老师和一所学校的校长，他将我们的 CareerDNA 理念和方法与他的教育专业融合在一起，我们现在正在菲律宾的两个省积极实施这个项目，并在中国北部和东部以及越南引入这个项目。

四个组织 DNA 项目包括 LeadershipDNA、TeamDNA、SuccessionDNA 和 TalentDN。基于多年的组织咨询经验，我们将职业发展框架应用到组织生活中，为个人、团队和整个组织挖掘其内在动机，使其能为各自的客户提供更好的产品和服务。我们从西方心理学和中国古代《易经》智慧中找到灵感，最大限度地提高来询者个人的心流体验，从而使其工作和生活更顺遂。在彼得·圣吉（Peter Senge）、米哈里·契克森米哈赖（Mihaly Csikszentmihalyi）、丹尼尔·平克（Daniel Pink）、约瑟夫·贾沃斯基（Joseph Jaworski）、乔尔·科威尔（Joel Kovel）、卡尔·荣格（Carl Jung）、卡罗尔·皮尔森（Carol Pearson）、理查德·鲍利斯（Richard Bolles）、伯纳德·霍尔丹（Bernard Haldane）和许多其他人的工作基础上，我们正在精心设计和创新，让我们的世界成为一个更快乐和更友善的地方，我们在这里度过我们的岁月，我们自己也变得更加真实，与自然和谐相处，因为自然是我们所有人的母亲，是宇宙的一部分，养育了所有的生命。阿尔伯特·爱因斯坦有句名言：科学忽略了宇宙中最强大的力量，那就是爱。是爱使我们成为独特的人，这种情感在地球上的其他生物中也经常可以看到。我们生来不是为了受苦，而是为了自己和他人。在这个小小的星球上，我们要充分利用我们的时间。信任是一朵脆弱的花，如果我们践踏了它，我们的文明将处于危险之中。爱建立信任和安全感，并最终建立文明的生活。

TalentDNA 是我与弗兰克·博尔多纳罗博士（Dr. Frank Bordonaro）合作开发的，他是英国保诚金融公司的前首席学习官，在此之前他在波音公司和麦道公司工作。测试版是由捷蓝航空公司委托开发的。它的特点是基于员工在给定的工作类别中表现最好的关键技能的分析，测评该员工的技能 DNA。所有被测评的人都可以测评自己和最优秀者之间技能的差距，然后选择在未来 6~12 个月内学习哪些技能，以及在确定自己最偏好的技能和学习风格后，采用最合适的学习模式来提升或发展这些技能。他们的经理会签署他们的发展计划，但每个员工自己负责各自的职业发展规划和执行。该公司还将其学习资产与员工基于岗位关键技能而制订的职业发展计划相结合，获益颇丰。研究一再表明，当组织投资于员工发展时，员工参与度会随着生产力、创造力的增强而提高。

致 谢

这本书是我完成使命的一个里程碑，我想把职业与人生设计测评带给那些没有机会接触到这种咨询服务的读者或者咨询师。我很感激生活在这样一个时代，在这个时代，艺术与心理科学结合在一起，创造了一系列新的体验，这些体验将帮助许多人在通往更美好生活的道路上前行。对我来说，最重要的一个人是已故的精神分析学家阿盖尔·斯托特博士（Dr. Argyle Stoute），是他点亮了我的人生道路。他是一位非洲裔美国人，是帮助人们从童年创伤中恢复的开拓者。他支持并教导我："任何有价值的东西都是要为之奋斗才能获得的。"他看到了我身上的潜力，多年来一直帮助我挑战那个具有最坏本能的自我，让我成为最好的自己。在我的工作中，我接过了他手中的火炬，帮助人们找到左右自己命运的力量，进而行动起来追随自己的梦想，就像我追寻我的梦想——成为融合精神动力学和职业心理学的先驱者那样。他在 2003 年去世了，现在已经快 20 年了，我每天都在怀念他和他对我的谆谆教导。

这些年有很多人激励和支持着我。我的老朋友，麦克阿瑟格伦欧洲公司的董事长约瑟夫·坎普弗尔（Joseph Kaempfer），教会了我很多关于企业和企业家精神的知识，并为我的公司提供了急需的资金支持。罗杰·普里斯（Roger Preis）是我的好朋友和睿智的顾问。雅芳图书出版社的卢·阿罗尼卡（Lou Aronica）帮助合写了这本书的最初大纲和最早的两个章节。艾伦·盖滕比（Allan Gatenby）是我的澳大利亚的生涯教练同事，也是我很好的朋友，他一直帮助我们在亚洲发展培训机构，推广我们的服务和产品。乔尔·科威尔博士（Dr. Joel Kovel ）的《白人种族主义：心理学历史》无疑是对我的职业与人生设计咨询方法的开发最有影响力的，这本书为理解跨代创伤提供了一个模型。我的许多来询者向我提供了一些人生中最有价值的教训，其中有两位来询者后来还从事了与我的领域相关的工作，并成为我的挚友，他们是迈克尔·施瓦贝（Michael Schwalbe）和杰伊·鲁克（Jay Rooke）。我站在巨人的肩上发展了临床职业咨询，他们是天才，他们使我的工作有所成就，他们是西格蒙德·弗洛伊德（Sigmund Freud）、卡尔·荣格（Carl Jung）、阿尔弗雷德·阿德勒（Alfred Adler）、艾瑞克·弗洛姆（Erich Fromm）、威廉·赖希（Wilhelm Reich）、维克多·弗兰克尔（Viktor Frankl）、劳埃德·德莫斯、弗朗兹·法农（Frantz Fanon）、丹尼尔·平克（Daniel Pink）、理查德·鲍利斯（Richard Bolles）、伯纳德·霍尔丹（Bernard Haldane）、米哈里·契克森米哈赖（Mihaly Csikszentmihalyi）、大卫·凯尔西（David Keirsey）和职业咨询师巴里·卢斯蒂格（Barry Lustig）。最后，同样重要的是，我的中国团队在这个巨大的现代化国家中率先播下了职业与人生设计咨询的种子。王静值得特别关注，因为他是我的助理，后来担任公司的首席运营官。他的无私奉献让我能够快速适应在中国的生活，让我在追求使命的过程中永不停步。他不仅负责 CareerDNA 软件的开发，而且还完成了这本书的初译，然后由戴志成、杨润东负责最终翻译，蒋贤明和陈苹完成了校对。迈克尔·施瓦贝（Michael Schwalbe）和赵莹（Diana Chiu）都阅读了这份英文手稿，并且提出了一些建议。最后，还要感谢这本书的中文编辑杨雯，她一直非常耐心和给予支持，使这本书得以顺利出版。

结　语

回顾我近 80 年的人生，把自己与今天的中国和全世界的年轻人相比，我可以诚实地说，我很幸运在 20 世纪 50 年代就形成成人意识。第二次世界大战以对广岛和长崎核轰炸造成的大量伤亡为代价而结束。全球慢慢地从世界大战的废墟中恢复过来，随之而来的是美国和西欧对抗苏联的冷战爆发和中华人民共和国的成立。我们显然过于天真，没有真正意识到工业革命已经让我们处于一个非常危险的境地，因为地球上的资源由于工业化而面临枯竭，更使得清洁的空气和水等自然资源受到污染，这使人类文明和人类生存是否能够持续成为问题。在动荡的 20 世纪 60 年代，当我刚刚成年时，我和我的朋友们经常说，我们的生活遵循着一句中国古话："宁为太平犬，莫作乱离人。"阿尔及利亚的精神病学家弗朗茨·法农（Frantz Fanon）在他 1961 年的著作中写道：每一代人都需要发现属于他们这一代的使命，然后这一代人要么完成使命，要么背叛使命。虽然我相信我们这代人发现了我们的使命，那就是保护我们的地球，但我很遗憾地说，我们这一代人未能完成我们的使命。我热切希望千禧一代和 Z 一代人能做得更好，因为人类乃至地球所有生物的利益都取决于这些新生代。我来到中国，因为相信中国年青一代举足轻重，他们将在拯救人类文明和地球孕育的伟大的生命中发挥关键作用。

当你经历了这个自我发现的英雄之旅后，不管障碍有多大，我都希望你已经成功地找到了自己的使命和追求梦想的勇气。我的精神分析老师明确地告诉我："任何有价值的东西都是要为之奋斗才能获得的。"我祝愿你在为过上幸福且有意义的生活而奋斗的过程中一切顺利。我们都不是完美的，也没有独自拯救我们的星球的能力，但如果我们每个人，一个接一个踏上英雄之旅，成为更有潜力的人，做真实的自己，我相信我们可以共同阻止并逆转我们人类对地球上其他生物和物质造成的伤害。这样，我们就能在威胁我们生存的危机到来之前，达到古人所指出的那种微妙的平衡与和谐。这其中，有许多工作要被识别，有许多工作要去做，但我们需要付出巨大的努力，以让我们有一个更为健康的心态。在未来 10~20 年里，世界将发生巨大的变化。爱因斯坦有一句名言：科学忽视了宇宙中强大的力量，那就是爱。心态的调整要求我们从学会爱自己开始，这样我们才能爱别人，并在这个过程中致力于创造人类幸福而不是积累财富。但愿能像伏羲、孔子、卡尔·马克思和阿尔伯特·爱因斯坦以及许多其他伟人所希望的那样，人类能拥有更仁爱和更温暖的世界。我很高兴能和你分享我的经验，帮助你做好属于你的那一部分工作。

附　录
心理类型长报告

目　录

ISFJ

保护者（ISFJ）

你的心理类型和气质分类测试结果显示你是一个保护者（ISFJ），这包含以下四个方面：在社交方面，你倾向于内向或有所保留（Introverted or conserving）；你对周围的世界是充满感觉或观察敏锐的（Sensing or observant）；你待人处事的态度更趋于感性或具有同情心（Feeling or sympathetic）；在行动上你是有判断力或果断的（Judging or decisive）。

保护者是他们身边社团实实在在的养育者，他们默默地恪尽职守，保护并服务于我们最珍视的社会组织。在他们的生活和工作中，他们是秩序、计划、期限、后勤、流程和协议、规章与条例的大师。所有这些都帮助他们保护那些需要他们保护的家庭、朋友圈或工作场所。保护者在关爱他人，尤其是那些受压迫的人时获得满足感，并且他们温柔谦逊地给出安慰和保护，乐于为有需要的人尽其所能。

大众熟知的保护者有：美国前总统老布什、演员吉米·史都华和特蕾莎修女。

流行影片中的保护者形象有：《国王的演讲》中的伊丽莎白女王（海伦娜·伯翰卡特饰）、《正午》中的威尔·凯恩（加里·库伯饰）、《冰血暴》中的马吉·冈德森（弗兰西斯·麦克多蒙德饰），以及《海底总动员》中的马林（艾伯特·布鲁克斯配音）等。

保护者和"护卫者"气质

在更广义的气质领域，保护者和供应者（ESFJ）、检查者（ISTJ）以及监管者（ESTJ）一起同属于"护卫者"气质。总的来说，护卫者有奠基石般的气质，他们坚定不移、通情达理、实事求是，是制度的基础和真正对社会有安定作用的人。

历史上著名的护卫者有：乔治·华盛顿、维多利亚女王、J.P. 摩根、约翰·D. 洛克菲勒、哈利·杜鲁门、特蕾莎修女、文斯·隆巴迪等。

电影中著名的护卫者形象有：《超人》中的克拉克·肯特（克里斯托弗·里夫饰）、《指环王》中的山姆·詹吉（肖恩·奥斯汀饰）、《拯救大兵瑞恩》中的约翰·米勒上尉（汤姆·汉克斯饰），以及《屋顶上的小提琴手》中的特伊（托普饰）等。

语言

保护者一般使用具体的语言，这是指他们谈论的主要都是工作和个人生活中的可靠的事实与数据。有时他们也会参与讨论抽象的观点和理论（尤其和政治或历史相关的），但很快他们会回到生活中讨论"现实的"事情，如商品和物价、食品和衣物、健康和财务、居所和家庭，工作和社交生活，姓名、日期和时间，新闻、体育和天气等。对于保护者来说，语言的实际功能就是传递信息，他们无论何时都倾向于以最直白通俗的语言来表达自己，并且越简练越好。尽管保护者通常可以忍受富有诗意或寓意深刻的语言，但他们认为这样的语言不实用，和现实没有太大关系。

和所有护卫者一样，保护者的思考和表达总能相互关联。在他们的思考过程以及随之而来的谈话过程中，一个主题会导向另一个主题，然后再到另一个主题。他们很容易从一个话题转移到另一个话题，说出任何跃入脑中的想法。这种关联能力使保护者尤其擅长记住关于人、地点和事件的各种事实和细节。保护者能记住别人的名字，他们的喜好、家庭关系、家庭成员，以及商务安排、社团和社交活动等。

通用才艺及技能

所有的护卫者都天生擅长"后勤"工作，就是企业中处理商品与服务、产品和供应的那部分工作。换句话说，他们知道如何确保合适的人在合适的时间、合适的地点得到合适的材料来完成任务。还有些护卫者负责监督运营，检查产品，以及提供支持。但是保护者最强的能力是保护那些他们在乎的人的安全——他们的家庭、朋友圈、学生、病人、同事、上级或下级。通过庇护或帮助他人渡过难关，他们不同寻常的保护意识得到充分表现。

社交取向

由于保护者对生活圈的直觉，他们倾向于主要在亲密的伙伴和集会当中发展令人满意的社交生活。家庭通常是他们社交生活的中心，但他们同时会发展一个长期的朋友圈。保护者会加入各种他们感兴趣的社团或民间团体——教堂互助会、家长委员会、地方分会、社区服务俱乐部等，并且在这些组织中有良好口碑对他们来说非常重要。他们并不开朗与健谈，比较喜欢谦逊安静的朋友。然而，和他们的亲密朋友和亲属在一起时，他们也可以很开心地聊天，谈论所有新闻和他们的具体生活细节。

和其他护卫者一样，保护者喜欢加入民间或专业组织，但他们不是积极的参与者，所以他们将参与度保持在最低限度。他们可以是政府协会成员、企业董事或商会的成员，但他们不太会加入当地或全国范围的政治组织。他们最适合俱乐部或董事会会议这样的场合，他们诚心诚意参加，安静地与同事交流，需要时也可以对一些事物发表鲜明的观点。

价值观

保护者内心非常重视安全感，这就是他们如此坚定地遵从法律和秩序、习俗和传统，以及忠于家庭和社区的原因。保护者天生守法并有道德意识，他们愿做正确的事情，并且只要权威能够获得他们的忠诚和尊重，他们会坚定地遵守规则、服从权威。事实上，保护者对权威的正当性有充分的信心，他们对政要官员、主管、指挥官、法官、专家、管理人员等一概高度尊敬。

保护者比其他护卫者更尊重文化传统。他们内心珍爱历史，珍爱和过去关联紧密、一脉相承的传统。探索与创新并不是保护者感兴趣的，他们更喜欢脚踏实地、安全地立足于经时间洗礼的传统中。

保护者同时也高度重视社会合作，他们坚信服从规则和制度是任何组织，乃至人类文明得以生存和兴盛的基础。他们全心致力于社会秩序的维护，以至于他们会成为社会的终极监管者。对规则、法律、细则、规定、程序、准则、条例、章程以及纲领等的遵守通常都源于他们对秩序的信奉，保护者极其擅长使用此类工具来保护他们服务的组织。然而，保护者对他人的深切同情之心可能会使他们对秩序的需求不那么刚性，他们在做出对与错的判断之前会酌情考虑。

自我形象

保护者为自己的可靠和勤奋而自豪。无论工作有多困难，他们都希望获得信赖，干劲十足地来承担责任。能够服务他人对于保护者来说尤为重要，为同伴做好事和提供帮助使他们感到满足。保护者天生乐善好施，事实上他们需要注意的是不要做出太多额外的承诺或承担太多额外的责任。他们帮助他人的责任感太强，以至于即使他们已经负担过重，但当其他人没有完成分内任务时，他们也无法拒绝额外的任务。最后，保护者希望被视为体贴有爱心的人，因此他们不断努力工作，以从他们的同伴那里获得表达尊敬的象征物，如感谢信、卡片、纪念品、荣誉证书，以及其他表达喜爱与感谢的东西。通常他们的书房里摆满了这样的纪念品，以及家人、朋友的照片和他们参与过的特殊场合的照片。

学习方式

保护者对待学习可谓尽心尽责。他们学习认真，通常是模范学生。他们尊重老师，相信课本，几乎不会缺课，总是整洁、完整、按时完成作业并及时上交。当任务布置下来以后，他们总是希望有明确细致的指导，然后他们会尽最大努力依此完成。和其他护卫者一样，保护者对关于事实的信息记忆能力超群，擅长依据广为人知的准则和传统模型来组织他们的工作。他们会尽量回避抽象的"理论"课程，而乐意更多地参加"应用"课程或者培训课程，这些课程给了他们掌握日常流程的机会。

工作中的保护者

特殊才能和潜质

服务他人是保护者最核心的能力。对细节的敏感以及对组织的维护是他们的标志性特点。他们有超乎寻常的责任感以及日复一日地执行重复的常规流程的出色才能。他们同时擅长在各个方面节省开支，从办公用品到企业支出。保护者对任何形式的浪费或滥用资源感到不快。他们比其他任何心理类型的人都清楚一元钱的价值。节省钱财，未雨绸缪，投保灾害险，这些都是最符合保护者个性的事情。保护者还特别喜欢帮助弱者，相比其他心理类型的人能够更好地和残疾人和弱势者打交道。在这种难处理的工作中，保护者会对需要帮助的人表现出"应有的尊重"并谦恭且愉快地为他们提供服务。

工作角色

　　保护者可靠、认真地对待错误，可以做出任何努力以保证工作按时、高质量地完成，不超预算，也不会炫耀和作秀。他们乐于长时间独自工作，安静地做一些其他心理类型的人通常会逃避的吃力不讨好的工作。保护者一旦开始工作，就会坚持到最后，并且他们的成本意识使他们成为受到高度重视的能够保护组织资源的员工。保护者通常是办公室的道德指南针，他们以督促所有人——包括他们的上司——遵守规章制度为己任。如果他人包括他们的上司越界了，他们会感到极度不可忍受。基于这些原因，保护者常常过度劳动却被低估价值。他们的贡献以及精打细算，常常被视为理所当然，经常不能得到应得的感谢。

管理风格

　　首先，保护者通常在行政管理职位上会感到不适。他们为了避免正面冲突，常常试图自己完成所有工作，而不是坚持让其他人做他们分内的工作。他们把自己看作所在组织的安静但又警觉的管理员，喜欢在幕后掌控，给予领导者帮助及安全感。然而，在他们行使管理职责的时候，他们沉稳、可靠、有条不紊。他们重视契约、行政法规和传统的体制，所有这些会稳定和巩固他们的组织。他们尤其擅长安排计划，完善规章制度，监督项目完成。保护者主持会议氛围友好、就事论事，他们通常和下级保持正式但温情的关系。保护者注重维护公司上下层间信息 / 数据流传送的稳定性，以确保每个人获得的信息是同步一致的，哪怕这意味着要有额外的文书工作和电子邮件收发。他们能够敏锐地看到偏差、矛盾和违规行为，希望下属有高标准、高原则的表现。尽管他们可以很快评估和评判表现，但他们不急于给员工布置任务。保护者不多说废话，但富有同情心，他们会毫不犹豫地热情赞扬员工出色的工作，但是又可能在工作进度落后的情况下羞于不留情面地提出要求。

下属风格

　　作为员工，保护者忠诚而且令人难以置信地勤奋。他们听从指挥，有条理，守秩序，守时，而且期望别人也能做到这些。保护者行为比较保守，他们的安静常常被误解为顽固，甚至冷漠，而事实上他们友善，富有同情心，乐于为组织奉献自己。他们的保守应该被视为他们真诚与严肃的表示。保护者时刻准备为任何项目努力，履行自己的责任，践行自己的承诺。如果有个工作需要做，有个职责需要履行，保护者会觉得有义务尽其所能，因此他们常常做得比自己分内的更多。事实上，保护者比其他任何心理类型的人更多做超过自己责任的工作。尽管他们内心怨恨这种不公，但是感到责任在己，无可奈何。对于保护者来说，这种为工作"牺牲"的倾向是其持续一生的挣扎，其克服这种障碍的能力通常将随着其自信心的逐渐提高而得到提升。

团队风格

　　保护者在团队中稳定地工作，因为他们相信从长远来看，只有靠合作、纪律和团队精神才能使工作得以完成。作为管理层的一分子，保护者严肃而冷静，果断而准备充分。他们通常对变化很警觉，如果团队朝一个新方向推进得太快，保护者会有条理地设置障碍以降低其速度。他们会说"小心不会出大错""三思而后行"。保护者不喜欢标新立异的队员，或者非传统的想法，他们对于反传统的不耐烦可能造成他们与团队之间产生摩擦。但是，总的来说，当保护者感到自己的目标和任务与团队的相一致的时候，他们是很好的团队成员，通常愿意为完成任务奉献自己所有。

理想的工作环境

　　保护者在传统的、稳定的工作环境中效率最高。他们不喜欢不断改变规则的环境，或者常规方式不受尊重的地方。保护者更喜欢尊重传统可靠的方法和常规操作流程的组织。他们尤为喜欢层级分明的组织——尊重权威，有清晰的控制链，可以给予工作经历丰富、对组织忠诚的人以及资深的员工优待。保护者无法忍受长期的混乱和不文明，不喜欢过于政治化和好斗的组织。要想能够长久地感到舒适，保护者需要一个像"家"一样的工作环境，一个温暖与友好的关系被重视并被扶植的环境。保护者同时需要时间和空间来脱离团队工作，所以对他们来说理想的工作场所应该是可以给予他们一定的私人空间和回旋余地做个人决定的地方。

职业兴趣

　　保护者在允许他们展示其个人服务天赋的企业或公共组织里能够茁壮成长。以下是一些适合他们的代表性的职业选择：

注册护士	图书管理员
小学教师	行政助理
执行助理	学校护士
社会服务管理员	保险代理人
家政服务教师	理疗师
幼儿园教师	幼儿工作者
美容师	饮食专家
牙齿清洁医师	养老管理员
辅导员	社工
鱼和狩猎监督官	消防员
消防安全督查员	儿科医生
营养师	放射科医生

执业护士　　　　　　　　　耳科医生

财政顾问　　　　　　　　　麻醉师

呼吸治疗师　　　　　　　　医学仪器技术员

保护者的生活角色

休闲时光

　　保护者有着比其他护卫者还要强烈的工作道德，这意味着要想获得休闲并沉浸其中，就必须通过努力工作获得。当他们觉得自己理应享受一些休闲时光时，他们喜欢参加小的聚会和家人团聚，让他们可以和亲密朋友和亲戚聚会。保护者常常想要多运动，却不大会花钱购买设备，坦白说要从他们繁忙的日程安排中抽时间做运动有些困难。关于爱好又是另外一回事了，尤其是有关收藏的爱好。保护者是地地道道的"收破烂的"，他们喜欢整理收集几乎任何东西，从廉价的小装饰品，到贵重的古董。他们购买时非常小心——这就是他们所享受的一部分，然后小心翼翼地把他们的宝贝安全地搁置好并定时清洁。

保护者和家庭

　　保护者对伴侣和家庭忠诚，通常是出色的持家之人。女性保护者常常知道如何简单朴素地装饰家里，并且愿意接受传统的家庭主妇的角色——做饭，打扫，购物等，而男性则承担起其他家庭责任，如财务、维修、庭院工作等。保护者教育子女的方式比较保守，期望孩子不但要遵守社会准则，还要尊重其他规则。保护者担心孩子在家或在学校的行为、态度会有不合适的地方，可能过分强迫孩子要有责任心和稳重，因此他们很可能对孩子过度保护，以避免生活中的"污垢"和危险。

表演者（ESFP）

你的心理类型和气质分类测试结果显示你是一个表演者（ESFP），这包含以下四个方面：在社交方面你是外向或开朗的（Extraverted or outgoing）；你对周围的世界是充满感觉或观察敏锐的（Sensing or observant）；你待人处事的态度趋向于感性或具有同情心（Feeling or sympathetic）；在行动上你则是有知觉力或聪明灵巧的（Perceptive or clever）。

表演者是天生的艺人，拥有遏制不住的乐观，能让最稀松平常的事情变得充满刺激。只要有观众他们就兴致盎然，通常在音乐、喜剧、表演和公众演讲方面极其有天分。对表演者而言，世界确实处处皆舞台。

大众熟知的表演者有：美国前总统比尔·克林顿、篮球运动员魔术师约翰逊、喜剧演员罗宾·威廉姆斯、拳击手穆罕默德·阿里、歌手埃尔顿·约翰、女演员茱莉亚·罗伯茨等。

流行影片中的表演者形象有：《美丽人生》中的圭多（罗伯托·贝尼尼饰）、《歌厅》中的莎莉·鲍尔斯（丽莎·明奈利饰）、《雨中曲》中的唐·洛克伍德（吉恩·凯利饰），以及《妙女郎》中的范妮·布利斯（芭芭拉·史翠珊饰）等。

表演者和"技艺者"气质

在更广义的气质领域，表演者和创作者（ISFP）、手艺者（ISTP）以及倡导者（ESTP）一起同属于"技艺者"气质。总的来说，技艺者注重"做事情"，他们自由、率真，能本能地在正确的时间做正确的事情并得到他们想要的结果。这正是艺术创作的真谛——有效、有魅力地把自由动作有机地组织起来。技艺者天生擅长各类艺术，不仅体现在美术方面，还体现在手工艺、表演艺术、体育竞技、戏剧、厨艺、军事和政治艺术，以及"交易的艺术"等方面。

历史上著名的技艺者有：西奥多·罗斯福、阿梅莉亚·埃尔哈特、温斯顿·丘吉尔、欧内斯特·海明威、路易斯·阿姆斯特朗、巴勃罗·毕加索、贝比·鲁斯、埃尔维斯·普雷斯利等。

电影中著名的技艺者形象有：《乱世佳人》中的瑞德·巴特勒（克拉克·盖博饰），《闪舞》中的亚历山大·欧文斯（珍妮弗·比尔斯饰），《壮志凌云》中的"独行侠"皮特·米歇尔（汤姆·克鲁斯饰），《怒海争锋》中的杰克·奥布里（罗素·克洛饰），《永不妥协》中的艾琳·布洛克维奇（朱莉娅·罗伯茨饰），《灵魂歌王》中的雷查尔斯（杰米·福克斯饰），《一往无前》中的约翰·尼卡什（乔奎因·菲尼克斯饰），以及二十多部007电影中的詹姆斯·邦德等。

语言

表演者通常使用具体的语言，他们多半关注、谈论自己眼前现实世界中正在发生的事情。表演者喜欢讨论具体事物和他们能看到、触摸到或者玩到的东西，他们往往选择华丽的辞藻和当下流行的俚语来描述他们的经历，和周围人开玩笑，或者传达他们对事物外观、个人财产、生活中人物的细节观感。抽象的言论如定义、理论、幻想、原则、假设、符号、解释等无法抓住他们的注意力。这种表达形式对其他人而言或许尚可，但无法让超现实主义的表演者投入其中。

像所有的技艺者一样，表演者和谐地思考和表达自我，他们非常懂得使用合适的语音，并为自己和观众选择悦耳的词语。这种敏锐的知觉使表演者特别擅长用恰当的方式、说恰如其分的话来取悦和说服别人。表演者通常是迷人、风趣的演说家，他们的演讲幽默、热情、积极向上，充满生活的乐趣，常常使听众为之一振。

通用才艺及技能

所有的技艺者都天生擅长"战术"，这是一种现时现地运用策略改善自己处境的艺术。换句话说，技艺者有即兴发挥的天赋，一旦他们知道该去哪儿，或者发现了目标，他们可以快速找到最佳方案来达成目标。这种运用"战术"的能力是最容易被注意到的一种才能，因为它可以发生在赛场上、办公室里、商店里、舞台上等任何需要行动的地方。还有些技艺者运用战术的能力可以体现在企业营销、操作工具和仪器，或者创作艺术作品中。但是表演者最强大的技能是用一场好的表演来娱乐大家。

社交取向

表演者是如此有趣、喜欢娱乐——他们的生活就如派对一般，以至于无论在哪里，他们总是广受喜爱并迅速地成为焦点。事实上，表演者不习惯独处，只要有可能他们都会寻求别人的陪伴，而他们也确实总能找到陪伴者，因为他们是非常好的玩伴和热衷聚会的人。表演者是活泼、机智的聊天对象，他们总是知道最新的笑话和故事，而且对俏皮话和双关语反应很快，对他们来说没有什么事情是严肃或神圣到不能开玩笑的。表演者在生活中总是马不停蹄，也常常喜欢尝试最热门的夜店、最潮的时尚或最新的流行音乐。表演者精力充沛、无拘无束，充满柔情且善于表达情感，他们如同翩翩蝴蝶一般在社交场上穿梭忙碌，为身边的人创造"吃，喝，享乐"的欢快氛围。

价值观

表演者有着根深蒂固的、几乎无限的对刺激的需要，这就是为什么他们如此重视兴奋和冲动。表演者以兴奋、紧张、受鼓动、被需要为生，他们可以长时间维持兴奋的状态，"一刻也不能无聊"是他们的座右铭。事实上，越兴奋，表演者会表现得越好，他们常常在最兴奋的瞬间有最精彩的表现。同样，表演者享受冲动支配自己、突然的躁动从内心升腾的感觉。他们喜欢冲动行事，就像引发一场爆炸一样，而最重要的是他们相信这种冲动。"别想了，"他们会说，"就这么做。"对表演者来说，冲动地生活、兴奋地行动是最自由和最有创意的生活。

表演者也重视对他人产生影响，渴望制造强烈的存在感。他们想要去做些事情，比如成功敲定一个大单或者赢得一次选举。无论在公司业务还是娱乐甚至是政治领域里，表演者总是饥渴地想要做一些惊人的、令人印象深刻事情，使自己被人铭记。

表演者可能是所有心理类型中最慷慨的人，同时他们也是最善良的一类人。表演者骨子里毫不小气或吝啬——他们的就是你的，而且他们似乎不太重视节省或有所保留。他们有强烈的公德心，能奉献其所有，而不期望任何回报。在很多方面，表演者将生活视为充满乐趣的宝库。

自我形象

表演者为自己行为的艺术性感到骄傲，他们举止优雅如行云流水，在任何他们追求的艺术形式中都颇有造诣。表演者会竭尽所能完善自己的动作，不断改善自己的表现，把他们的技巧发挥到极致，而且不断地尝试，直到可以运用自如为止。这种运用自如不仅是可以自由使用，更是可以自在无畏地运用。当表演者能够在自己的艺术世界中勇往直前时，他们会感到无比骄傲，因为他们向自己和他人证明，他们克服了内心的恐惧。最后，表演者的自信建立在他们适应突发事变的速度和能力上，他们能在紧要关头迅速调整状态，以最大限度地抓住机会或至少能够稳住阵脚。这种适应能力就是表演者可以在危机中表现优秀、在舞台上有创意的原因。他们乐于接受改变，时刻准备即兴发挥和尝试新方法，这使得他们可以克服他人可能无法克服的障碍。

学习方式

表演者采用积极的学习方式。他们在富于冒险、探索与乐趣的氛围中，在声音、颜色、动作都很丰富的情形下，通过实际操作学习得很快。他们需要通过自己动手，主动地控制或者创造来学习。使用传统的纸和笔的学校作业对他们来说极其枯燥，被动地听讲座和解释使他们感到无聊，说明书和书面答案让他们缺乏激情。这样的学习他们常常无法完成，并可能最终引发和老师的冲突。语言作品和视觉媒体展示对于表演者来说吸引力更大，并且能够牢牢抓住他们的注意力，因为他们喜欢娱乐他人和被他人娱乐。表演者通常还是会友好地遵守课堂安排的，尽管他们并不在乎学习准备、计划安排以及最后的成绩。在学校里表演者总能找到乐趣，可以是运动、乐队、戏剧表演，尤其是娱乐大家以及和朋友们在一起的活动。这些活动使校园变成值得去的地方，也许因为这些活动中有观众和行动，这两件事情都是表演者赖以茁壮成长的基础。

工作中的表演者

特殊才能和潜质

表演者渴望站在舞台上为观众表演，因而他们对表演艺术极感兴趣。即使在非戏剧性的工作中，他们也能在各种形式的展现、演示方面体现出特殊的才能，显示出他们在展示、广告、宣传、营销和销售有形商品等方面的天分。表演者对顾客和客户热情友好而且乐在其中，他们可以毫不费力地持续了解他们的客户、仔细检查库存，以收集信息来帮助客户找到合适的产品。和所有技艺者一样，表演者在和任何人互动时，都能做到眼观六路、耳听八方。他们会一直寻找、倾听赞成或反对的声音，总对细枝末节但能够表现人们情绪的线索保持警觉。并且，表演者能够迅速地运用这些信息来重塑他们的表现，即兴地拿出新的提议来满足客户，或者用新的台词来取悦他们的观众。

工作角色

表演者喜欢在大众面前表演，他们自然而然地承担起娱乐者的角色，无论他们选择什么样的职业——房产销售员、中小学教师、公关人员或政府官员等，都会颇有技巧地掌控"观众"。当他们被安排的工作是宣传公司形象或产品、向客户做演示，或者对全体人员做示范时，他们的表演技巧能够得到最大限度的发挥。表演者善于与人一起工作，善于交际并机动灵活，这使他们容易相处而且对周围的人来说显得很有趣。他们同样很擅长与人在危机中一同工作，他们是杰出的社会工作者，对他人，尤其是年幼孩子的痛苦和灾难很能感同身受。表演者本身颇为孩子气，也许这就是他们能如此理解孩子们情感的原因吧。

管理风格

相比发号施令，表演者更喜欢传递信息，因此他们的管理风格富有同情心且体贴入微。他们做决定时也都带有温情色彩，而且他们更多依赖个人的经验和常识而非事实和数据来做决定。表演者适应能力强，思想开放，容易相处。他们欢迎新的想法，一旦发现新的事实或者出现新的情况，他们会很快改变观点和立场。他们处事随和，并不担心一些假定的可能性。表演者也不会为了试图了解动机或隐藏的含义而烦扰自己或其他人。表演者一般不会评判或批评下属，相反，他们喜欢表达欣赏，有时甚至过分表扬，并且他们有一种让他人与自己互相合作、齐心协力完成任务的天分。

　　表演者不喜欢做常规的文书工作、记录流程、陈述目标等，他们更喜欢逃离办公室来处理问题或者日常运作中的紧急事件。表演者对他们组织的实际运作情况是完全能够了然于心的。他们对人对事观察细致准确，因此能够快速发现问题，并且会尽其所能解决问题。表演者最擅长临场发挥，在关键时刻给出意见，用他们的热心和幽默帮助他人重拾信心、继续工作。

下属风格

　　作为员工，表演者颇为合群，他们能够在需要大量人际沟通的工作中做得很好。他们不介意工作中的电话、电子邮件或别人的打扰，事实上，他们在处理组织内部沟通事务上非常出色。表演者愿意接受上级的指令，并且不会表现出反抗，但是他们仅仅是表现出服从而已，然后他们会按照自己的方式做事。表演者也可能违反公司过严的政策，比如着装要求或者办公室关系准则等。他们不喜欢兴风作浪，但是他们的灵魂是自由的，喜欢按照自己的节奏行事。表演者几乎无法忍受焦虑的情绪，而且他们会尽可能不去理会忧虑和烦恼。就像他们经常说的，"凡事总是往好处想"，如果被迫在紧张、复杂的环境中工作，他们也会表现得很开心，然后继续做自己的工作。

团队风格

　　由于表演者和他人总是保持兄弟般的友好关系，因此他们是出色的团队成员。机动性是他们的核心本质，他们能够灵活对待自己和他人，而且最擅长口头谈判和解决问题。由于他们精力充沛，又善于和人打交道，他们能够鼓舞团队的士气，并使事情迅速、有效地进行下去。另外，因为表演者喜欢冲动行事，他们可能会不在乎时间表，甚至因为缺乏准备而在有些场合措手不及。他们有时会无法按照协议做事，也常常会忘记做日常的文书工作，所有这些都可能导致团队内部产生摩擦。

理想的工作环境

表演者在注重灵活机动、个人自治和创新的组织中感觉最为舒适。为了能最大化工作效果，表演者需要自由来探索和改变方向、更改规则、冒险、凭直觉往前走。表演者需要灵活的工作时间，尽可能少的监督，以及友好的人际氛围。如果作为管理者，表演者需要一个细心的助理，提醒他约会时间、项目截止时间，并处理细节问题和文书工作，自始至终跟进项目运作。

职业兴趣

表演者在允许他们与人沟通，可以即兴表现其技巧的工作中能够有上佳表现。以下是一些适合他们的职业选择：

活动总监	新闻评论员
演员 / 喜剧表演者 / 歌手 / 舞者	度假场所社交总监
健身操教练 / 健美教练	餐馆老板
拍卖商	销售培训师
社区娱乐管理员	学校教师
打碟者	社会服务人员
司仪	体育节目播音员
新产品演示员	导游
运动教练	销售代表
公关专家	活动企划者

邮轮社交总监	宠物饲养员 / 训练师
探险游组织者	房地产经纪人
咖啡馆老板	运动员的培训员
急诊医护人员	救援专家
招聘人员 / 猎头	按摩师
旅行社代理人	环保倡议者
进出口贸易商	精品店老板

表演者的生活角色

休闲时光

　　表演者总是希望可以享受生活。他们天性爱玩又大胆，并且坚定地认为多样化是生活的调味剂。表演者喜欢新的体验，想要参加各种活动，而且似乎对赛跑、滑冰、跳伞、冲浪、滑翔、蹦极带来的极速体验备感兴奋。从这个角度来看，表演者和所有的其他技艺者是世界上最胆大冒险的人，即使意味着时常受伤他们也愿意接受巨大的风险。事实上，表演者发现冒险通常让他们上瘾，他们会一次又一次地尝试，不断把自己推向极限及险境边缘。表演者和朋友在一起时总是兴致盎然，一副"让美好时光无限延续"的样子。游戏是用来玩的，食物是用来吃的，美酒是用来喝的，金钱是用来花的，所有的一切都是为了快乐。甚至在工作过程中，他们也会努力找到一些乐趣，把工作尽可能变得有趣，对过于严肃的活动他们会很快失去兴趣。"生命太短暂了，"他们说，"要把握当下，尽享人生。"

表演者和家庭

　　表演者如果生活不精彩则会觉得毫无意义，他们敢于铤而走险。对于表演者来说，时间、精力和金钱都是用来现在享受的，而不是为未来留着的。他们可能某个月小有积蓄，但是下个月就花光了，甚至今天有明天就用完了，因此他们的伴侣需要做好准备：生活可能富足，也可能一贫如洗。和朋友或伴侣在一起，大多数表演者无法抗拒一些铺张浪费的行为。他们喜欢花大钱赠送贵重礼物，尤其当他们有观众、受到注目的时候。表演者是非常有吸引力的伙伴，他们有趣，有才华，有情调，有亲和力。但是别忘了，他们需要一根长长的"锁链"被牵制。表演者的伴侣不必嫉妒他们的朋友、玩具和冒险行为，而应该给他们提供一个稳定的、宽容的家庭。

作为父母，表演者通常很随和，放任孩子，他们更关心如何拓展孩子的能力而不是禁锢他的发展。表演者自身无忧无虑又易受灵感激发，因此他们会给孩子许多自由，让他随时做他想做的事，并且他们会给孩子充足的机会去玩，去做游戏，去冒险。表演者鼓励他们的孩子走进真实世界去尝试，即使这意味着孩子最后会以一种痛苦的方式从自己行为的后果里吸取经验教训。当孩子和他们顶撞，或妨碍了他们，他们也会表现强硬，甚至会严厉批评孩子。但是这种强硬不是严格，并且表演者其实希望他们的孩子有些胆量，敢于冒险。他们认为给孩子太多限制会让他做事情畏首畏尾，而表演者和所有技艺者一样，难以接受他们的孩子过于胆小怕事。

策划者（INTJ）

你的心理类型和气质分类测试结果显示你是一个策划者（INTJ），这包含以下四个方面：在社交方面，你倾向于内向或保守（Introverted or conserving）；你对世界的看法更多地基于直觉或想象（iNtuitive or imaginative）；你待人处事的态度是勤思或坚毅的（Thinking or tough-minded）；在行动上你颇为果断或有条不紊（Judging or orderly）。

策划者是组织的策划大师。他们果断而自信，在制订复杂项目各阶段的战略计划及协调方面，他们的能力无可比拟。他们目光锐利、洞察全局，知道自己想要做的事情以及何时必须完成。他们还能预计可能出现的困难，准备应对策略，以保持工作正常进行。这种应急规划是组织发展的一个重要方面，而策划者比其他任何心理类型的人都擅长于此。

大众熟知的策划者有：弗洛伊德、希拉里·克林顿、物理学家斯蒂芬·霍金、生物学家珍·古德和导演马丁·斯科塞斯等。

流行影片中的策划者形象有：《收播新闻》中的简·克莱格（霍利·亨特饰）、《超时空接触》中的艾莉·阿若薇（朱迪·福斯特饰）、《怒海争锋》中的斯蒂芬·马图林博士（保罗·贝特尼饰），以及《勇敢的心》中的威廉·华莱士（梅尔·吉布森饰）等。

策划者和"理性者"气质

在更广义的气质领域，策划者和指挥者（ENTJ）、发明者（ENTP）以及建造者（INTP）一起同属于"理性者"气质。总的来说，理性者拥有"智慧"的气质，他们理智、好学、充满好奇，总是想要分析、了解和解释这个复杂世界运转的方式和系统，并且用他们智慧的力量从社会、自然、机械、技术等角度重组这些系统，使其走上新的高效的道路。

历史上著名的理性者有：达·芬奇、牛顿、亚当·史密斯、简·奥斯丁、托马斯·杰弗逊、西格蒙德·弗洛伊德、本杰明·富兰克林、拿破仑、林肯、达尔文、乔治·华盛顿·卡弗、居里夫人、马克·吐温、弗兰克·劳埃德赖特、阿尔伯特·爱因斯坦以及荣格等。

电影中著名的理性者形象有：《窈窕淑女》中的亨利·希金斯（雷克斯·哈里森饰）、《平步青云》中的金斯菲尔德教授（约翰·豪斯曼饰）、《指环王》中的甘道夫（伊恩·迈凯轮饰）、《冬之狮》中的埃莉诺（凯瑟琳·赫本饰）、《星际迷航》中的斯波克（里奥纳多·尼莫依饰），以及许多影片中的福尔摩斯等。

语言

策划者通常使用抽象的语言，这是指他们谈论的，更多的是想法而非实物，是理论而非事实，是概念而非经验。策划者关注他们脑中的想法，即他们的"心眼"看到的事情。他们不喜欢过多地讨论"确切的事物"，而乐于讨论"可能的事物"，如计划、目标、策略、预测、创新、假设、原则、推论、可能性、偶然性、推断等。

和所有理性者一样，策划者思考和发言都遵照逻辑。在思考和发言的过程中，策划者都尽力使自己的语言有意义，因此他们严格对待定义和区别，对分类错误敏感，而且专注于论断的一致性。这种风格造就了策划者对沟通仔细琢磨，避免离题、琐碎和冗余，在沟通中不会引入不具逻辑的内容，也不会传达不具逻辑的资讯。策划者喜欢用精确的、严格的词汇，并且常常用条件性的"如果……，那么……"结构来讨论前提和结论。他们也尽量避免谈话中不相关的肢体语言及面部表情，而他们本来也不是外向的类型，因此策划者说话时可能表现冷淡，甚至生硬。也难怪他们对家常闲话或社交闲谈没什么兴趣。但当他们学习了足够的社交技巧并且足够自信时，他们也能成为出色的演说家。

通用才艺及技能

所有的理性者都拥有天生的分析能力，换句话说，就是把复杂系统分解成简单部件以方便理解及改善。他们看到一项实验或一台机器，一个论断或一套方法，一本书或一所大学，一个生态系统或一个计算机网络，或者一场政治运动……无论是什么，都会想要分析这个系统，确定各个部分以及它们之间如何相互作用，然后决定哪些部分有问题需要改进。还有些理性者用他们的分析能力来帮助自己掌控组织，发明创造，或者设计系统。但是策划者最强大的才能在于分析所有必要的步骤和策略，制订有效的操作计划来完成项目。

社交取向

策划者往往觉得工作就涵盖了生活，他们很少有时间或兴趣来经营社交生活。他们会参加社交活动，如晚宴、会议或者校园派对等，以支持他们的组织，但他们通常喜欢在一个安静的角落认真地跟一个朋友交谈，然后早点回家。极少数策划者也会成为俱乐部和协会组织成员，或者加入社交和社区组织，但是相比友谊和欢乐的氛围，他们更关心的是组织的目标与战略。当策划者必须参加某些社交典礼或仪式的时候，他们不会全心全意，注意力总是在其他地方。策划者执着于追求高效的计划，因此相比其他人他们更不在意社交生活惯例、习俗和传统，有时候这种轻视可能会令人讨厌。

价值观

策划者重视知识，但不是重视知识本身，而是重视知识的实用性，用来帮助他们调查、解决日益复杂的问题。策划者会说"知识就是力量"，对他们而言，一旦开始着手解决问题就可以全天无休。事实上，如果他们没有一个有挑战性的问题在手上，或者一个逻辑谜题来研究的话，他们会饥渴地搜寻一个可以使用他们的知识储备、磨炼他们的技巧的问题。

策划者同时还重视自我控制，尤其在周围的一切都已经失控并且压力巨大的时候，他们也有保持冷静、沉默、镇定的能力。另外，他们在面对掌控之内的事情的时候倒可能像拉紧的弓弦那样，比如当他们全身心投入解决某个问题的时候，就会颇为紧张。然而，一旦他们真的紧张激动起来，他们会尽力不显示出来，因此策划者常常被指责冷漠无情，而事实上他们内心浪漫，感情强烈，只是深藏不露。

但是不管怎么说，策划者重视理性。他们认为只有理性是普遍而永恒的，只有富有逻辑的原则是不可置辩的。策划者会仔细倾听新的想法，只要这些想法合情合理、论据充分，或者有理可依。他们对没有意义的想法兴趣不大，并且不会被情感的诉求或不理智的论断所左右。

自我形象

策划者一旦下定决心就定可完成任务的聪明才智，令他们感到自豪。他们喜欢在自己的指挥中感受饱含力量与技巧的智慧，并且希望在任何他们觉得可以胜任的领域都富有创造性。当策划者自主地思考和行动——按自己的法则生活、用自己的眼光观察世界时，他们才会自我肯定。他们抗拒任何试图强加于他们的规则和限制，质疑任何束缚他们的规章或传统。最后，策划者将自己的自信建立在他们精神力量的基础之上。他们相信自己可以用下定决心的力量克服任何障碍，主宰任何领域，征服任何敌人。然而不管过去的经历如何证明了他们意志力的强大，策划者从来不认为这是理所当然的事。当受到压力时，他们最恐惧的是自己的决心可能动摇、精神力量可能被削弱，甚至彻底被击败。但随后策划者会决意更加努力，来打赢这场内心的战争。

学习方式

　　和所有理性者一样，策划者是独立的学习者。他们喜欢构思自己的想法，追寻自己的兴趣和领悟，跟随信息顺藤摸瓜直到对知识的渴望得到满足。在做研究的时候，他们不会只是简单地收集信息，而是辩证地分析。他们想要知道这些想法是如何组织在一起的，有什么隐藏的矛盾，有什么问题还未解决，等等。策划者天生好问，求知若渴，爱好读书，但是同时他们本能地对别人告知的事保持质疑，在认真思量之前不会随便接受任何人的想法。如果老师是他们尊敬的人，策划者就能够从课堂中学到很多，并且他们会自发阅读相关资料。策划者乐于同他们认为可与自己匹敌的人分享想法，而且他们会加入课堂和会议讨论以理顺思路，为辩论带来逻辑。

工作中的策划者

特殊才能和潜质

　　策划者有一种特殊的能力，他们可以设想并制定完成一个复杂的系统工程最有效的步骤。当被要求为项目做计划时，他们立即开始制定战略和目标，设定工作优先顺序，安排人员和物资，并且制作流程图，以使用最少的时间和资源实现目标。策划者也知道在任何复杂的任务中都可能有很多挫折，而他们擅长预见运作中的错误、物资短板、人员安排问题。策划者擅长制订应急计划，以应对和克服这些挑战。他们从来不会在没有一个确切的 A 计划的时候就开始行动，然而如果有必要的话，他们也随时准备切换到 B 计划，或者 C 计划、D 计划。事实上，策划者总在构思新的想法、方法和手段来实现自己的目标，而且他们拥有所有必需的技能——

系统化，研究，整理信息，展示想法，发号施令——来使自己的计划付诸
实施。

工作角色

困难会给策划者强烈的刺激，需要巧妙的解决方案和精心分析的复杂
问题，是他们所喜爱的。这种性格特征，使他们对任何将理论模型付诸实
践的工作都感兴趣。策划者无论在哪儿工作都会建立数据和人力资源系
统，他们总在寻求需要复杂技术的工作。他们可以在科研、课程开发、城
市规划、房地产开发、公路规划、组织发展、管理咨询和人因工程等方面
有出色表现，而且他们可以是精于创意想法、节省开支的公司主管，在公
司中担当效率专家的角色。如果他们遇到职能重叠、工作重复、冗余的文
件和流程，或者任何过度浪费人力和物力的官僚主义问题，他们会很快重
新调整业务，重新分配人员，以最大限度地节约成本。

管理风格

虽然策划者可能是非常能干的领导者，但他们常常不急于发号施令，
往往会待在幕后直到事实证明其他人的确领导不善。然而，若组织缺乏
领导者，导致缺乏目标或被误导，策划者会认为自己有必要介入并调整
事务。一旦拥有权利，他们本能地实践"以结果为导向"：设定明确的目
标，然后制订实现这些目标的战略计划。策划者的管理非常务实，不受既
定规则和程序的约束，传统的权威并不能影响他们。只有能够有效实现目
标的方法和手段，可以得到保留；那些无法实现目标的，将不被保留，不
管是谁提出的。策划者性格强硬和决绝，他们对自己的下属期望很高，像
对待自己一样严格，而且他们会解雇不能摆脱老套路的员工以提高劳动生
产率。记住，他们的目标始终是最高的效率。虽然对自己的下属很严格，

而且往往被认为过于苛刻和难以取悦，策划者仍然是工作场所的积极力量，有时更愿意评论他人的成功，而不是他人的错误。他们通常更感兴趣的是推动组织前进，而不是纠结于错误。

下属风格

策划者可以长时间努力地工作，持之以恒地追求目标的达成，在时间和精力上毫无保留地去完成项目，为了工作往往忽略了生活的其他方面。他们是忠诚的、敬业的员工，但他们的忠诚是针对组织的，而不是组织内的某个人。尽管员工新老交替，策划者在工作上却没有什么困难。策划者虽然可以容忍既定的程序，但他们会质疑现状，并会快速删除阻碍有效行动的任何程序。分配任务时，他们将绘制出实现目标所需要的每一步，并会很快删除任何不必要的行动计划。策划者很容易做出决定，事实上，手头的事情已经解决和决定之前，他们几乎不会休息，但在他们做出决定之前，他们一定会做研究。策划者坚持先寻找所有可用的数据，再决定如何行动，而且他们会怀疑任何没有经过充分研究的行动，或者没有验证过现实可行性的行动。

团队风格

策划者是优秀的团队成员，其深层次的自尊使他们不愿与同事竞争，很少会牺牲他人自己去争先。相反，如果别人说得有道理，策划者会听取别人的建议并支持别人的想法。任何有用的意见他们都会听取，但无用的意见会略去，不管提出者如何用心良苦。策划者极其自信，他们可以感染团队其他人，使他们对新想法抱以信心并乐于接受改变。他们还可以为团队正在筹划的行动贡献创新的备选方案，然而他们也可能花太多时间做可能需要的应急规划，而导致团队产生摩擦。团队成员有时会觉得似乎策划者能看透他们，觉得他们不够格，这可能导致团队关系不融洽。同事会形容策划者是冷酷和无情的，事实上他们只是在严肃对待团队目标。策划者可以变得极其专心，专注于自己的追求，以至于他们可以无视别人的观点和愿望。

理想的工作环境

策划者适合在欢迎新想法和管理理念、注重结果而非过程的组织中工作。虽然他们常常显得与他人有距离感，但策划者在和聪明的、愿意探讨复杂想法的同事进行头脑风暴时最为开心。他们喜欢智力挑战，也喜欢解决对组织有重大影响的"总体框架"问题。他们希望他们的上级有能力、有知识、高效率，而且希望自己的工作为他们提供学习新东西、获得新技能的机会。如果他们的智慧不能得到发挥，才华不能得到施展，他们可能会迅速离开组织，即使没有离职也会心猿意马。

职业兴趣

在允许他们运用其规划天赋的企业或公共组织中，策划者可以得到巨大发展。以下是一些适合他们的职业选择：

管理顾问	方法验证专家
数学家	网络集成师
课程设计师	人力资源系统设计师
房地产开发者	生产设计师
效率专家 / 顾问	研究科学家
人因工程学工程师	社会学家
法庭犯罪学家	战略联盟协调员
人力因素顾问	城市规划师

心理分析 / 心理治疗师	组织发展专家
首席执行官	非营利性组织执行董事
环境规划师	业务发展执行者
情报专家	法庭心理学家
计算建模师	生物信息专家
金融分析员	投资银行家
统计学家	遗传学家
设施规划师	微生物学家

策划者的生活角色

休闲时光

　　策划者不会为了娱乐而娱乐，而会为了提高自己的游戏技能而娱乐。他们知道娱乐对于身体健康十分必要，因此他们会计划娱乐时间，并把娱乐时间作为提升他们娱乐活动能力的时间。比如，在打网球或高尔夫球的时候，每一局或每一次击球都是他们寻找最佳摆臂、在规范内尝试新动作的机会。而且，在进行自己喜爱的运动时，甚至在玩桌游或卡片游戏时，策划者会因为犯错而感到沮丧，特别是他们重复犯错时，他们会很自责。但相比其他理性者，策划者没有那么会自我批评。策划者是如此的自信，他们一边想要做到最好，一边可以甩开错误的包袱，享受游戏带来的挑战。

策划者和家庭

　　策划者希望他们的家庭和谐有秩序，但这并不意味着他们想找个顺从的伴侣。策划者是所有心理类型中最独立的人，他们希望自己的伴侣也是独立的，并且足够坚强，可以自己理智分析，为家庭做决定。策划者会花很长时间在家，沉浸在他们的工作中，解决令他们困扰的问题和计划，这似乎可以使他们脱离现实世界，不受日常生活的束缚。但策划者并不是冷漠或有距离感的人，他们对伴侣充满热情，只是他们非常凝神专注自己的事，需要有人提醒他们放下书籍和电脑，走出自己的世界，加入他们的家庭。策划者关爱孩子，愿为孩子全心奉献自己，鼓励孩子朝自己选择的方向发展。同时，策划者充分意识到要给孩子明确的限制，如果他们可以从工作中抽出足够的时间陪伴孩子，他们会坚定并持续维护这些限制。

ESTP

倡导者（ESTP）

你的心理类型和气质分类测试结果显示你是一个倡导者（ESTP），这包含以下四个方面：在社交方面你是外向或开朗的（Extraverted or outgoing）；你对世界的看法更多地基于感觉或观察（Sensing or observant）；你待人处事的态度是勤思或坚毅的（Thinking or tough-minded）；在行动上你是有知觉力或聪明灵巧的（Perceptive or clever）。

倡导者是天生的交易撮合专家，他们迷人、精力充沛，推动事业发展并且能说服别人投入时间、才干和财富。倡导者在商界和政界都能游刃有余，他们同其他技艺者一样，与人打交道就和操作工具、机器和乐器一样出色。倡导者善于关注机会、把握时机，同时有着钢铁般的意志，对于能够知人善用的组织来说，他们是精英级的企业家、谈判家、危机管理者。

大众熟知的倡导者有：美国前总统唐纳德·特朗普、辩护律师约翰·尼科克伦、《花花公子》出版商休·赫夫纳、体育经纪人德鲁·罗森哈斯等。

流行影片中的倡导者形象有：《甜心先生》中的杰里·马圭尔（汤姆·克鲁斯饰）、《奔腾年代》中的查尔斯·霍华德（杰夫·布里奇斯饰），以及《制作人》中的麦克斯·百利斯托克（左罗·莫斯特尔饰）等。

倡导者和"技艺者"气质

在更广义的气质领域，倡导者和手艺者（ISTP）、表演者（ESFP）以及创作者（ISFP）一起同属于"技艺者"气质。总的来说，技艺者注重"做事情"，他们自由、率真，能本能地在正确的时间做正确的事情并得到他们想要的结果。这正是艺术创作的真谛——有效、有魅力地把自由动作有机地组织起来。技艺者天生擅长各类艺术，不仅体现在美术方面，还体现在手工艺、表演艺术、体育竞技、戏剧、厨艺、军事和政治艺术，以及"交易的艺术"等方面，而谈判的艺术是倡导者的最强项。

历史上著名的技艺者有：西奥多·罗斯福、阿梅莉亚·埃尔哈特、温斯顿·丘吉尔、欧内斯特·海明威、路易斯·阿姆斯特朗、巴勃罗·毕加索、贝比·鲁斯、埃尔维斯·普雷斯利等。

电影中著名的技艺者形象有：《乱世佳人》中的瑞德·巴特勒（克拉克·盖博饰）、《闪舞》中的亚历山大·欧文斯（珍妮弗·比尔斯饰）、《壮志凌云》中的"独行侠"皮特·米歇尔（汤姆·克鲁斯饰）、《怒海争锋》中的杰克·奥布里（罗素·克洛饰）、《永不妥协》中的艾琳·布洛克维奇（朱莉娅·罗伯茨饰）、《灵魂歌王》中的雷·查尔斯（杰米·福克斯饰）、《一往无前》中的约翰·尼卡什（乔奎因·菲尼克斯饰），以及二十多部007电影中的詹姆斯·邦德等。

语言

倡导者通常使用具体的语言，他们通常谈论自己眼前现实世界中正在发生的事情。倡导者喜欢讨论具体事物和他们能看到、触摸到或者用到的东西。他们往往选择华丽的辞藻和当下流行的俚语来描述他们的经历，和周围人开玩笑，或者讲述他们的工具、玩具和交易的具体细节。抽象的言论如定义、理论、幻想、原则、假设、符号、解释等无法抓住他们的注意力。这些对其他人而言或许尚可，但无法让超现实主义的倡导者投入其中。

像所有的技艺者一样，倡导者和谐地思考和表达自我，他们非常懂得使用合适的语音，并为自己和观众选择悦耳的词语。这种敏锐的知觉使倡导者特别擅长用恰当的方式、说恰如其分的话来取悦和说服别人。

通用才艺及技能

所有的技艺者都天生擅长"战术"，这是一种现时现地运用策略改善自己处境的艺术。换句话说，技艺者有即兴发挥的天赋，一旦他们知道该去哪儿，或者发现了目标，他们可以快速找到最佳方案来实现目标。这种运用"战术"的能力是最容易被注意到的一种才能，因为它可以发生在赛场上、办公室里、商店里、舞台上等任何需要行动的地方。还有些技艺者运用战术的能力可以体现在操作工具和仪器、为观众表演或者创作艺术作品等中。但是倡导者最强大的技能在于制定高效、制胜的策略推动事业发展。

社交取向

倡导者颇为外向，他们常常过着激动人心的社交生活。无论去哪里，他们总是充满活力——当倡导者进入房间时，灯光亮起，音乐响起，派对就开始了。倡导者是爱好玩乐的人，他们喜欢显示自己的魅力和机智，用妙语、故事、笑话取悦他们的朋友。倡导者总能知道哪里有活动，他们是人生的"豪赌客"，热爱寻求生命中最好的事物——最新的演出、最好的食物和美酒、昂贵的汽车和时髦的衣服。他们在社交圈中成熟世故，知道很多人的名字，而且几乎是本能地知道如何取悦其他人。不过，虽然他们往往如众星捧月般被别人包围，但倡导者很少真正让其他人接近他们，所以通常对别人来说他们就像一团谜。倡导者清楚"独行者走得最快"的意义，然而他们不可能长期独自一人，因为他们的魅力和大胆对其他很多人极具吸引力。

价值观

　　倡导者有着根深蒂固的、几乎无限的对刺激的需要，这就是为什么他们如此重视兴奋和冲动。倡导者以兴奋、紧张、受鼓动、被需要为生，他们可以长时间维持兴奋的状态，"一刻也不能无聊"是他们的座右铭。事实上，越兴奋，倡导者会表现得越好，他们常常在最兴奋的瞬间有最精彩的表现。同样，倡导者享受冲动支配自己、突然的躁动从内心升腾的感觉。他们喜欢冲动行事，就像引发场爆炸一样，而最重要的是他们相信这种冲动。他们会说："想做就做。"对倡导者来说，冲动地生活和兴奋地行动是最自由和最有创意的生活。由于倡导者占据世界人口的40%，所以耐克的宣传词以及它的营销活动适合许多国际市场。

　　倡导者也重视对他人产生影响，渴望制造强烈的存在感。他们想要去做些事情，比如成功敲定一个大单或者赢得高尔夫赛的冠军。无论在公司业务、娱乐领域、销售过程、晚宴场合还是在政治领域、权力机构中，倡导者总是饥渴地想要做惊人的、令人印象深刻的事情，使自己被人铭记。

　　倡导者看重慷慨的品质。他们天生乐观地视世界为一个富足的地方，装满了好东西任人领取，享受冲动的"我的就是你的"的慷慨感觉。他们觉得给朋友什么都不为过，他们甚至会把身上的衬衫送给你，或者为每个人买杯酒，仅仅因为他们想要这样做。

自我形象

　　倡导者为自己言行举止的艺术性感到骄傲，他们举止优雅如行云流水，在任何他们追求的领域中都颇有造诣。倡导者会竭尽所能完善自己的动作，不断改善自己的表现，把他们的技巧发挥到极致，而且不断地尝试再尝试，直到可以运用自如为止。这种运用自如不仅是可以自由使用，更是自在到无畏地运用。当倡导者能够在自己的艺术世界中勇往直前时，他们会感到无比骄傲，因为他们向自己和他人证明，他们克服了内心的恐惧。最后，倡导者的自信建立在他们适应突发事变的速度和能力上——在紧要关头迅速调整状态，以最大限度地抓住机会或至少能够稳住阵脚。这种适应能力就是倡导者可以在危机中表现优秀的原因。他们乐于接受改变，随机应变，尝试新方法，这使得他们可以克服他人可能无法克服的障碍。

学习方式

倡导者采用积极的学习方式。他们在富于冒险、探索与竞争的氛围中，在声音、颜色、动作都很丰富的情形下，通过实际操作学习得最快。他们需要通过自己动手，主动地控制、操作或者创造来学习。使用传统的纸和笔的学校作业对他们来说极其枯燥，被动地听讲座和解释使他们感到无聊，说明书和书面答案让他们缺乏激情。这样的学习他们常常无法完成，并可能最终引发和老师的冲突。语言作品和视觉媒体展示对于倡导者来说吸引力更大，并且能够牢牢抓住他们的注意力，因为他们喜欢娱乐他人和被他人娱乐。倡导者需要尽可能主导自己的行动，他们反抗严密的监视，认为规则指令可以随机应变。校园里吸引倡导者的主要是运动、音乐或戏剧表演这样的活动，他们可以乐此不疲地进行这些活动，因为在这些活动中既有观众也有自我表现的机会，这两件事情是倡导者赖以茁壮成长的基础。

工作中的倡导者

特殊才能和潜质

倡导者是出色的企业家，能够比任何人都更好地掌控交易，管理企业。无论在哪里工作，他们都能体现出出色的演示和说服能力，在广告、宣传、营销、经营、销售、谈判和议价上展现出天赋。倡导者总是对顾客和客户表现得风度翩翩，他们看起来颇具同情心，然而事实上，他们在读取人的神情，并且发掘最细微的语音语调和肢体语言的含义。在交易的过程中，倡导者总是擦亮眼睛，竖起耳朵，寻找同意或异议的迹象，捕捉任何表明一个人立场的细微线索。他们将毫不犹豫地利用这些信息去销售产品或完成交易。在某种意义上，倡导者是商业丛林中艺高胆大的猎人，他们一直在寻找机会、突破口或方向，也在寻找任何可以帮助他们出奇制胜的东西。

工作角色

在工作中，倡导者是无与伦比的疑难解答专家和谈判专家。他们是精明的实用主义者，愿意尽一切可能把工作做好，因为有这样的特质，他们可以在危机中保持冷静并且自由、高效地工作。倡导者也更关注有效的方法，而非传统规范与道德细节，他们不喜欢参加各种仪式，不太关心如何为自己的行动辩解，却能够充分意识到在当下可以立即使用的所有有利因素。这使得倡导者成为极具价值的管理者，能够把陷入困境的企业、分支机构或各个部门迅速而有效地拉出困境。这也使得他们成为最好的谈判专家。由于他们几乎不在乎习俗、程序、个人情感、被人喜爱与否等，他们愿意把一切都放在台面上来商谈，这给予他们一个极大的优势，因为他们的对手可能视一些资产、程序或者关系神圣不可侵犯而太过刚性、不愿妥协。他们是天生的猎人，但不是针对人们的需求，而是针对人们所珍惜的东西。

管理风格

倡导者天性喜欢管理人并且擅长发号施令。作为管理者，倡导者散发出完全肯定、"全速前进"的信心，能够说服自己的下属相信他们的决定和指示。倡导者适应能力强，思想开放，容易相处。他们欢迎新的想法，一旦发现新的事实或者出现新的情况，他们会很快改变定位。他们实事求是，并不担心一些可能发生的事。倡导者也不会为了试图了解动机或隐藏的含义而烦扰自己或其他人。倡导者一般不评判下属，而是根据情况尽可能接受下属的所作所为，并且他们有一种让他人与自己互相合作、齐心协力完成任务的天分。

倡导者不喜欢做常规的文书工作，记录流程，做目标陈述，他们更喜欢逃离办公室来处理问题和日常运作中的紧急事件。倡导者通常知道他们的组织目前的运转情况，他们对人对事观察细致准确，因此能够快速发现问题，并且会尽其所能解决问题。倡导者没有兴趣与系统作抗争，他们最擅长的是临场发挥，用身边的人力及资源来解决问题，使工作得以继续开展或回到正确轨道上。

下属风格

作为员工，倡导者可能很难被预测。他们愿意听从上级的命令，不会反对高于自己职位的人，但他们可能不会一味执行上级的指令。倡导者也可能是标新立异的人，无视公司的规章制度和政策，追求自由的精神并按自己的方式行事。除非有危机发生他们才会采取行动，否则他们极少参与公司事务，往往自行其是。倡导者一旦投入一个项目，他们将尽己所能采取一切会奏效的方法，把工作做好。这些方法必须能够使他们产生兴趣而且立即生效，否则谁还需要它们？如果一些行动无助于解决问题，那么为什么要做？倡导者不过于担心犯错，或违反规则，或踩到了别人的脚趾。他们会尝试一些行动，测试它们。如果它们是有效的，就保留它们；如果它们是无效的，他们就毫不犹豫地把它们放在一边，并马上尝试别的行动。

团队风格

由于倡导者和他人总能保持友好的关系，因此他们是出色的团队成员。机动性是他们的核心本质，他们能够灵活对待自己和他人，而且最擅长现场口头谈判和解决问题。由于他们精力充沛，又善于和人打交道，他们能够鼓舞团队的士气，并使事情迅速、有效地进行下去。另外，因为倡导者喜欢冲动行事，他们可能会不在乎时间表，甚至因为缺乏准备而措手不及。他们有时会无法按照协议做事，也常常会抗拒或拖延做日常的文书工作，所有这些都可能导致团队关系紧张。

理想的工作环境

倡导者在注重灵活机动、个人自治和创新的组织中感觉最为舒适。为了能最大化工作效果，倡导者需要自由来探索和改变方向、更改规则、冒险、凭直觉往前走。倡导者需要灵活的工作时间，尽可能少的监督，以及一个"兄弟连"般的和谐氛围。如果作为管理者，倡导者需要一个细心的助理，提醒他约会时间、项目截止时间，并处理细节问题和文书工作，自始至终跟进项目运作。

职业兴趣

倡导者擅长商场斡旋的天赋，在那些允许他们施展手脚的企业或公共机构中能够得到最大限度的发挥。以下是一些适合他们的职业选择：

广告执行者	促销管理员
音乐会推广者	公共关系专家
合同谈判员	房地产开发商
企业招聘员	销售代表
创业者	演出制作人
游戏管理员	节事活动企划
说客	股票经纪人（高风险）

营销总监

招聘者 / 猎头

餐馆老板

基金募款专员

辩护律师

旅行 / 探险家

业务拓展执行者

人才 / 体育经纪人

企业主

证券或商品交易员

著作经纪人

出口代理人

房地产经纪人

倡导者的生活角色

休闲时光

倡导者总是希望可以享受生活。他们天性大胆，并且坚定地认为多样化是生活的调味剂。倡导者喜欢新的体验，想要参加各种活动，而且游走在险境边缘的时候越发感到兴奋。从这个角度来看，倡导者和所有的技艺者是世界上最胆大的人，他们愿意接受巨大的风险，即使这意味着时常受伤。事实上，倡导者发现冒险会让他们上瘾，他们会一次又一次地尝试，不断把自己推向极限及险境边缘。和朋友在一起时，倡导者喜欢娱乐并且慷慨大度，他们觉得游戏是用来玩的，食物是用来吃的，美酒是用来喝的，金钱是用来花的，"让好时光无限延续"是他们的心愿。甚至在工作中，他们也会尽己所能找到一些乐趣，把工作尽可能变得有趣，对过于严肃的活动他们会很快失去兴趣。"生命太短暂了，"他们说，"要尽情尽兴地活在当下。"

倡导者和家庭

倡导者如果生活不精彩则会觉得毫无意义，他们敢于铤而走险。对于倡导者来说，时间、精力和金钱都是用来现在享受的，而不是为未来留着的。他们可能某个月小有积蓄，但是下个月就花光了，甚至今天有明天就用完了，因此他们的伴侣需要做好准备：生活可能富足，也可能一贫如洗。和朋友或伴侣在一起，大多数倡导者无法抗拒一些铺张浪费的行为。他们喜欢花大钱赠送贵重礼物，尤其当他们有观众、受人注目的时候。倡导者是非常有吸引力的伙伴，他们有趣，有才华，有情调，有亲和力。但是别忘了，他们需要一根长长的"锁链"被牵制。倡导者的伴侣不必嫉妒他们的朋友、玩具和冒险行为，而应该给他们提供一个稳定的、宽容的家庭。

作为父母，倡导者通常很随和，放任孩子，他们更关心如何拓展孩子的能力而不是禁锢他的发展。倡导者自身无忧无虑又易受灵感激发，因此他们会给孩子许多自由，让他随时做他想做的事，并且他们会给孩子充足的机会去玩，去做游戏，去冒险。倡导者鼓励他们的孩子走进真实世界去尝试，即使这意味着孩子最后会以一种痛苦的方式从自己行为的后果里吸取经验教训。当孩子和他们顶撞，或者妨碍了他们，他们也会表现强硬，甚至会严厉批评孩子。但是这种强硬不是严格，并且倡导者其实希望他们的孩子有些胆量，敢于冒险。他们认为给孩子太多限制会让他做事情畏首畏尾，而倡导者和所有技艺者一样，难以接受他们的孩子过于胆小怕事。

创作者（ISFP）

你的心理类型和气质分类测试结果显示你是一个创作者（ISFP），这包含了以下四个方面：在社交方面，你倾向于内向或有所保留（Introverted or conserving）；你对周围的世界是充满感觉或观察敏锐的（Sensing or observant）；你待人处事的态度更趋于感性或具有同情心（Feeling or sympathetic）；在行动上你则是有知觉力或聪明灵巧的（Perceptive or clever）。

创作者是优秀的艺术家，内向而富有创意，能进行各种形式的艺术创造，不仅是音乐、绘画和雕塑，还包括电影、舞蹈、时尚、料理、摄影等。创作者五种感觉都很敏锐，能察觉极其细微的颜色、声调、材质、气味、味道的差别，通过对这些细微差别的艺术性感受，他们为我们所有人带来美丽和愉悦。

大众熟知的创作者有：导演史蒂芬·斯皮尔伯格、歌手/作曲人芭芭拉·史翠珊、摄影师安塞尔·亚当斯、编舞师玛莎·葛兰姆、名厨朱莉娅·查尔德等。

流行影片中的创作者形象有：《莫扎特传》中的莫扎特（汤姆·休斯克饰）、《奔腾年代》中的汤姆·史密斯（克里斯·库伯饰）、《泰坦尼克》中的杰克·道森（里奥纳多·迪卡普里奥饰）、《西班牙女佣》中的约翰·克拉斯基（亚当·桑德勒饰），以及《料理鼠王》中的雷米等。

创作者和"技艺者"气质

在更广义的气质领域，创作者和表演者（ESFP）、手艺者（ISTP）以及倡导者（ESTP）一起同属于"技艺者"气质。总的来说，技艺者注重"做事情"，他们自由、率真，能本能地在正确的时间做正确的事情并得到他们想要的结果。这正是艺术创作的真谛——有效、有魅力地把自由动作有机地组织起来。技艺者天生擅长各类艺术，不仅体现在美术方面，还体现在手工艺、表演艺术、体育竞技、戏剧、厨艺、军事和政治艺术，以及"交易的艺术"等方面。

历史上著名的技艺者有：西奥·多罗斯福、阿梅莉亚·埃尔哈特、温斯顿·丘吉尔、欧内斯特·海明威、路易斯·阿姆斯特朗、巴勃罗·毕加索、贝比·鲁斯、埃尔维斯·普雷斯利等。

电影中著名的技艺者形象有:《乱世佳人》中的瑞德·巴特勒（克拉克·盖博饰）、《闪舞》中的亚历山大·欧文斯（珍妮弗·比尔斯饰）、《壮志凌云》中的"独行侠"皮特·米歇尔（汤姆·克鲁斯饰）、《怒海争锋》中的杰克·奥布里（罗素·克洛饰）、《永不妥协》中的艾琳·布洛克维奇（朱莉娅·罗伯茨饰）、《灵魂歌王》中的雷·查尔斯（杰米·福克斯饰）、《一往无前》中的约翰·尼卡什（乔奎因·菲尼克斯饰），以及二十多部007电影中的詹姆斯·邦德等。

语言

创作者通常使用具体的语言，他们主要谈论的都是现实世界中正在发生的可以感知的事情。大多数创作者沉静且矜持，喜欢通过他们的作品而不是语言表达自己。创作者希望与生命紧密相连，通过他们的肌肉、眼睛、耳朵以及心感受生命脉动。他们不喜欢把自己的脑子禁锢在抽象的定义、解释、理论、原则里，这类智慧、评判型的表达方式也许适合其他人，却不太吸引感觉至上的创作者。

相比其他技艺者，创作者更能和谐地思考和表达自我，他们非常懂得用合适的声音说话，当他们说话时会选择自己和听众都觉得悦耳的词语。这样的感性意识使创作者可以优美地、极具表现力地，甚至富有诗意地表述事物。许多优秀的诗人和作曲家都是创作者，他们吸收语言中的声音和节奏作为他们的艺术媒介。

通用才艺及技能

所有的技艺者都天生擅长"战术"，这是一种现时现地运用策略改善自己处境的艺术。换句话说，技艺者生来就会即兴发挥，一旦他们知道该去哪儿，或者发现了目标，他们可以快速找到最佳方案来达成目标。这种运用"战术"的能力是最容易被注意到的一种才能，因为它可以发生在赛场上、办公室里、商店里、舞台上等任何需要行动的地方。还有些技艺者运用战术的能力可以体现在企业营销、操作工具或仪器，或者为观众表演中。但是创作者最强大的技能是融会感官印象，用一个更优美的视角展现真实世界的美丽。

社交取向

创作者喜欢较为安静的生活，他们常常全身心投入工作，而不是纠结于社交生活。相比其他技艺者，他们更可能拥有一个稳定的家庭。尽管创作者的矜持会使他们难以被琢磨，成为发展亲密关系的障碍，但他们还是会围绕自己的伴侣、孩子、少数亲密朋友和同事来建立自己的社交圈。创作者同时拥有强大的社会意识。他们是所有心理类型中最和善的人，能够敏感地察觉到其他人，尤其是孩子们的痛苦和煎熬，因此他们常常无偿奉献时间和金钱给国际的或当地的慈善和社会援助组织。有些创作者和动物及自然紧密相连，他们中的许多人会加入诸如保护鲸类、家庭农场、雨林或者地球等的组织。

价值观

尽管创作者常常长时间独自工作，但他们和其他技艺者一样易兴奋和冲动。创作者以艺术创作的兴奋为生，他们可以在很长的一段时间内维持兴奋状态。事实上，创作者越热情兴奋，工作就越出色，他们最了不起的艺术创举往往发生在他们头脑发热的时候。同样，创作者喜欢那种头脑被灵感冲昏时，突然的躁动从内心升腾的感觉。他们喜欢冲动行事，就像引发一场爆炸一样，而且最重要的是，他们相信自己的冲动。他们会说："想做就做！"对于创作者来说，冲动而兴奋的生活才是最自由、最有创意的生活。

创作者重视他们对他人的影响力，他们希望被重视，能做一些事情，如在一个画廊里举办展览，或者发表他们的歌曲，或者赢得一次设计大赛。创作者极其渴望可以做一些引人瞩目的、有影响力的事情，让他们在市场上或者在更广大的艺术世界里有一席之地。

创作者还注重多样性和不确定性，他们希望生活中充满了新的体验、新的经历。对于创作者来说，"多样性是生活的调味剂"。创作者希望能在生活中尽可能多地依靠感官，来被新鲜的或不同寻常的事物吸引和刺激，他们厌烦沉闷的套路和陈词滥调。

自我形象

创作者为自己行为的艺术性感到骄傲，他们举止优雅如行云流水，在任何他们追求的艺术形式中都颇有造诣。创作者会竭尽所能完善自己的动作，不断改善自己的表现，把他们的技巧发挥到极致，同时不断地尝试，直到可以运用自如为止。这种运用自如不仅是可以自由使用，更是自在到无畏地运用。当创作者能够在自己的艺术世界中勇往直前时，他们会为自己感到骄傲，因为他们向自己和他人证明，他们不再恐惧被拒绝，在进行着心中神往的艺术创作。最后，创作者的自信建立在他们适应突发事变的速度和能力上——在紧要关头迅速调整状态，以最大限度地抓住机会或稳住阵脚。这种适应能力就是创作者之所以在创作中如此富有创新力的原因。他们总是乐于接受改变，时刻准备临场发挥和尝试新的不同的东西，而这些东西将有可能给他们的工作带来重大突破。

学习方式

创作者采用积极的学习方式。他们在富于冒险又充满乐趣的氛围中，在声音、颜色、味道、气味、动作都很丰富的情形下，通过实际操作学习得最快。他们需要通过自己动手，主动地控制或者创造来学习。使用传统的纸和笔的学校作业对他们来说极其枯燥，被动地听讲座和解释使他们感到无聊，说明书和书面答案使他们缺乏激情。这样的学习他们常常无法完成，并可能最终引发和老师的冲突。视觉媒介展示对于创作者来说则吸引力更大，并且能够牢牢抓住他们的注意力，因为他们喜欢娱乐。尽管创作者常常还是会友好地遵守课堂安排，但他们不太关注准备工作、计划安排以及最后的成绩。在学校里创作者总能找到乐趣，如运动、艺术、音乐等。也许是因为这样的活动涉及对动作的不断完善，所以他们可以长时间乐此不疲地参与其中。

工作中的创作者

特殊才能和潜质

创作者拥有感觉敏锐的特殊才能。这是指他们能够很好地感知到视觉、听觉、触觉、味觉和嗅觉上极细微的差别，比如在油画创作中，他们能选择合适的颜色、形状、阴影、布局来创作，以满足作品的整体需求，但不要认为这一切是经过精密计划和尽职执行的结果。创作者不会费时等待、斟酌选择，他们通常在灵感出现的时候即兴表现。创作者投入艺术创作时就如被卷入了飓风，创作主宰了他们，他们被迫臣服。当他们进行绘画或雕塑、谱写乐曲、设计服装、创造新食谱或任何其他形式的创作时，他们的行为受到创作灵感的驱使。

工作角色

创作者可能会在他们业余的时间绘画或者雕塑，或者周末随乐队演出，但是从职业角度看他们最适合设计师或装饰师这样的角色，从事电脑制图、视觉展示、公司简报等需要创意的工作，类似的还有宣传海报、手册、传单和书籍封面等的设计，而装饰设计在办公室、等候室、橱窗、展示室、景观、灯光等设计领域也大有前途。创作者还可以成为时装店、家具店、珠宝店、礼品店等设计师品牌店里的最佳买手。只要有一定的自由度并能让他们发挥出创造性，创作者在很多职业领域都能做得很好，如学前教育和护理事业，这些领域需要创作者那种对人一视同仁的友善。

管理风格

创作者不喜欢发号施令，再加上他们生性安静，因此他们常常不会去谋求管理者的职位。然而，当他们需要管理他人时，他们的管理风格将会是非常有同理心并有个人魅力。他们根据个人经历和常识，颇具个人温情地来做决定，而不是仅仅依靠事实和数据。创作者适应能力强，思想开放，容易相处。他们欢迎新的想法，一旦新的事实、新的情况出现他们会很快改变定位。他们关注现实，不担心一些可能发生的事，也不会为了寻找动机或去理解一些事物背后的含义而烦扰自己或他人。创作者一般不常评判或批评下属，相反，他们喜欢表达欣赏，有时甚至对下属赞扬过度，并且他们有一种让他人与自己或他人互相合作、齐心协力完成任务的天分。

创作者不喜欢做常规的文书工作，记录流程，做目标陈述，他们更喜欢逃离办公室来处理问题或日常运作中的紧急事件，但要相信创作者完全知道他们的组织目前的运转情况。他们对人对事观察细致准确，因此能够快速发现问题，并且会尽其所能解决问题。创作者最擅长临场发挥，在关键时刻给出意见，用他们的热心和友善帮助他人调整自己、适应工作。

下属风格

作为员工，创作者为人友好，工作积极，但他们往往有所保留。这不是因为他们不善于社交，而是因为他们完全沉浸在工作当中。行为，尤其是艺术性的行为，能够牢牢地抓住他们的注意力。在合适的项目上，创作者会全身心投入工作，以至于似乎浑然不知疲倦。另外，他们很容易对程式化的工作失去兴趣，因为这样的工作无法给他们新鲜的感觉或者让他们创意地发挥。创作者愿意接受上级的指令，并且不会表现出反抗，但是他们仅仅是表现出服从而已，然后他们会按照自己的方式做事。创作者也可能违反公司限制性的规定，比如着装要求或关于办公室关系的行为准则。他们不喜欢兴风作浪，但是他们的灵魂是自由的，喜欢按照自己的节奏行事。

团队风格

由于创作者和他人总是保持兄弟般的友好关系，因此他们是出色的团队成员。机动性是他们的核心本质，他们灵活对待自己和他人，并且会给任何团队项目热情地带来创意。不利的一面是，因为创作者喜欢即兴发挥，他们可能会忽视计划安排，在需要做好准备工作时却空手到来。他们有时不会按约定将事情进行到底，并且常常会忘了日常的文书工作，这些都可能造成团队内部产生摩擦。

理想的工作环境

　　创作者在注重灵活机动、个人自治和创新的组织中感觉最为舒适。为了能最大化工作效果，创作者需要自由来探索和改变方向、更改规则、冒险、凭直觉往前走。创作者需要灵活的工作时间，尽可能少的监督，以及友好的社交氛围。如果作为管理者，创作者需要一个细心的助理，提醒他约会时间、项目截止时间，并处理细节问题和文书工作，自始至终跟进项目运作。

职业兴趣

　　创作者可以在以下的职业方向上发挥他们的艺术与创造才能：

景观设计师	影片 / 视频编辑
美容 / 美发师	图形艺术家
大厨 / 宴会承办者	室内设计师
编舞师	画家 / 雕塑师
商业艺术家	学前教育老师
作家	摄影师
时装设计师	造型师
电影制片人	混音师
编曲者	时尚 / 风格设计师
景观 / 水景设计师	园艺师
展览设计师	花艺设计师
动物学家	彩绘玻璃艺术家
纺织品设计师	动物训练师
商业空间设计师	

创作者的生活角色

休闲时光

创作者总是希望可以享受生活。他们天性爱玩又大胆，总想去冒险，尤其是到大自然中去冒险。有些创作者可能会从赛车或沙丘越野车运动中找寻快感，但是通常来说创作者更喜欢远离机器，去参加像滑雪、跳伞、冲浪、滑翔、蹦极这样的运动。从这个角度来看，创作者和其他所有的技艺者是世界上最胆大的人，即使意味着时常受伤，他们也愿意接受巨大的风险。事实上，创作者发现冒险通常让他们上瘾，他们会一次又一次地尝试，不断挑战极限而一步步靠近险境边缘。"生命太短暂了，"他们会说，"要活得尽情尽兴。"和朋友们在一起时，创作者给人一种"让好时光无限延续"的欢快感觉：游戏是用来玩的，食物是用来吃的，美酒是用来喝的，金钱是用来花的，所有的一切都只为享受快乐。甚至在工作中，他们也会努力找到一些乐趣，把工作尽可能变得有趣，他们对过于严肃的活动会很快失去兴趣。

创作者和家庭

创作者如果生活不精彩则会觉得毫无意义，他们敢于铤而走险。对于创作者来说，时间、精力和金钱都是用来现在享受的，而不是为未来留着的。他们可能某个月小有积蓄，但是下个月就花光了，甚至可能今天有明天就用光了。因此他们的伴侣需要做好准备：生活可能富足，也可能一贫如洗。和朋友或伴侣在一起，大多数创作者无法抗拒一些铺张浪费的行为。他们喜欢花大钱赠送贵重礼物，即使他们手头也不宽裕。创作者是非常有吸引力的伙伴，他们有创意，有天赋，有情调，并且为人友善，但是别忘了，他们需要一根长长的"锁链"被牵制。创作者的伴侣不要埋怨创作者会冲动、冒险、长时间沉浸在工作中，而应该给他们提供一个稳定的、宽容的家庭。

　　作为父母，创作者通常很随和，放任孩子，他们更关心如何拓展孩子的能力而不是禁锢他的发展。创作者自身无忧无虑又易受灵感激发，因此他们会给孩子许多自由，让他随时做他想做的事，并且他们会给孩子充足的机会去玩，去做游戏，去冒险。事实上创作者鼓励他们的孩子走进真实世界去尝试，即使这意味着孩子最后会以一种痛苦的方式从自己行为的后果里吸取经验教训。当孩子和他们顶撞，或者妨碍了他们，他们也会表现强硬，甚至会严厉批评孩子。但是这种强硬不是严格，并且创作者其实希望他们的孩子有些胆量，敢于冒险。他们认为给孩子太多限制会让他做事情畏首畏尾，而创作者和所有技艺者一样，难以接受他们的孩子过于胆小怕事。

发明者（ENTP）

你的心理类型和气质分类测试结果显示你是一个发明者（ENTP），这包含以下四个方面：在社交方面，你倾向于外向或开放（Extraverted or outgoing）；你对世界的看法更多地基于直觉或想象（iNtuitive or imaginative）；你待人处事的态度更趋于勤思或坚毅（Thinking or tough-minded）；在行动上你喜欢去感知或探索（Perceiving or exploring）。

发明者是天生的工程师，擅长构思和建造机械设备，使系统更高效。由于发明者具备创新精神，他们始终在寻找更好的方式、更多的可能性，同时思考新的方法，探索新的事物。虽然技术的独创性是他们的特长，但是他们工程师的眼光会注意到多种系统——物理和机械系统，甚至社会和人类系统等。不管他们的兴趣是什么，发明者都会接受挑战，去重塑世界和它的运行模式。

大众熟知的发明者有：动画先驱沃尔特·迪斯尼、未来学家巴克米尼斯特·福乐、评论家和教育家卡米拉·帕格里亚、物理学家理查德·费曼等。

流行影片中的发明者形象有：《飞行家》中的霍华德·休斯（莱昂纳多·迪卡普里奥饰）、《变蝇人》中的塞思·布伦德尔（杰夫·高布伦饰）、《创业先锋》中的普雷斯顿·塔克（杰夫·布里奇斯饰）、《回到未来》中的埃米特·布朗（克里斯托弗·劳埃德饰）、《蚊子海岸》中的艾莉·福克斯（哈里森·福特饰），以及《灵魂大搜索》中的埃迪·杰瑟普（威廉·赫特饰）等。

发明者和"理性者"气质

在更广义的气质领域，发明者和建造者（INTP）、策划者（INTJ）以及指挥者（ENTJ）一起同属于"理性者"气质。总的来说，理性者拥有"智慧"的气质，他们理智、好学、充满好奇，总是想要分析、了解和解释这个复杂世界运转的方式和系统，并且用他们智慧的力量从社会、自然、机械、技术等角度重组这些系统，使其走上新的高效的道路。

历史上著名的理性者有：达·芬奇、牛顿、亚当·史密斯、简·奥斯丁、托马斯·杰弗逊、西格蒙德·弗洛伊德、本杰明·富兰克林、拿破仑、林肯、达尔文、乔治·华盛顿·卡弗、居里夫人、马克·吐温、弗兰克·劳埃德赖特、阿尔伯特·爱因斯坦以及荣格等。

电影中著名的理性者形象有：《窈窕淑女》中的亨利·希金斯（雷克斯·哈里森饰）、《平步青云》中的金斯菲尔德教授（约翰·豪斯曼饰）、《指环王》中的甘道夫（伊恩·迈凯轮饰）、《冬之狮》中的埃莉诺（凯瑟琳·赫本饰）、《星际迷航》中的斯波克（里奥纳多·尼莫依饰），以及许多影片中的福尔摩斯等。

语言

发明者通常使用抽象的语言，这是指他们常常讨论的，更多的是想法而不是实物，是理论而不是事实，是概念而不是经验。发明者关注他们脑中的想法，也就是他们的"心眼"看到的事情，因此他们不喜欢过多讨论"确切的事物"，而倾向于谈论"可能的事物"，如计划、目标、策略、创新、假设、原则、推论、可能性、偶然性、推断，等等。

和所有理性者一样，发明者思考和发言都遵照逻辑。在思考和发言的过程中，发明者尽力使自己的语言有意义，因此他们严格对待定义和区别，对分类错误敏感，专注于论断的一致性。这种风格造就了发明者对沟通仔细琢磨，避免离题、琐碎和冗余，在沟通中不会引入不具逻辑的内容，也不会传达不具逻辑的资讯。发明者喜欢用精确的、技术性的词汇，并且常常用条件性的"如果……，那么……"结构来讨论假设和结论。发明者不喜欢社交闲谈，但如果给他们一个他们喜欢的话题，他们可以相当活跃且健谈，而且他们喜欢对复杂的问题进行激烈的辩论。

通用才艺及技能

所有的理性者拥有天生的分析能力，换句话说，就是把复杂系统分解成简单部件以方便理解及改善。他们看到一项实验或一台机器，一个论断或一套方法，一本书或一所大学，一个生态系统或一个计算机网络，或者一场政治运动……不管是什么，会分析这个系统，确定各个部分以及它们之间如何相互作用，然后决定哪些部分有问题需要改进。还有些理性者用他们的分析技能来掌控组织，安排计划，或者设计系统。但是发明者最强大的才能是分析结构与功能，设计可用的运作机制或者可靠的模型。

社交取向

虽然发明者往往觉得工作就涵盖了生活，但是他们会比其他理性者更多地追求活跃的社交生活。发明者合群并充满活力，可以成为组织的活力之源，而他们的家对家人和朋友来说往往是一个热闹并充满生机的地方。发明者爱笑，往往很容易被取悦，而且通常有很好的幽默感。他们会因为各种各样的事情而开心，有奇怪的兴趣爱好，其充沛的精力可以鼓舞斗志，激励他人。发明者健谈，能够清晰表达自己的复杂想法，并和他人进行复杂的对话。然而，他们可能会故意在讨论中使用辩论战术，试图凌驾于对手之上，即使这些对手是亲密的助手和可靠的朋友。发明者头脑敏捷，能够迅速做出反应，熟练应对他人的变化，常常保持领先。虽然发明者对朋友们的思想和活动感兴趣，却是所有心理类型中最不愿意遵守习俗和传统的人，而且当他们必须参加社交仪式时，他们不会全心全意，注意力会飞向他们的项目和模型。

价值观

发明者重视知识，但不是重视知识本身，而是重视知识的实用性，用来帮助他们调查、解决日益复杂的问题。发明者会说"知识就是力量"，对他们而言，一旦开始着手解决问题就可以全天无休。事实上，如果他们没有一个有挑战性的问题在手上的话，他们会饥渴地搜寻一个可以使用他们的知识基础、磨炼他们的技巧的问题。

发明者同时还重视自我控制，即保持冷静，沉默，镇定，尤其在周围的一切都已经失控并且压力巨大的时候。另外，他们在面对掌控之内的事情的时候可能会变得极其紧张，比如，他们全身心投入解决某个问题的时候就会像拉紧的弓弦，尽管他们努力不向他人表露出这种紧张。发明者内心的真我是颇为浪漫的，有着强烈的感情。

但是不管怎么说，发明者重视理性。他们认为只有理性是普遍而永恒的，只有富有逻辑的原则是不可置辩的。发明者会仔细倾听新的想法，只要这些想法合情合理、论据充分，或者有理可依。他们对没有意义的想法兴趣不大，并且不会被情感的诉求或不理智的论断所左右。

自我形象

发明者一旦下定决心就定可完成任务的聪明才智，令他们感到自豪。他们喜欢在自己的指挥中感受饱含力量与技巧的智慧，并且希望在任何他们觉得可以胜任的领域都富有创造性。当发明者自主地思考和行动——按自己的法则生活，用自己的眼光观察世界时，他们才会自我肯定。他们抗拒任何试图强加于他们的规则和限制，质疑任何束缚他们的规章或传统。最后，发明者将自己的自信建立在他们精神力量的基础之上。他们相信自己可以用下定决心的力量克服任何障碍，主宰任何领域，征服任何敌人。

然而不管过去的经历如何证明其意志力的强大，发明者从来不认为这是理所当然的事。当受到压力时，他们最恐惧的是自己的决心可能动摇、精神力量可能被削弱，甚至彻底被击败。但随后发明者会决意更加努力，来打赢这场内心的战争。

学习方式

　　和所有理性者一样，发明者是独立的学习者。他们喜欢构思自己的想法，追寻自己的兴趣和领悟，跟随信息顺藤摸瓜直到对知识的渴望得到满足。在做研究的时候，他们不会只是简单地收集信息，而是辩证地分析。他们想要知道这些想法是如何组织在一起的，有什么隐藏的矛盾，有什么问题还未解决，等等。由于其好奇的天性，发明者如饥似渴地学习，对于意见他们是不徇私情的实用主义者，他们愿意从任何可以提供有用资源的人那里以任何方式学习，无论他是专家还是业余人士。同时他们生来是个怀疑论者，会本能地对别人告知的事保持质疑，在验证之前不会轻易接受别人的想法。如果老师是他们尊敬的人，发明者就能够从课堂中学到很多，并且他们会自发阅读相关资料。他们还喜欢热闹的课堂讨论，但他们往往喜欢和老师交流，而不是和他们的同学。

工作中的发明者

特殊才能和潜质

　　发明者特别擅长功能分析，找出使系统更有效运行的因素，而这种对功能的把握使他们有非凡的能力去挑战最不可能的事。发明者知道他们可以迅速解决问题，不是提前制订计划，而是巧妙地利用手头的资源和人员。发明者对他们的聪明才智——随机应变的才能很自信。发明者只需要对目标有一个粗略的想法，就对成功有信心，并将其转化为行动。

工作角色

在工作中，发明者只重视具有可行性、能带来结果的想法。在他们看来，一项技术设计并不是结果，而是通向结果的方式，是设计走向市场的方法。因此，他们是工程师、建设者、企业家，或是一些人口中的疯狂科学家。他们通常是杰出的、极具启发性的老师，不断设计新的和有趣的方式，让学生对学习充满兴趣。他们在测试创造力和适应性的试点项目中是优秀的领导者。他们对人力系统的经营也很熟练。他们熟悉系统内的关系，耐心处理一些事情，旨在了解系统内的人，而不是武断地评价他们。

管理风格

发明者对管理别人毫无兴趣，宁愿传达信息也不发号施令。他们满足于在自己的实验室和工作坊工作，只有当环境所迫时他们才会下命令。然而，一旦发明者成为管理人员，他们就是彻底的实用主义者，这是指他们会仔细研究方法和结果之间的关系。当负责项目时，他们会首先明确自己的目标，然后构思和实施战略计划来实现这些目标。他们会检视所有现有的政策、程序和人员，会质疑所有的规则、惯例和部门，只有那些能有效服务目标的能够存留下来。总的来说，他们的"以结果为导向"的管理风格可以将官僚主义作风消除于萌芽状态。在个人方面，发明者是有魅力的领导者，他们用自己的活力、惊人的聪明才智、乐观和自信来激励下属。发明者不善于文书工作，有时可能会对此手足无措，显得杂乱无章，但他们擅长实施有创意、不拘泥于标准流程的项目。

下属风格

作为员工，发明者可以长时间从事任何有挑战性的工作，他们对自己随机应变解决问题的能力是如此自信，以至于他们常常不会为某个项目做充分的准备工作。当发明者刚开始参与一个项目时，他们有强大的动力，但一旦模型构造完成，他们往往会转移到下一个项目中去，而且很愿意让别人接手处理后续细节。发明者不会在工作场所墨守成规。他们对自己想法的价值很有信心，而且会直接忽略标准、传统和权威。发明者强烈抵制，甚至反感用惯常的方式做事，如果他们的工作涉及太多单调乏味的例行公事，他们会变得焦躁不安。为了避开常规，发明者会尝试耍小聪明，利用系统内的规则，给自己制造创新的空间。

团队风格

发明者非常开明，他们愿意听取建议并支持别人的想法——如果别人说的是有道理的。如果有人提出有价值的建议，他们一定会认真听从；如果是没有意义的观点，他们不会理会，不管其出发点有多好。通过他们的语言技巧，他们可以感染团队其他人，使他们对新想法抱以信心并乐于接受改变。他们可以为团队正在筹划的行动提供新鲜的想法，但是他们有时很不喜欢和别人保持步调一致，有时离群太远，以至于没有意识到他们需要带领别人一起接受新思想。

理想的工作环境

发明者适合在欢迎新想法、新管理理念，注重结果而非过程的组织中工作。发明者喜欢分享想法，他们希望能够在工作场所自由随意地与几个有水平的同事深度讨论。发明者喜欢智力挑战，也喜欢解决对组织有重大影响的"总体框架"问题。发明者希望自己的工作为他们提供学习新东西、获得新技能的机会。如果他们的智慧不能得到发挥，才华不能得到施展，他们可能会迅速离开组织，即使没有离职也会心猿意马。最后，为了让一个组织有效使用他们的聪明才智，发明者需要出色的支持人员，能够帮他们完成扫尾工作，让他们自由地开始他们的下一个项目。

职业兴趣

在允许他们运用其技术天赋搭建更好的"捕鼠器"的组织中，发明者能做得非常优秀。以下是一些适合他们的职业选择：

建筑师	机械工程师
化学家（产品开发）	海洋学家
企业家 / 发明家	电影制片人
医学家	物理学家
基因工程师	工业 / 组织心理学家
硬件系统设计师	原型设计师
经济学教授	软件设计工程师
产品制造技术专家	计算机科学教授
发展 / 学习专家	信息技术专家
化学工程师	园艺师
食品科学家	结构工程师
经济学家	环境工程师
首席学习官	计算机网络专家
环境分析员	生物医学工程师
环境健康科学家	航空 / 航天工程师
运营分析师	首席信息官
流行病学家	非营利性组织执行董事

发明者的生活角色

休闲时光

发明者不会为了娱乐而娱乐，而会为了提高自己的游戏技能而娱乐。他们知道娱乐对于身体健康十分必要，因此他们会计划娱乐时间，并且把娱乐时间作为提升他们娱乐活动能力的时间。比如，在打网球或高尔夫球的时候，每一局或每一次击球都是他们寻找最佳摆臂、在规范内尝试新动作的机会。而且，在进行自己喜爱的运动时，甚至在玩桌游或卡片游戏时，发明者期待自己的能力不断提高——必须越来越少地犯错，而且不能倒退。发明者并不是完全无法享受娱乐的，但必须说，他们对自己有很高的要求，当他们无法消除错误时，他们会对自己非常不满。

发明者和家庭

作为伴侣和家长，发明者很迷人，要求也很高。和发明者一起生活可能是一种经济冒险。虽然他们通常是可靠的给予者，但他们对风险投资的热情（他们爱赌博）也可能导致家庭陷入危机。发明者喜欢与伴侣激辩，如果他们的伴侣知识水平不如他们，他们很可能会觉得这样的辩论和胜利相当无趣。然而，如果伴侣能力与之相当，其结果可能是一个施与受的愉快过程，但也可能演变为冲突。同样，发明者对自己孩子的关注往往不能保持平均，通常要么是"盛宴"，要么是"饥荒"。当和孩子在一起时他们特别温暖慈爱，但当他们投入工作或者其他众多兴趣中时，他们会忽视对孩子的关爱。发明者尤其不愿花时间每天照顾和管教孩子，甚至也不愿照顾自己。如果可能的话，他们倾向于把烦琐的生活细节扔给伴侣去管。

ENFP

奋斗者（ENFP）

　　你的心理类型和气质分类测试结果显示你是一个奋斗者（ENFP），这包含四个方面：在社交方面你倾向于外向或开放（Extraverted or outgoing）；你对世界的看法更多地基于直觉或想象（iNtuitive or imaginative）；你待人处事的态度更趋于感性或具有同情心（Feeling or sympathetic）；在行动上你喜欢感知或探索（Perceiving or exploring）。

　　奋斗者是社交达人。作为所有心理类型中最善于表达、最友好和最有活力的人，他们强烈渴望能到不同的地方，去亲身体验重大的和有意义的事情。奋斗者为理想和信念所驱动，当他们觉得自己可以解决分歧、主持社会公正、用充满激情和良知的言论助力改善世界时，他们愿意挺身而出为事业奋斗、为公众发言。

　　大众熟知的奋斗者有：记者比尔·莫耶斯、电视节目主持人费尔·多纳休、演员简·方达和李察·基尔、作家盖瑞森·凯勒、歌手波诺等。

　　流行影片中的奋斗者形象有：《往日情怀》中的凯蒂·莫洛斯基（芭芭拉·史翠珊饰）、《惊天大阴谋》中的卡尔·伯恩斯坦（达斯汀·霍夫曼饰），以及《莎翁情史》中的维奥拉·雷赛布（格温妮丝·帕特洛饰）等。

奋斗者和"理想主义者"气质

在更广义的气质领域，奋斗者和辅导者（INFJ）、教育者（ENFJ）以及医治者（INFP）一起同属于"理想主义者"气质。本质上，理想主义者具有人性潜在的气质，他们想象丰富、体贴入微，具有很强的道德感。他们热衷于启迪同伴并促进世界的统一和完整，不仅帮助各地的人们成长为真正意义上的人，而且帮助他们学习如何解决分歧、和谐共处。

历史上著名的理想主义者有：圣女贞德、夏洛特和艾米莉·勃朗特、列夫·托尔斯泰、苏珊·安东尼、圣雄甘地、埃莉诺·罗斯福、阿尔伯特·史怀哲、艾米莉·狄金森、赫尔曼·黑塞、威廉·巴特勒·叶芝、马丁·路德·金等。

电影中著名的理想主义者形象有：哈姆雷特（多个版本）、《史密斯先生到华盛顿》中的杰斐逊·史密斯（詹姆斯·斯图尔特饰）、《愤怒的葡萄》中的汤姆·乔德（亨利·方达饰）、《梦幻骑士》中的唐·吉诃德（彼得·奥图尔饰）、《法国中尉的女人》中的莎拉·伍德拉夫（梅丽尔·斯特里普饰）、《阿拉伯的劳伦斯》中的 T.E. 劳伦斯（彼得·奥图尔饰）、《星球大战》中的天行者卢克（马克·哈米尔饰）、《卧虎藏龙》中的李慕白（周润发饰），以及《指环王》中的佛罗多·巴金斯（伊利·亚伍德饰）等。

语言

奋斗者通常使用抽象的语言，这是指他们常常讨论的是想法而不是具体事物，是可能性而非事实，是意义而非经历。奋斗者用心发现，听从内心的声音。他们不喜欢讨论"是什么"，而乐于讨论"可能性"，关注隐而未现的事物，如目标和潜能，信念和直觉，愿望和灵感，梦想和阐释，观点，真实的自我和灵魂。

和所有的理想主义者一样，奋斗者思考和语言风格偏抽象。在他们的思维过程以及随之而来的谈话中，他们总是试图抓住事件的本质和重点，能迅速从局部引申到整体，从微小的迹象引申到广泛的影响，从明显的细节引申到更大的含义。他们天生的联想本能可以让他们迅速看到一件事与另一件事之间的象征和联系，因此奋斗者是隐喻的大师，他们在口头和书面语言中都大量使用诗歌的意象。这种象征性的风格，让奋斗者可以与他人用一种独特的、富有想象力的方式沟通，这使他们可以把自己最擅长的事做得最好：帮助人们认识事物之间隐藏的关联，从而让他们更清楚地看到世界上正在发生的事情。

通用才艺及技能

所有的理想主义者都有天生的"外交"技能，换句话说，他们能够用积极的、敏感的方式和人相处，帮助大家友好相处且彼此照顾、和谐工作。理想主义者具有寻求事物共同之处的能力，他们能够发现每个人和每种情形的最好的方面，而且可以换位思考，使用他们强大的语言能力来进行交流沟通，因此理想主义者具备所有鼓舞人心、教化他人所需的技能。还有些理想主义者使用他们的外交技巧教育群众，辅导他人，或者化解冲突。但是奋斗者尤其擅长发掘有意义的理念和问题，开拓事业，并用他们强大的信念激励他人。

社交取向

奋斗者善于与人交往并能充分利用自己的社交能力。他们通常有广泛的人脉，不仅有个人密友，还有重要的商业伙伴，他们喜欢以自己的风格大方地款待朋友和伙伴。奋斗者热情风趣，甚至有时还略带淘气。他们待人处事技巧高超，能够自如地进行公众讲话和电话沟通，富有想象力，生气勃勃，人们都愿意与他们亲近。奋斗者同时很有社会责任感，他们非常乐意奉献自己的时间、精力和金钱（如果有的话），帮助同伴获得更好的生活。这就是为什么他们会被人道主义，以及小额银行业务、传教事业、慈善事业、社区和政治志愿者活动、人权至上组织、仁人家园、医生无国界组织等感召。

价值观

　　奋斗者是情感强烈的人，他们重视情感的丰富多样，而且渴望表达。事实上，奋斗者比其他理想主义者更加相信强烈的情感经历对完整的生活来说必不可少。幸运的是，奋斗者通常热心并关爱他人，所以他们强烈的情感通常表现为无限的热情，尤其在讨论看法或分享个人见解时，他们的热情不仅令人愉快、富有感染力，而且经常能够激励其他人。

　　奋斗者也重视他们对人的直觉。他们对第一印象、提示、建议、迹象、暗示、象征符号等非常敏感。奋斗者会跟随自己的直觉，留心自己的感受，相信直觉或"第六感"能够告诉自己所有需要了解的信息。奋斗者的直觉跳跃且异常准确，这让他们对于他人和人际关系有惊人的洞察力。

　　奋斗者视浪漫高于一切。事实上，关于理想主义者最重要的一点就是，他们是无可救药的浪漫主义者。在生活的各个领域，奋斗者对现实的关注远没有对浪漫理想的关注那么多。特别是在爱情里，奋斗者对浪漫有着强烈的渴望，他们是真的"爱上了爱情"，并且希望他们的恋爱深刻、有意义，充满了美和诗意。

自我形象

　　奋斗者为自己对他人的同情心感到非常自豪。这种对他人的亲密认同——几乎是意识的共享——是他们的人际交往能力的核心，使他们能深刻理解别人，并帮助他们在工作和个人生活中与他人建立联系。奋斗者也尊重自己的仁义精神，他们希望自己的家人、朋友以及所有人都感受到友善。他们是积极、热情的人，相信人性的善是自我成就的先导，也会促成美好事物。最后，奋斗者的自信基于他们的诚实。奋斗者为个人诚信而奋斗，他们需要正直诚信，去除矫饰和面具，毫无伪装，真实地生活。如果他们发现自己去欺骗、造假或言不由衷，他们会对自己感到羞愧。

学习方式

和所有的理想主义者一样，奋斗者的学习风格是交流互动。他们喜欢与教授和导师进行一对一的沟通，并且常常会将这种友谊延续到课外。奋斗者的成长依赖于认同、关怀、特殊关注、个人交流和情感态度上的认同。他们重视并铭记教授和导师的反馈，尤其是正面的反馈，而负面的反馈会令他们苦恼，但通常不会令他们崩溃。奋斗者的生活态度乐观积极，这使得从某种意义上说他们对他人的评价能够免疫。然而，面对批评，奋斗者是有名的"脸皮薄"，但随着自信的逐渐提升，这一弱点会越来越不明显。奋斗者享受与朋辈的知识互动，在班级讨论、辩论、小组汇报等活动中他们经常自然而然地担当起领导者的角色。奋斗者爱好解决问题，认真对待学习，喜欢学术活动，但他们有时是完美主义者，通常付出比实际需要更多的努力来完成任务。

工作中的奋斗者

特殊才能和潜质

奋斗者比其他理想主义者更善于观察周围的人，观察不合常规的、令人惊讶的或有趣的事情，任何不同寻常的事情都不可能逃过他们的眼睛。同时，奋斗者有出色的直觉，常常能读懂别人的内心活动，解读他人隐藏的动机，对他人的用词和肢体语言有特别的阐释。奋斗者还拥有高超的口头和书面语言技巧，与他人交谈能使他们兴奋，就像翻腾和飞溅的喷泉，一切都溢于言表，而他们的文字自然、充满想象力、生动。通常奋斗者不会简单地讲一个好故事，而是希望他们的语言和文字能够揭示体验的实质，或者用他们炽热的信仰影响他人。

工作角色

　　奋斗者生气勃勃，充满创意和想象力，可以做几乎任何吸引他们的工作。他们外向的性格常常能够得到良好的发展，他们对于可能性有强烈的意识，尤其涉及与人打交道的事。事实上，与人接触的工作对奋斗者来说是必不可少的。他们是极好的老师和"传道者"，醉心于交流沟通，这使得他们成为才华横溢的记者、律师、演讲者、顾问、辅导员、演说家、小说家、散文家、媒体评论人、演员、电视和广播主持人、编剧和剧作家等。在工作中，奋斗者极其擅长鼓舞士气和招贤纳才，这种识人的本领使得他们能够用强大的技巧和洞察力来面试和评估候选人。他们还擅长公共关系的处理，可以成为强有力的组织代言人，能够以其他心理类型的人无法做到的方式让他人感受到自己的热情。在以上的任何职业中，奋斗者都能表现出他们最优秀的品质：热心、热情，富有洞察力、创造力、独创性和口头表达能力等。

管理风格

　　奋斗者魅力四射，精力旺盛，忠心耿耿。事实上，在组织内，奋斗者更关注组织内的个人，而不是组织本身。他们的理想是创建友好的、以人为本的运营模式，文件和产品只是附属品而非主要目标。奋斗者通常善于言辞，可以随时表达个人关注的问题和对下属真诚的欣赏。奋斗者还是杰出的驱动者，他们凭直觉关注每位员工的优势和潜能，好像天生就知道如何在合适的时间说合适的话来激励士气和提高生产力。奋斗者极其擅长团结人，善于发起员工会议，但他们倾向于非程序化的会议，有时这种随性会致使他们忽略运营的细节。另外，奋斗者有化腐朽为神奇的天赋，尤其是在配置人员的时候。他们很快就忘了昨天的问题和分歧，转身就期待更好的未来——他们永远用自己的乐观和热情展望未来。总而言之，奋斗者是鼓舞人心的管理者，因为他们生来就会鼓舞或激励下属，不仅让下属工作做到最好，更强调彼此的尊重和关爱之下的合作。

下属风格

在工作中，奋斗者享受提出一个创意或项目的过程，但他们对后续跟进工作以及完成细节并不感兴趣。同样地，他们喜欢学习，或者说更喜欢发明做事的新方法，但是一旦一项任务变成了例行的事情，他们很可能就会失去兴趣。事实上，当工作中涉及烦琐的细节以及需要长时间的维护时，奋斗者就会变得焦躁不安。多变的日常工作和人际互动最适合他们的天赋。作为员工，奋斗者极其独立，他们很难在官僚体制的约束下工作，尤其在要遵守条例、规章和标准的运作流程的时候。奋斗者会公开批评纸上谈兵的上级，还会挑战过时的流程和政策。有时他们会站在组织的批判者一边，后者会觉得奋斗者是有同情心的倾听者和天生的救助者，而这会使得他们和领导者的关系变得紧张，但不会阻止奋斗者保护那些显而易见的弱者。

团队风格

奋斗者是优秀的团队成员。他们秉持合作精神，并坚定地致力于公正和公平。奋斗者往往在他们的同事中很受欢迎并且舒适自在，虽然有时他们会对工作不如自己热情的员工不太耐烦，但团队成员通常还是喜欢他们的存在的。奋斗者将人性化、以人为本的理念带到团队中，并能有效地说明所提出的改变或策略可能给社会和个人带来的影响。他们为团队注入温暖和热情，使得团队成员对团队整体和自身定位感觉良好。然而，由于奋斗者本身太有创造性，他们较难采纳别人的观点。他们通常需要将一个项目变成自己的事才能全力以赴。

理想的工作环境

奋斗者非常适合在一个鼓励自由表达、自主做事的有民主参与文化的组织中工作。他们还需要一个灵活的工作环境，让他们能自由创造和实践他们的想法。奋斗者对新奇事物有极大的热情，如果工作简单重复或必须循规蹈矩，尤其涉及例行公事的文字工作，他们会感觉无聊和不耐烦。他们需要能够相信他们的创意、创造性和奉献精神，而且管理风格宽松的主管。

职业兴趣

奋斗者在允许他们探索问题、追求事业和维护他人的工作中会茁壮成长。以下是一些适合他们的职业选择：

律师	励志演说家
消费者权益倡导者	社会学家 / 社会学教授
企业家	小说家 / 编剧 / 剧作家
杂志编辑	猎头顾问
环保活动家	艺术总监
独立电影制作人	政治经济学家或社会经济学家
心理学家 / 心理学教授	职业生涯顾问
记者	电视纪录片制片人
电影制片人	组织发展专员
人权倡导者	高管或个人顾问
人才管理战略家	社会工作者
猎头	营销顾问
培训专员	管理顾问

奋斗者的生活角色

休闲时光

无论奋斗者做什么运动，他们通常更好奇运动心理学以及身与心的关联，而不是竞赛的兴奋或敲打和摆动的力学原理。他们尤其着迷于心理 / 精神或"内心游戏"的方式，并经常把运动作为一项长期的承诺，不仅是为了身体健康，也是为了自我完善。在运动和游戏中，奋斗者通常会从好的方面看待自己的表现，关注自己做对了什么，而不去细想自己的失误，而且他们喜欢鼓励他人，常常给予他们的玩伴赞扬——"打得好"或"不错"。奋斗者喜爱友谊赛，让每个人都玩得开心。即便如此，奋斗者在游戏中还是比其他理想主义者更好斗、更好胜，更愿意多加练习甚至会去赌一把，并且他们更感兴趣的是通过加入团队和参加比赛来测试自己的勇气。但如果奋斗者尽最大努力后还是失败了，他们也是输得起的运动员，能够优雅地甘拜下风；如果是公平竞争的话，他们甚至会为对手的胜利鼓掌。

奋斗者和家庭

与家人相处时，奋斗者迷人、温柔、重感情、不墨守成规，尤其在涉及伤害和冲突时，他们似乎对所关爱之人的情绪能感同身受，并且会以宽容、理解和衷心的支持来回应。奋斗者总是在寻找新的灵感，他们所爱的人也会经常期待有意外的惊喜。奋斗者会在奢侈和节俭之间摇摆，他们的家中可能有昂贵的奢侈品，如一些原创的艺术品，却缺乏一些日常用品。作为父母，奋斗者可以瞬间从友善的朋友变成严厉的权威。他们可能会讨论严厉的惩罚，但他们自己却并不想付诸行动，而更愿意依靠高质量的亲子关系来解决问题。奋斗者倾向于在家里成为能做主的人，他们对家庭设计充满兴趣并且眼光独到，而对日常家务和例行维护缺乏关注。他们期望家庭关系和谐有序，往往会担当家庭外交官或维和人员的角色，努力确保所有家庭成员开心快乐，内心满足。遗憾的是，有时他们发现很难从工作中抽身出来给予家庭更多的时间，而这恰恰会导致他们极力想避免的工作与生活的冲突。

INFJ

辅导者（INFJ）

你的心理类型和气质分类测试结果显示你是一个辅导者（INFJ），这包含以下四个方面：在社交方面你倾向于内向或保守（Introverted or conserving）；你对世界的看法更多地基于直觉或想象（iNtuitive or imaginative）；你待人处事的态度趋于感性或有同情心（Feeling or sympathetic）；在行动上你显得颇为果断或有条不紊（Judging or orderly）。

辅导者是天生的个人治疗师。他们自身的性格是安静和乐于自省的，然而对他人的内心活动、优点和弱点、需求和能力，辅导者也有深刻的洞察。辅导者有为他人福祉做出贡献的强烈愿望，因此他们几乎会无意识地极其投入那些帮助陷入困境之人的工作，了解他们的生活，指引他们发现自我、成就自我。

大众熟知的辅导者有：作家迪帕克·乔布拉和韦恩·戴尔、演员瓦尔·基尔默、歌手兼作曲者琼尼·米歇尔和卡莉·西蒙等。

流行影片中的辅导者形象有：简·爱（多个版本）、《灵异第六感》中的马尔科姆·克劳（布鲁斯·威利斯饰）、《指环王》中的凯兰崔尔女王（凯特·布兰切特饰）、《鲸骑士》中的派凯亚（凯莎·卡索–休斯饰）、《心灵捕手》中的肖恩·麦奎尔（罗宾·威廉姆斯饰），以及《杯酒人生》中的迈尔斯（保罗·吉亚玛提饰）等。

辅导者和"理想主义者"气质

在更广义的气质领域，辅导者和教育者（ENFJ）、奋斗者（ENFP）以及医治者（INFP）一起同属于"理想主义者"气质。本质上，理想主义者具有人性潜在的气质，他们想象丰富、体贴入微，具有很强的道德感。他们热衷于启迪同伴并促进世界的统一和完整，不仅帮助各地的人们成长为真正意义上的人，而且帮助他们学习如何解决分歧、和谐共处。

历史上著名的理想主义者有：圣女贞德、夏洛特和艾米莉·勃朗特、列夫·托尔斯泰、苏珊·安东尼、圣雄甘地、埃莉诺·罗斯福、阿尔伯特·史怀哲、艾米莉·狄金森、赫尔曼·黑塞、威廉·巴特勒·叶芝、马丁·路德·金等。

电影中著名的理想主义者形象有：哈姆雷特（多个版本）、《史密斯先生到华盛顿》中的杰斐逊·史密斯（詹姆斯·斯图尔特饰）、《愤怒的葡萄》中的汤姆·乔德（亨利·方达饰）、《梦幻骑士》中的唐·吉诃德（彼得·奥图尔饰）、《法国中尉的女人》中的莎拉·伍德拉夫（梅丽尔·斯特里普饰）、《阿拉伯的劳伦斯》中的 T.E. 劳伦斯（彼得·奥图尔饰）、《星球大战》中的天行者卢克（马克·哈米尔饰）、《卧虎藏龙》中的李慕白（周润发饰），以及《指环王》中的佛罗多·巴金斯（伊利·亚伍德饰）等。

语言

辅导者通常使用抽象的语言，这是指他们谈论的，更多的是想法而非具体事物，是可能性而非事实，是意义而非经历。辅导者用心发现，听从内心的声音，他们不喜欢过多地讨论"是什么"，而乐于讨论"可能性"，即那些不可见的和未知的事物，如目标和潜能，信念和直觉，愿望和灵感，梦想和阐释，见解，真实的自我和灵魂等。

像所有的理想主义者一样，辅导者思考和谈吐都喜欢象征化。在他们的思维过程以及随之而来的谈话中，辅导者总是试图抓住事物的真正含义和意义，因此他们会迅速从局部引申到整体，从微小的迹象引申到广泛的影响，从明显的细节引申到更大的含义。辅导者可以本能地看到事物之间的象征或暗示关系，所以他们是隐喻的大师，无论是书面的还是口头的形式，他们的措辞中总是有很多诗歌意象。这种象征性的风格，让辅导者可以与他人用一种独特的、富有想象力的方式沟通，这使他们可以把自己最擅长的事做到极致：帮助人们找出事物之间隐藏的关联，由此让他们得以从全新的积极角度看待自我和所面临的问题。

通常才艺及技能

所有的理想主义者都有天生的"外交"技能，换句话说，他们积极敏感的处世方式，能帮人们友好相处甚至彼此关爱，从而让众人共同努力、和谐工作。理想主义者会本能地寻求共同之处，他们能够找到每个人、每件事的好处，同时他们会换位思考，能够运用比喻性的语言流畅地从不同角度描述事物，因此，鼓舞人心、教化他人所需的技能，理想主义者全都具备。还有些理想主义者会用他们的外交技巧来教育群众，倡导事业发展，或者化解冲突。但是辅导者最大的天赋在于引导他人走上发现自我、成就自我的道路。

社交取向

所有的理想主义者都有天生的社交才能，朋友们在他们家里通常都会受到礼遇和热烈的欢迎。然而，作为性格内向的人，辅导者更喜欢偶尔安静地招待朋友，但是他们会积极支持社区里的艺术和人文活动，出席音乐会、戏剧演出、诗歌朗诵以及其他文化活动。辅导者喜欢安静，重视隐私保护，他们通常有着异常丰富和复杂的内心世界。他们可能很难被人了解，因为他们仅愿与挚爱的人和少数知己分享他们内心深处的想法和感受。由于辅导者常常觉得很多负面的事都是针对自己的，因而更容易被人伤害，这可能正是他们喜欢独处一个原因。同时，辅导者深刻关注社会问题并乐于贡献他们的时间、精力和金钱（如果有的话），来帮助人们寻求更好的生活。这就是为什么他们会被人道主义，以及传教事业、慈善事业、仁人家园等事业感召。

价值观

辅导者情感强烈，他们珍视情感，快言快语。所幸的是，辅导者通常热心并关爱他人，所以他们强烈的情感通常表现为外在的无限热情。尤其在讨论看法或分享个人见解时，他们的热情不仅令人愉快而且富有感染力，经常能够激励身边的人。

辅导者也重视他们对人的直觉。他们对第一印象、提示、建议、迹象、暗示、象征符号等非常敏感。辅导者会跟随自己的直觉，留心自己的感受，相信直觉或"第六感"能够告诉自己所有需要了解的信息。辅导者的直觉跳跃且异常准确，如同他们可以透过别人的眼睛看到其内心，这常常使他们对于他人和人际关系有惊人的洞察力。

辅导者视浪漫高于一切。事实上，关于理想主义者最重要的一点就是，他们都是无可救药的浪漫主义者。在生活的各个领域，辅导者对现实的关注远没有对浪漫理想的关注那么多。特别是在爱情里，辅导者对浪漫有着强烈的渴望，他们是真的"爱上了爱情"，并希望他们的恋爱深刻、有意义，充满了美和诗意。

自我形象

辅导者为自己对他人的同情心感到自豪。这种对他人的亲密认同几乎达到了意识共享的程度，这也是辅导者人际交往能力的核心，使他们可以从深层理解他人，并帮助他们在工作和个人生活上与他人建立联系。辅导者尊重自己的仁义精神，他们希望自己的家人、朋友以及所有人都感受到友善。辅导者是积极、热情的人，他们相信人性的善是自我成就的先导，也会促成美好事物。最后，辅导者的自信基于他们的真诚。辅导者需要忠于自己、正直诚信，去除矫饰和面具，毫无伪装，真实地生活。如果他们发现自己去欺骗、造假或言不由衷，他们会对自己感到羞愧。

学习方式

　　和所有的理想主义者一样，辅导者的学习风格是交流互动。他们享受与教授进行一对一的沟通，并且常常会将这种友谊延续到课外。辅导者的成长依赖于认同、关怀、特殊关注、个人交流和情感态度上的认同。他们重视并铭记教授给出的正面的反馈，而负面的反馈或批评会令他们失去信心，导致叛逆或懒散的行为。辅导者擅长课堂讨论并能从中学到很多。尽管他们很害羞，会在一开始的时候有所保留，但是他们非常享受与同学的智力互动，并且他们对于各种想法的热情会最终克服他们性格上的保守。辅导者爱好解决问题，对待学习认真，喜欢学术活动，但他们有时是完美主义者，通常付出比实际需要更多的努力来完成任务。

工作中的辅导者

特殊才能和潜质

　　辅导者有着极其丰富的想象力，在某些情况下近乎天才，这使他们能够撰写复杂的作品，比如歌词、小说、戏剧、诗歌，而在一些更加视觉化的"语言"上，例如电影、制图、摄影等，他们的想象力可以发挥得淋漓尽致。尽管在任何领域辅导者的写作技巧都无与伦比，但确实他们还是常常会选择人文科学作为大学所学专业，并且在创意写作方面非常成功。他们可以想象自己进入了另一个世界或变成了另一个角色，这种能力也展现了辅导者非凡的直觉。辅导者会观察人们的感受并能从中领略到或好或坏的细微需求和意图，能察觉得甚至比那些人自己更早。这种近乎神秘的洞察力能够给辅导者的工作提供很多帮助，也是他们体验各种精神现象的杰出能力的基础。这种超常的直觉在辅导者身上经常被发现，而且辅导者能够把这种直觉运用在处理人、事物和事件上，在脑中以画面的形式出现。

工作角色

尽管辅导者喜欢独处和集中注意力地工作（阅读，写作，编辑等），但他们也能在需要与人交往，特别是一对一深入交流的职业中茁壮成长。在商务工作上，辅导者擅长人员配置和职业发展规划，但必须指明的是商业的世界并不是辅导者本来的偏好，教育和政府部门对辅导者来说更具吸引力，这两种职业要求他们能够更外向、发展表达的能力，而这些对于他们来说是值得却辛苦的事情。辅导者可以在众人面前生动地演讲，但之后他们需要安静、独处的时间来重获平衡和能量。最适合辅导者的职业是全科医学工作，尤其是治疗性的咨询。辅导者可以成为杰出的个人治疗专家、临床心理学家或精神病学家，而且他们也能够在这些方面从事写作的工作。在这些领域中，辅导者会将他们优秀的品质带到工作中，如热心、热情，富有洞察力、奉献精神、独创性和语言表达能力等。

管理风格

辅导者通常不会当领导者，他们更乐于独自工作，或者和一小部分重要的同事一起默默地在幕后施展他们的影响力。当辅导者担当管理者的角色时，他们的风格特点是说话温和、热心支持下属。辅导者是天生的欣赏者，总是乐于给人鼓励和赞同。辅导者作为管理者会仔细倾听，并给出许多口头或书面的反馈，使员工感觉自己得到了关注和重视。辅导者主要关注下属的潜力和积极的方面，并经常用赞扬作为鼓励他人的一种方式。他们似乎天生就知道如何在合适的时间说合适的话来振奋人心、鼓舞士气。辅导者享受工作中和人接触，频繁地与下属沟通信息。他们想要与下属建立友谊，了解许多他们个人的问题，并帮助他们进步与成长。事实上，辅导者更关注组织内的个人，而不是组织本身。他们的理想是创建友好的、以人为本的运营模式，文件和产品只是附属品而非主要目标。总而言之，辅导者可以被称为鼓舞人心的管理者，因为他们能够鼓舞或激励下属，不仅让下属工作得更好，还让他们在合作的同时互相关心和彼此尊重。

下属风格

在工作中，辅导者喜欢他们的工作稳定而有序，但不是完全套路一致，并且辅导者会提前安排好他们的工作时间。只要是可行的承诺，他们一定会兑现。辅导者擅长组织中的工作，只要上级尊重他们，辅导者就会忠于他们的上级，而且他们重视员工之间的和谐并会尽自己所能帮助组织稳定、高效地运转。辅导者善于协商与合作，他们通常认为争执或辩论令人不快或有消极作用。辅导者喜欢被赞扬，过多的批评会压垮他们。辅导者非常关注同事间彼此的关系以及他们对组织本身的感觉，他们会友好体贴地对待每一个人，无论是上级还是下级。

团队风格

辅导者在团队项目中无比重要。他们秉持合作精神，对他人异常宽容，并且坚定地致力于公正和公平。辅导者往往在同事中很受欢迎，团队成员乐于和他们一起工作，并觉得他们能够支持和倾听自己的想法。辅导者将人性化、以人为本的理念带到团队中，并能有效地说明所提出的改变或策略可能给社会和个人带来的影响。他们为团队带来温暖、热情和欢乐，能使得团队成员对团队整体和自身定位感觉良好。

理想的工作环境

辅导者最适合在灵活、和谐，适合人成长，允许他们自由创造和实践他们想法的环境中工作。他们理想的工作场所是一个提倡说自己想说的、做自己想做的，有着随性参与精神的民主组织。辅导者需要按自己的主见和方式来工作，如果工作中有太多的专制的要求或需要参照太多教科书式的标准流程，尤其涉及例行公务的书面工作时，他们虽然会尽力顺从，但会有不耐烦和厌恶感。

职业兴趣

辅导者适合能够引导他人生命旅程的工作——帮助他们了解自己并发掘其天赋。以下是一些适合他们的职业选择：

职业咨询师	儿科医生
儿童福利咨询师	精神病医生
营养学家	临床心理学家
理疗师	学校辅导员
生活 / 个人教练	演讲 / 语言治疗师
心理健康顾问	生物学家
牧师 / 神父 / 老师	职业技能培训师
药物滥用顾问	组织发展专员
婚姻咨询师	图书编辑
杂志编辑	编剧家 / 剧作家
大学教授（人文科学）	小说家
教育心理学家	高中教师

辅导者的生活角色

休闲时光

无论辅导者做什么运动，他们通常更好奇运动心理学以及身与心的关联，而不是竞赛的兴奋或敲打和摆动的力学原理。他们尤其着迷于心理 / 精神或"内心游戏"的方式，并经常把运动作为一项长期的承诺，不仅是为了身体健康，也是为了自我完善。在运动和游戏中，辅导者通常会从好的方面看待自己的表现，关注自己做对了什么，而不去细想自己的失误，而且他们喜欢鼓励他人，常常称赞他们的玩伴"打得好"或"不错"。辅导者不会在比赛中太过好胜或好斗，他们不是那种"狠抓狠打"类型的人，也不太纠结于规则。他们动作温柔，对他人的感受也很敏感。辅导者喜爱友谊赛，让每个人都玩得开心且自我感觉良好。当辅导者尽己所能时是很不错的运动员，而且他们能够优雅地甘拜下风，甚至会为他们对手的胜利鼓掌。

辅导者和家庭

辅导者将自己奉献给伴侣和子女，认为自己有责任让他们生活舒适、身体健康、感到幸福。辅导者对情感非常敏感，他们能够直觉地感受到他们家庭成员的情绪和感情，而且他们极其擅长感情的沟通。尤其在涉及伤害和冲突时，他们好像能敏锐地感觉到他们挚爱的人的感受，并且他们会以宽容、理解和衷心的支持来回应。然而，有时他们发现很难从工作中抽身给予家庭更多的时间。尤其当他们忙于他人的个人发展时（教育，咨询，教化等），辅导者会全神贯注于他们的学生、客户或教区居民的问题和发展，这导致他们自己的时间和注意力难以平衡分配。任何人都可以从他们那里获得帮助，而他们爱的人可能正在家里等候他们。辅导者有时需要去学习怎样远离一些人以及如何把工作留在办公室里。

辅导者想要成为孩子的好朋友，他们非常关爱孩子但常常不善于管教。他们讨厌成为子女眼中的"坏人"，反对强硬和强迫的条条框框。他们更喜欢作为一个耐心、体贴的听众来解决孩子的行为问题。事实上，辅导者希望他们所有的家庭成员都能和睦相处，往往会担当家庭外交官或维和人员的角色，努力确保所有家庭成员开心快乐、内心满足，使家里充满爱。但这显然并不可能，所以他们总会因此心力交瘁。所幸的是，辅导者对家庭的爱是无限的，他们会不断地以充沛的热情克服困难。

供应者（ESFJ）

　　你的心理类型和气质分类测试结果显示你是一个供应者（ESFJ），这包括以下四个方面：你在社交上是外向或开朗的（Extraverted or outgoing）；你对周围的世界是富有感知或观察敏锐的（Sensing or observant）；在待人处事的态度上你则是感性或具有同情心的（Feeling or sympathetic）；在行动上你善于判断或行事果断（Judging or decisive）。

　　供应者是伟大的社会贡献者，是支持和维持文明生活所需机构里的热忱而富有责任心的人。供应者在他们的生活和工作中，是有关秩序、安排、期限、后勤、程序及协议、规则及法规的大师，所有这一切都是为了帮助他们提供商品、服务，安慰他们照顾的对象。供应者享受为他人服务，乐于照顾家人、同事和社区居民的健康、福祉。他们很乐意付出自己的时间和精力以确保满足他人的需要、保留传统，并使社会和商业的功用得到成功发挥。

　　大众熟知的供应者有：著名记者芭芭拉·沃尔特斯、美国前总统吉米·卡特、特卖场大亨山姆·沃尔顿、温迪餐馆的创始人（和孤儿收养活动家）戴夫·托马斯等。

　　流行影片中的检查者形象有：《玩具总动员》中的伍迪、《我心深处》中的埃德娜·斯伯丁（萨莉·菲尔德饰）、《美丽人生》中的玛丽·哈奇

（唐娜·里德饰），以及《岳父大人》中的斯坦利·班克斯（斯宾塞·特雷西饰）。

供应者和"护卫者"气质

在更广义的气质领域，供应者和监管者（ESTJ）、检查者（ISTJ）以及保护者（ISFJ）一起同属于"护卫者"气质。总的来说，护卫者有奠基石般的气质，他们坚定不移、通情达理、实事求是，是制度的基础和真正对社会有安定作用的人。

历史上著名的护卫者有：乔治·华盛顿、维多利亚女王、J. P. 摩根、约翰·D. 洛克菲勒、哈利·杜鲁门、特蕾莎修女、文斯·隆巴迪等。

电影中著名的护卫者形象有：《超人》中的克拉克·肯特（克里斯托弗·里夫饰）、《指环王》中的山姆·詹吉（肖恩·奥斯汀饰）、《拯救大兵瑞恩》中的约翰·米勒上尉（汤姆·汉克斯饰），以及《屋顶上的小提琴手》中的特伊（托普饰）等。

语言

供应者一般使用具体的语言，这是指他们通常谈论工作和个人生活中的可靠的事实与数据。虽然他们有时也会参与到和政治或历史相关的抽象的概念和理论的讨论中，但很快他们会回到生活中讨论"现实的"事情，如商品和物价、食品和衣物、健康和财务、居所和家庭，工作和社交生活，姓名、日期与时间，新闻、体育及天气等。对于供应者来说，语言的实际功能就是传递信息，他们无论何时都倾向于以最直白通俗的语言来表达自己。虽然供应者通常可以忍受富有诗意或深具智慧的语言，但他们心里会认为这样的语言不实用，和现实没有太大关系。

和所有护卫者一样，供应者的思考和表达总能相互关联。在他们的思考过程以及随之而来的谈话过程中，一个主题会导向另一个主题，然后再到另一个主题。他们很容易从一个话题转移到另一个话题，说出任何跃入脑中的想法。这种关联能力使供应者尤其擅长社交闲聊，以及记住关于人、地点和事件的各种事实和细节。供应者能记住别人的名字，他们的喜好、家庭关系、家庭成员，以及商务安排、社团和社交活动等。他们常常被看作一部记载他们的社交圈内每个人情况的移动"百科全书"。

通用才艺及技能

所有的护卫者都天生擅长"后勤"工作，就是企业中处理商品与服务、产品和供应的那部分工作。换句话说，他们知道如何确保合适的人在合适的时间、合适的地点得到合适的材料来完成任务。还有些护卫者负责监督运营，检查产品，保护人员和财产。但是供应者最强的能力是对库房的掌控。他们不知疲倦地关注货物数量、等级和运输的细节，知道任何社交或商业活动需要什么东西、多少数量以及对东西的品质要求。他们还擅长鼓动人们加入这样的场合帮忙，这使得他们成为募捐、舞会、宴会、同学聚会、会议和集会等活动的主席。他们操持庆典活动的能力无人可及，而且他们还能够热情、自信、轻松自如地在各种公共聚会上发言。他们是出色的主持人，极度热情。在社交和商务活动中，他们知道每个人的名字，而且会确保每个人都有足够的食物和饮料，能让他们融入其中。因为供应者具有满足他人需求的天分和令人惊叹的社交才能，所以他们往往可以充当社交"胶水"，使工作团队、部门、家庭、社会团体成员和谐相处。

社交取向

供应者是爱交际的人，他们会让各种团体和集会围绕在其周围，从而建立起异常丰富的社交生活。家庭往往是他们的社交世界的中心，但他们也倾向于建立一个广泛而长期的朋友圈。供应者会参加各种社会和民间团体，如教堂互助会、家长教师联合会、地方分会、社区服务俱乐部等，而成为这些组织中声誉良好的成员对他们来说是极其重要的。

供应者爱说话，当独处时可能会变得焦躁不安。他们喜欢用电话和朋友、家人和同事愉快地交谈，甚至会在电影院或超市和排队的陌生人搭讪闲聊。如果在工作场合或为公众服务时，他们的开朗愉快和友好风度会影响整个环境，让人备感轻松。供应者对朋友和邻居的消息真诚地表现出兴趣，他们会很乐意报告社区内发生的事情，就像个信息中心的化身。友谊对供应者非常重要，而且他们也许是各类人中最富有同情心的。同时，当供应者开始关注自己的外表时，他们会比较有自我意识，经常关注朋友对自己的看法。他们充满爱而又深情，也需要得到别人的爱和赞赏作为回报。

价值观

供应者内心非常重视安全感，这就是他们如此坚定地遵从法律和秩序、习俗和传统，以及忠于家庭和社区的原因。供应者天生守法并有道德意识，他们愿做正确的事情，并且只要权威能够获得他们的忠诚和尊重，他们将坚定地遵守规定，服从权威。事实上，护卫者对权威的正当性有充分的信心，他们对政要官员、主管、指挥官、法官、专家、管理人员等一概高度尊敬。

供应者同时也高度重视社会合作，他们坚信服从规则和制度是任何组织，乃至人类文明得以生存和兴盛的基础。他们全心致力于社会秩序的维护，以至于他们会成为社会的终极监管者。对规则、法律、细则、规定、程序、准则、条例、章程以及纲领等的遵守通常都源于他们对秩序的信奉，供应者极其擅长使用此类工具来保护他们服务的组织。然而，供应者对他人的深切同情之心可能会使他们对秩序的需求不那么刚性，他们在做出对与错的判断之前会酌情考虑。

因为他们的外向个性，供应者适合管理、行政或执行等工作。对他们来说，做正确的事情很重要，并且有其自身的价值。供应者相信自己是其所属组织内称职而又人性化的管家或卫士，有为所有人谋求福利的气质和技能。

自我形象

供应者为自己的可靠和勤奋而自豪。无论工作有多困难，他们都希望获得信赖，干劲十足地来承担责任。能够服务他人对于供应者来说尤为重要，为同伴提供帮助使他们感到满足。事实上他们需要注意的是，不要做出太多额外的承诺或承担太多额外的责任。他们的服务意识太强，以至于即使他们已经负担过重，当其他人没有完成分内任务时，他们也无法拒绝额外的任务。最后，供应者希望被视为体贴和有爱心的人，因此他们不断努力工作，以从他们的同伴那里获得表达尊敬的象征物，如感谢信、卡片、纪念品、荣誉证书，以及其他表达喜爱与感谢的东西。通常他们的书房里摆满了这样的纪念品，以及家人、朋友的照片和他们参与过的特殊场合的照片。

学习方式

供应者对待学习可谓尽心尽责。他们学习认真，是反应灵敏而又听话顺从的学生。他们尊重老师，相信课本，几乎不会缺课，而且总是整洁、完整地如期完成作业并及时上交。当任务布置下来以后，他们总是希望有明确细致的指导，然后他们会尽最大努力遵照指导完成。和其他护卫者一样，供应者对关于事实的信息记忆能力超群，擅长依据广为人知的准则和传统模型来组织他们的工作。他们会尽量回避抽象的“理论”课程，而乐意更多地参加“应用”课程或者培训课程，这些课程给了他们掌握日常流程的机会。

工作中的供应者

特殊才能和潜质

供应者的特殊才能在于能够提供商业生活的必需品，即能高标准地保证货物和服务得到合理安排与交付。他们会确保货物或服务准备到位，以满足本部门、办公室、员工或客户的需求，而且会使各种交易都愉快而及时达成。因此，哪怕与最好的销售和客户服务代表比，供应者做得要更超越客户期待。他们不仅行为上表现出对客户利益的真切关注，而且事实上也是如此，所以他们的客户不仅购买产品或服务并保持忠诚度，他们还乐于亲自从供应者那儿购买。在管理岗位的供应者也显示了他们培养员工团队精神的才能。一方面他们是严肃的，另一方面他们天生富有同情心，这使他们能够在客观管理需求和照顾人情之间找到平衡点。

工作角色

供应者是天生的工作场所管理员。他们就像亲切和蔼的旅店主人一样，密切关注正在发生的每件事情，一方面关注物资和用品，另一方面关注员工舒适度与满意度。供应者还在工作中充当"好家长"，他们总是带着浓浓的人情味来制作时间表、分配任务、掌控权限分配、解决纠纷、发放资金、制定和执行规则。供应者性格随和，他们更愿意帮助人们做正确的事，而不去批评他们做错的事。尽管如此，如果有人越界了，或者他们看到规则和程序被违反了，他们常常会面对面和人对质，但是同样也是以一种关切的、人性化的方式来进行。供应者常是心地温和而非坚毅强势的人，他们给工作场所带来温暖、舒适、友好等受人欢迎的感觉。

管理风格

供应者是异常可靠和勤奋的管理者，他们沉稳、可靠、守秩序。他们重视契约、行政规则和传统的体制，所有这些往往对他们的组织起到稳定和巩固的作用。他们尤其擅长设置程序，安排货物和服务，监督项目完成。供应者主持会议氛围友好、就事论事，他们和下属的关系颇为正式但也不失温情。供应者注重维护公司上下层间信息 / 数据流传送的稳定性，以确保每个人获得的信息是同步一致的，哪怕这意味着要有额外的文书工作和电子邮件收发。他们能够敏锐地看到偏差、矛盾和违规行为，希望下属的工作表现是高标准、高原则的。而且尽管他们可以很快评估和评判工作表现，但他们并不急于给员工布置任务。供应者一贯严肃但富有同情心，他们还会毫不犹豫地热情赞许那些出色完成工作的员工。

下属风格

作为员工，供应者认真，忠诚，工作不辞辛劳。他们听从指挥，有条理，守秩序，守时，而且期望别人也能做到这些。他们时刻准备为任何项目全力以赴，履行自己的责任，兑现自己的承诺。如果有一个工作要完成、一个职责要履行，供应者会觉得有义务一定要去做好自己的部分，并且他们往往还会再去承担额外的工作，这会赢得别人欢呼叫好，而供应者自己可能会私下向身边关系亲密的人抱怨。形容供应者心理类型的下属的关键词应该是"合作"，许多同事发现他们的这种合作精神颇具感染力。

团队风格

供应者在团队中稳定地工作，因为他们相信只有靠纪律和团队合作精神才能合作长久、干好工作。作为管理层的一分子，供应者善于社交，温情而又冷静，敏捷果断而又准备充分。他们通常对变化很警觉，如果团队朝新方向过快前进，供应者会有条理地设置障碍以降低其速度。他们会说"小心不会出大错""三思而后行"。供应者会对特立独行的同事或者非传统的想法感到气恼，他们对于这些非常规事物很不耐烦，这可能会造成他们与团队成员之间产生摩擦。

理想的工作环境

供应者在传统的、稳定的工作环境中干得最好。他们更喜欢那些尊重传统可靠的方法和常规操作流程的组织。他们在层级分明的组织里尤其感到自在舒服，这样的组织尊重权威，有清晰的管理指挥链，会给予经历丰富、忠诚组织以及资深的员工大量的权利和特权。供应者无法忍受长期的混乱与粗鲁，也不喜欢过于争权夺利和竞争激烈的组织。要能够长久地感到舒适，供应者需要一个像"家"一样的工作环境，一个重视和培养温情与友好的人际关系的环境。供应者最擅长在工作场所给予别人人性化的私人接触，同时，当他们获得别人这样对待时也是最为开心的。

职业兴趣

供应者在服务行业以及人与人接触的事业中可以发展良好。以下是一些适合他们的代表性的职业选择：

乘务员	餐厅经理
执行秘书	企业主
物业管理员	旅馆老板
家政员	宴会负责人
房地产代理 / 经纪人	社会工作者
小学教师	客户服务经理
旅行代理	超市经理
采购员	销售代表
客户服务代表	店员
食品服务经理	航班乘务员
设施管理人员	社会服务机构管理人员
烘焙店老板	店主
买手	办公室管理人员

诊所经理	医院管理人员
中学教师	校长
财政援助顾问	大专 / 大学管理人员

供应者的生活角色

休闲时光

供应者最喜欢的是各种形式的社交聚会。他们享受招待他们的家人、朋友和同事，他们特别留意照料每个人的食品、饮料、舒适度和享受乐在其中的参与感。他们留心所有那些我们生命各阶段标志性的传统庆典，而且喜欢将这些特殊场合变得欢乐而难忘。他们轻松爱笑，会开玩笑，也是别人的笑话和故事的最佳听众。对供应者来说，如果招待他人是有趣的，那么自己偶尔被招待也是如此。供应者非常享受和亲密的朋友一起外出，去一家不错的（但不是太昂贵的）餐厅吃饭，然后看一场流行的演出、音乐剧、演唱会或参加其他类似的活动，让别人为他们服务和娱乐一个晚上。

供应者和家庭

在物质和道德两个方面，供应者都认真地为家庭提供服务。他们试图确保自己的家人有舒适的家、健康的食物、干净的衣服和可观的财产。他们负责房屋维修、家事、家务、账单和日程安排。对于家庭的仪式和传统，他们认真留意，甚至有点感情用事，会仔细而又欢乐地庆祝生日、纪念日和其他所有的里程碑式的日子及节假日。此外，供应者家庭观念强，是非分明，而且他们希望所有的家庭成员都能如此。他们希望自己的孩子行为良好，易于相处；希望家庭问题能够尽快解决，尽可能减少麻烦；希望家庭生活按照时间有序安排并尊重家庭规则。

监管者（ESTJ）

你的心理类型和气质分类测试结果显示你是一个监管者（ESTJ），这包含以下四个方面：在社交方面你是外向或开朗的（Extraverted or outgoing）；你对世界的看法更多地基于感觉或观察（Sensing or observant）；你待人处事的态度是勤思或坚毅的（Thinking or tough-minded）；在行动上你是有判断力或果断的（Judging or decisive）。

监管者是自己所属群体里出色的管理员，他们是尽责而值得信任的人，会密切关注所有我们最珍视的社会组织。他们是生活和工作中秩序、安排、期限、后勤、程序及协议、规则和法规的大师。他们可以很自然地承担起组织的管理工作，轻松地发号施令和指挥操作。监管者为组织生活提供管理基础，而他们自己在组织的结构、秩序和对执行的重视中茁壮成长。

大众熟知的监管者有：美国前总统杜鲁门、鲍威尔将军、法官朱迪·沙因德林、《60分钟》主播麦克·华莱士等。

流行影片中的监管者形象有：《桂河大桥》中的尼克尔森上校（艾力克·吉尼斯饰）、《霍华德庄园》中的亨利·威尔考克斯（安东尼·霍普金斯饰），以及《鲸骑士》中的柯洛（拉维里·帕拉特恩饰）等。

监管者和"护卫者"气质

在更广义的气质领域，监管者和供应者（ESFJ）、检查者（ISTJ）以及保护者（ISFJ）一起同属于"护卫者"气质。总的来说，护卫者有奠基石般的气质，他们坚定不移、通情达理、实事求是，是制度的基础和真正对社会有安定作用的人。

历史上著名的护卫者有：乔治·华盛顿、维多利亚女王、J.P.摩根、约翰·D.洛克菲勒、特雷莎修女、文斯·隆巴迪等。

电影中著名的护卫者形象有：《超人》中的克拉克·肯特（克里斯托弗·里夫饰）、《指环王》中的山姆·詹吉（肖恩·奥斯汀饰）、《拯救大兵瑞恩》中的约翰·米勒上尉（汤姆·汉克斯饰），以及《屋顶上的小提琴手》中的特伊（托普饰）等。

语言

监管者一般使用具体的语言，这是指他们通常谈论工作和个人生活中的可靠的事实与数据。虽然他们有时也会参与到和政治、历史或法律相关的抽象概念和理论的讨论中，但很快他们会回到生活中讨论"现实的"事情，如商品和物价、食品和衣物、健康和财务、居所和家庭，工作和社交，姓名、日期与时间，新闻、体育及天气等。对于监管者来说，语言的实际功能就是传递信息，他们无论何时都倾向于以最直白通俗的语言来表达自己。事实上，他们通常不信任、不愿理睬那些使用富有诗意或深具智慧的语言的人，他们认为这样的语言不实用，和现实没有太大关系。

和所有护卫者一样，监管者的思考和表达总能相互关联。在他们的思考过程以及随之而来的谈话过程中，一个主题会导向另一个主题，然后再到另一个主题。他们很容易从一个话题转移到另一个话题，说出任何跃入脑中的想法。这种关联能力使监管者尤其擅长社交闲聊，以及记住关于人、地点和事件的各种事实和细节。监管者能记住别人的名字，他们的喜好、家庭关系、家庭成员，以及商务安排、社团与社交活动等。

通用才艺及技能

所有的护卫者都天生擅长"后勤"工作，就是企业中处理商品与服务、产品和供应的那部分工作。换句话说，他们知道如何确保合适的人在合适的时间、合适的地点得到合适的材料来完成任务。还有些护卫者负责提供支持，检查产品，以及保护人员和财产。但是监管者最强的能力是管理人员和操作，如确保时间表的设定与执行，程序的建立和监控，政策的发布与实施，以及表现的评估与讨论等。

社交取向

由于监管者对生活圈的直觉，他们倾向于发展非常丰富的社交生活，主要集中于各种组织和集会。家庭通常是他们社交生活的中心，但他们同时会发展一个广泛而长期的朋友圈。监管者会加入各种他们感兴趣的社团或民间团体，如居委会、家长委员会、地方分会、社区服务俱乐部等，并且在这些组织中有良好口碑对他们来说至关重要。监管者常常会被视为他们所在社区的支柱。

相比其他护卫者，监管者更喜欢加入民间或专业组织。他们会参加政府协会或企业董事会，或者参加地方商会，并且他们常常会加入本地或全国性的政治组织。监管者最适合俱乐部或董事会会议这样的场合，他们诚心诚意参加，轻松地与同事交流，而且常常能就事情发表鲜明的观点。

价值观

监管者内心非常重视安全感，这是他们如此坚定地遵从法律和秩序、习俗和传统，以及忠于家庭和社区的原因。监管者天生守法并有道德意识，他们愿做正确的事情，并且只要权威能够获得他们的忠诚和尊重，他们会坚定地遵守规则、服从权威。事实上，监管者对权威的正当性有充分的信心，他们对政要官员、主管、指挥官、法官、专家、管理人员等一概高度尊敬。

监管者同时也重视社会合作，他们坚信服从规则和制度是任何组织，乃至人类文明得以生存和兴盛的基础。他们全心致力于社会秩序的维护，以至于他们会成为社会的终极监管者。对规则、法律、规定、程序、准则、条例、章程以及纲领等的遵守通常都源于他们对秩序的信奉，监管者极其擅长使用此类工具来保护他们所服务的组织。

相比其他护卫者，监管者更想要掌控一切，他们追求管理、行政、甚至执行等工作。对他们来说，权利与控制很重要，并且有其自身的价值。监管者相信自己是其所属组织内称职的管家，有为所有人谋求福利的气质和技能。

自我形象

监管者为自己的可靠和勤奋而自豪。无论工作有多困难，他们都希望获得信赖，干劲十足地来承担责任。能够服务他人对于监管者来说尤为重要，为同伴提供帮助使他们感到满足。事实上他们需要注意的是，不要做出太多额外的承诺或承担太多额外的责任。他们的责任感太强，以至于即使他们已经负担过重，当其他人没有完成分内任务时，他们也无法拒绝额外的任务。最后，监管者渴望获得他人的尊重，因此他们不断努力工作，以从他们的同伴那里获得表达尊重的象征物，如徽章、证书、奖项等。通常他们的书房里摆满了这些东西，还有名人的亲笔签名照片，具有纪念意义的家庭里程碑式的照片，以及伴侣、孩子和挚爱的人的照片。

学习方式

监管者对待学习可谓尽心尽责。他们学习认真，通常是模范学生。他们尊重老师，相信课本，几乎不会缺课，总是整洁、完整、按时完成作业并及时上交。当任务布置下来以后，他们总是希望有明确和详细的指导，然后他们会尽最大努力依此完成。和其他护卫者一样，监管者对关于事实的信息记忆深刻，擅长依据广为人知的准则和传统模型来组织他们的工作。监管者良好的记忆力和对细节的关注常常使他们在任何自己感兴趣的话题中像一本活百科全书。

工作中的监管者

特殊才能和潜质

监管者无论做什么工作都会本能地表现出他们天生的管理才能。他们举止间透露出权威，能够很容易获得别人的关注。他们乐于指导安排，会很自然而然并且充满自信地发现自己正处于领导者的位置。他们乐此不疲地提升自己，参加夜校、出席研讨会、阅读专业期刊等，为职业发展和晋升做准备。如果监管者能够在创新方面更为灵活，对公司发展有更长远的战略眼光，他们可以跻身管理人员之列。

工作角色

监管者的工作就是关照别人的工作，他们密切关注正在发生的事情，一方面注意策略和程序，另一方面观察员工表现。从某种意义上说，监管者还在工作中充当"家长"角色：他们制作时间表，分配任务，管理权限，解决纠纷，预算资源，制定和执行规则。监管者也充当工作场所"裁判员"的角色，观察下属是否遵守公司规则、循规蹈矩。

管理风格

监管者是异常可靠和勤奋的管理者，他们坚定、可靠、守秩序。他们重视契约、行政规则和传统体制，所有这些往往对他们的组织起到稳定和巩固的作用。他们尤其擅长设置程序，实施规则和条例，监督项目完成。监管者主持会议时就事论事，并且和他们的下属保持着正式的工作关系。监管者注重维护公司上下层间信息 / 数据流传送的稳定性，以确保每个人获得的信息是同步一致的，哪怕这意味着要有额外的文书工作和电子邮件收发。他们能够敏锐地看到偏差、矛盾和违规行为，希望下属有高标准、高原则的表现。监管者对于估量和评价工作表现非常胜任，他们行事严肃，会毫不犹豫地对出色工作给予赞扬，也会毫不客气地惩戒不合格的工作或行为。

下属风格

作为员工，监管者忠诚，工作不辞辛劳。他们听从指挥，有条理，守秩序，守时，同时期望别人也能做到这些。监管者时刻准备为任何项目全力以赴，履行自己的责任，兑现自己的承诺。如果有一个工作要完成、一个职责要履行，监管者会觉得有义务一定要去完成自己的部分，并且他们往往最后还会再去承担额外的工作。

团队风格

监管者在团队中稳定地工作，因为他们相信从长远来看，只有靠合作、纪律和团队精神才能使工作得以完成并给每个人带来好处。作为管理层的一分子，监管者严肃而冷静，果断而准备充分。他们通常对变化有敏锐的警觉，如果团队朝新方向过快前进，监管者会有条理地设置障碍以降低其速度。他们会说"小心不会出大错""三思而后行"。监管者不喜欢标新立异的同事或者非传统的想法，他们对于这些非常规事物很不耐烦，这可能会造成他们与团队成员之间产生摩擦。

理想的工作环境

　　监管者在传统的、稳定的工作环境中干得最好。他们更喜欢那些尊重传统可靠的方法和常规操作流程的组织。他们在层级分明的组织里尤其感到自在舒服，这样的组织尊重权威，有清晰的管理指挥链，会给予经历丰富、忠诚企业以及资深的员工大量的权利和优待。

职业兴趣

　　监管者在允许他们使用其管理和行政天赋的企业或公共组织里能够茁壮成长。以下是一些适合他们的代表性的职业选择：

体育指导	酒店经理
业务经理	博物馆馆长
城市管理者	办公室经理
工厂 / 车间监管或经理	警局 / 消防局官员
葬礼承办人	政治家 / 参谋
总承包人	中学校长
医院管理者	参谋军士
法官	数据库管理员
企业执行者	公司律师
政府管理者	人力资源经理
财务总监	房地产律师
特殊活动业务经理	施工经理
仓库经理	信息技术经理
法院管理者	机场管理者
企业主	教育管理者
地方律师 / 检察官	社会服务管理者

监管者的生活角色

休闲时光

监管者非常喜欢社交活动以及公共或家庭仪式。他们享受通过假日派对、婚礼、聚会、晚餐舞会、公司野餐、颁奖晚宴之类的活动与朋友、亲戚、同事保持联系。监管经常打算培养爱好或保持运动，但是总是忙于工作而没有时间练习或者参加活动。对于监管者来说，工作和家庭的责任是最重要的。当他们休闲娱乐的时候，哪怕只是晚上打打牌，他们仍然会注意自己的行为，小心遵守规则，认认真真计分。

监管者和家庭

监管者过着比较传统的家庭生活，他们好像就是为承担婚姻和育儿的责任而生的。他们是忠实的伴侣、尽职尽责的父母，极其关心所有家庭成员的健康和幸福。他们不大会表露对伴侣的爱，而是用实际的行动来表达，比如给伴侣一个好的家庭，做一个坚强、坚定的陪伴者，认真地记住重要的时刻，如生日和纪念日。监管者的教育方法比较保守，他们担心孩子在家或在学校的行为、态度会有不合适的地方，会在培养过程中坚定地进行引导。监管者有很强的控制欲，他们常常会在家中取得控制权，给伴侣和孩子分配角色和任务。即使全力潜心于他们的工作，监管者依然会为家庭付出很多，比如购物、做预算、打扫、做饭、修理、打理庭院、记账、完税等。

检查者（ISTJ）

你的心理类型和气质分类测试结果显示你是一个检查者（ISTJ），这包括以下四个方面：你在社交上是内向或有所保留的（Introverted or conserving）；你对周围的世界是富有感知或观察敏锐的（Sensing or observant）；在待人处事的态度上你则是善于思考或意志坚强的（Thinking or tough-minded）；在行动上你善于判断或行事果断（Judging or decisive）。

检查者是他们所在群体的优秀哨兵，他们是默默尽责而严谨的人，会密切关注所有我们最珍视的社会组织。无论在家里还是在工作中，检查者承担着保证规则得到遵守、程序得到执行、标准得到维护的责任。这种对细节坚定且耐心的关注，从内部保证了组织的生产不偏离轨道，人员的态度和行为可以达到高标准。

检查者通常会避免成为大家关注的焦点，大众熟知的检查者有：法官桑德拉·戴·奥康纳、税务会计师亨利·布洛克、商人沃伦·巴菲特，以及美国前第一夫人芭芭拉·布什。

流行影片中的检查者形象有：《哈利·波特》里的米勒娃·麦戈纳格尔、《非洲女王号》里的萝丝·赛耶（凯瑟琳·赫本饰）、《金牌制作人》里的里欧·布鲁姆（吉恩·瓦尔德、马修·布罗德里克饰），以及《告别有情天》里的詹姆斯·史蒂文斯（安东尼·霍普金斯饰）等。

检查者与"护卫者"气质

在更广义的气质领域，检查者和监管者（ESTJ）、供应者（ESFJ）以及保护者（ISFJ）一起同属于"护卫者"气质。总的来说，护卫者有奠基石般的气质，他们坚定不移、通情达理、实事求是，是制度的基础和真正对社会有安定作用的人。

历史上著名的护卫者有：乔治·华盛顿、维多利亚女王、J. P. 摩根、约翰·D. 洛克菲勒、哈利·杜鲁门、特蕾莎修女、文斯·隆巴迪等。

电影中著名的护卫者形象有：《超人》中的克拉克·肯特（克里斯托弗·里夫饰）、《指环王》中的山姆·詹吉（肖恩·奥斯汀饰）、《拯救大兵瑞恩》中的约翰·米勒上尉（汤姆·汉克斯饰），以及《屋顶上的小提琴手》中的特伊（托普饰）等。

语言

检查者一般使用具体的语言，即他们通常陈述工作和个人生活中的事实与数据。有时他们也会参与讨论抽象的观点和理论（如和政治、历史或法律相关的），但很快他们会回到生活中讨论"现实的"事情，如商品和物价、食品和衣物、健康和财务、居所和家庭，工作和社交生活，姓名、日期和时间，新闻、体育和天气。对于检查者来说，语言是十分简明和实用的信息交流的工具。他们无论何时都倾向于用简练的、直白通俗的语言来表达自己。他们很少闲聊，通常不信任并不爱理睬那些使用富有诗意或高深语言的人。他们认为这样的语言不实用，和现实没有太大关系。对于检查者来说，行动比语言更重要。

和所有护卫者一样，检查者言其所思。在他们的思维过程以及随之而来的谈话中，一个主题会导向另一个主题，然后再到另一个主题。他们很容易从一个话题转移到另一个话题，说出任何即时的想法。这种联系能力也使检查者尤其擅长记住关于人、地点和事件的各种事实和细节。他们能记住他人的名字、喜好、家庭关系、家庭成员，以及商务安排、社团和社交活动等。

通用才艺及技能

所有的护卫者都天生擅长"后勤"工作，就是企业中处理商品与服务、产品和供应的那部分工作。换句话说，他们知道如何确保合适的人在合适的时间、合适的地点得到合适的材料来完成任务。有些护卫者负责监督运营，提供支持，以及保护人员和财产。但是检查者最强的能力是仔细彻底地检查组织的账目和产品，如公司的账本、农夫的收成、制造商的产品、家庭的预算等，来确保所有的数字无误，产品和材料达标并依计划交付。

社交取向

检查者虽然不是很健谈，但很合群，愿意加入传统的传播价值的组织，如社区的服务组织、教会、慈善机构等。他们一般不会主动加入组织，但如果某个组织使他们感兴趣，他们会很努力地做些幕后的工作，付出他们的时间和后勤方面的才能来支持组织。在工作中，检查者会觉得公司的野餐或者办公室派对是件必要的但麻烦的事，但是他们一旦到场并放松下来，也会过得很愉快。同时和所有护卫者一样，检查者非常看重家庭中的仪式，如婚礼、生日、周年纪念日等，但是他们会因为场面太大、太引人注目而感到不太自在。

价值观

和所有护卫者一样，检查者内心非常重视安全感，这就是他们如此坚定地遵从法律和秩序、习俗和传统，以及忠于家庭和社区的原因。检查者天生守法并有道德意识，他们愿做正确的事情，并且只要权威能够获得他们的忠诚和尊重，他们将坚定地遵守规定，服从权威。事实上，检查者对权威的正当性有充分的信心，他们对政要官员、主管、指挥官、法官、专家、管理人员等一概高度尊敬。

检查者同时也重视社会合作，他们坚信服从规则和制度是任何组织，乃至人类文明得以生存和兴盛的基础。他们全心致力于社会秩序的维护，以至于他们会成为社会的终极监管者。对规则、法律、细则、规定、程序、准则、条例、章程以及纲领等的遵守通常都源于他们对秩序的信奉，检查者极其擅长使用此类工具来保护他们所服务的组织。

检查者注重控制与服从，他们不大喜欢承担管理责任，因此他们在接受管理、行政等方面的职务之前都会再三考虑。检查者通常十分想要保护他们所属的组织，不喜欢对抗，很少会想要培养和人一对一辩论的能力和兴趣，或者在公司内获得晋升。然而，他们对组织的权力状况有非常敏锐的观察，他们喜欢隐藏锋芒，默默而有效地发挥自己的影响力。

自我形象

检查者为自己的可靠和勤奋而自豪。无论工作有多困难，他们都希望获得信赖，干劲十足地来承担责任。能够服务他人和组织对于检查者来说很重要。做好事和为同伴提供具体、实际的帮助使他们感到尤为满足。事实上，检查者需要注意的是不要做出太多额外的承诺或承担太多额外的责任。他们的责任感太强，以至于即使他们已经负担过重，但当其他人没有完成分内任务时，他们也无法拒绝额外的任务。最后，检查者极为渴望获得他人的尊重，因此他们不断努力工作，以从他们的同伴那里获得表达尊重与认可的象征物，如徽章、证书、奖项等。通常他们的书房里摆满了这些东西，还有名人的签名照片、具有纪念意义的家庭里程碑的照片，以及伴侣、孩子和挚爱的人的照片。

学习方式

检查者对待学习可谓尽心尽责。他们学习认真，通常是模范学生。他们尊重老师，相信课本，几乎不会缺课，总是整洁、完整地完成作业并及时上交。当有任务时，他们需要有明确和详细的指导，然后他们会尽最大努力依此完成。和其他护卫者一样，检查者对关于事实的信息记忆能力超群，擅长依据广为人知的准则和传统模型来组织他们的工作。他们良好的记忆力和记忆的完整性，常常使他们在任何自己感兴趣的话题中就像一本活百科全书。

工作中的检查者

特殊才能和潜质

检查者无论做什么工作都会本能地表现出监测和检查的才能。他们目光锐利、注意细节，可以敏锐地看到错误、矛盾和不合规则的地方，这使他们成为理想的考官、审计员和检查员。他们的耐心和毅力可以让他们注意到非常微小的问题，而这些问题可能决定事情的成败。检查者相信"细节决定成败"，这句话一定是他们创造的。他们恪守"如果东西没坏就不要去修"的格言。他们不愿意去改革或者重新发明什么东西，但是会确保按照预定的程序去执行。检查者非常勤奋，有责任感，乐此不疲地提升自己，使自己的后勤技能与时俱进。

工作角色

在工作中，检查者默默地关照别人的工作。所有的人、产品、记录、账目等都必须经过他们的检查，才能被认可和批准，所有违规和矛盾的地方必须记下并上报。检查者确保货品都经过仔细查看，流程得到遵守，物资一定要符合标准并且按照准确的时间和地点送达。他们希望每个人都如此值得信赖。然而，当规则被违反，或者产品质量或标准下降时，检查者的责任感会迫使他们将这些问题汇报给相应的上级。因为检查者可能会固执地坚守流程，他们常常被误解为不够灵活、心肠太硬，这会导致人们欣赏不了他们的好意和奉献精神。事实上，他们作为秩序和标准的看守者，对于任何组织的诚信和健康都是无价的。

管理风格

检查者是异常可靠和勤奋的管理者，他们沉稳、可靠、守秩序。他们重视契约、行政规则和传统体制，所有这些往往对他们的组织起到稳定和巩固的作用。他们尤其擅长设置程序，安排货物和服务，监督项目完成。检查者主持会议的风格是就事论事，他们和下属的关系更偏向正式。检查者注重维护公司上下层间信息／数据流传送的稳定性，以确保每个人获得的信息是同步一致的，哪怕这意味着要有额外的文书工作和电子邮件收发。检查者对于组织内的程序颇具耐心，但是他们对组织内一些人未经授权的行为则并非如此。检查者希望下属有高标准、高原则的表现，尽职尽责，依照程序，按章办事。如果下属在工作上出现失误，或者有不符合准则的行为，检查者虽然想尽量避免冲突，但仍会履行自己的义务，令他们继续完成任务。

下属风格

作为员工，只要上级是检查者尊敬的人，他们将忠诚而不辞辛劳地工作。他们听从指挥，有条理，守秩序，守时，而且期望同事也能做到这些。检查者时刻准备为任何项目努力，履行自己的责任，兑现自己的承诺。他们尊重协议，无论口头的还是书面的，都会一诺千金。如果有一个工作要完成、一个职责要履行，检查者会觉得有义务完成自己的部分，并且他们最后往往还会做额外的工作。而且如果他们因这种不公平的情形而不悦，通常也只是自己在心里发发牢骚，而不会在公开场合抱怨。

团队风格

检查者在团队中稳定地工作，因为他们相信只有靠纪律和团队合作精神才能合作长久、干好工作、对每个人都有利。作为管理层的一分子，检查者认真而冷静，及时果断而又准备充分。他们通常对变化很警觉，如果团队朝新方向过快前进，检查者会有条理地设置障碍以降低其速度。他们会说"小心不会出大错""三思而后行"。检查者会对特立独行的同事或者非传统的想法而气恼，他们对于这些非常规事物很不耐烦，这可能造成他们与团队成员之间产生摩擦。

理想的工作环境

检查者在传统的、稳定的工作环境中干得最好。他们更喜欢那些尊重传统可靠的方法和常规操作流程的组织。他们在层级分明的组织里尤其感到自在舒服，这样的组织尊重权威，有清晰的管理指挥链，会给予经历丰富、忠诚组织以及资深的员工大量的权利和优待。

职业兴趣

能发挥其认真观察事物，遵守规则和程序，严格控制质量和实施法规方面的天赋的工作，会让检查者有超群表现。以下是一些适合他们的代表性的职业选择：

会计	健康检查者
大学招生官	授权管理专家
律师（税务，合同）	移民官
银行监察员	保险评估员
图书管理员	税收服务代理人

建筑监察员	实验室技术人员
报关代理人	财产评估员
过户中介	质量检查官
防火检查者	安全巡查员
预算师	金融分析员
施工监察员	房地产评估人
信贷分析员	审计员
商业银行家 / 信贷员	政府预算分析师
保险索赔审查员	员工福利分析师

检查者的生活角色

休闲时光

  检查者喜欢各种公共的或家庭的庆典活动。他们享受通过婚礼、聚会、颁奖晚会之类的活动与朋友、亲戚、同事保持联系。检查者经常打算培养爱好、保持运动，但是总是忙于工作而没有时间练习或者参加活动。对于检查者来说，工作和家庭的责任是最重要的。当他们休闲娱乐的时候，即使只是晚上打打牌，他们都会注意自己的行为，小心遵守规则，认认真真记分。男性检查者希望偶尔参加男性的聚会，这样他们可以稍微放松一下他们的警惕性。比如每年的狩猎或垂钓旅行，对于他们来说就是一次弥足珍贵的男性典礼。

检查者和家庭

  检查者过着比较传统的家庭生活，他们好像就是为承担婚姻和育儿的责任而生的。他们是忠实的伴侣、尽职尽责的父母，关心所有家庭成员的健康和幸福。他们不大会表露对伴侣的爱，而是用实际行动来表达，比如给伴侣一个好的家庭，做一个坚强、坚定的陪伴者，认真记住对方的生日和纪念日。检查者的教育方法比较保守，他们担心孩子在家或在学校的行为、态度会有不合适的地方，会在培养过程中坚定地进行引导，希望能将传统的社会价值观逐步灌输给孩子。即使检查者全力潜心于他们的工作，他们依然会为家庭付出很多，比如购物、做预算、打扫、做饭、修理、打理庭院、记账、完税等。

建造者（INTP）

你的心理类型和气质分类测试结果显示你是一个建造者（INTP），这包含以下四个方面：在社交方面，你倾向于内向或保守（Introverted or conserving）；你对世界的看法更多地基于直觉或想象（iNtuitive or imaginative）；你待人处事的态度更趋于勤思或坚毅（Thinking or tough-minded）；在行动上你更喜欢去感知或探索（Perceiving or exploring）。这样的人并不多见，人群中只有1%~2%的人具备这样的特质。

建造者是系统设计的大师。他们的兴趣不仅在于绘制框架和蓝图，为大厦或机械设计结构和模型，他们还是创意的建造者，为各个领域设计各种理论模型，这些领域涵盖但不限于教育、商业、哲学、经济、法律、数学、人类学和心理学。他们感兴趣的是教育课程、公司战略、政治和公共关系活动、哲学著述、数学推导和模型、计算机模型、法律论证和科学实验。在这些领域乃至更广阔的范围，世界在建造者的眼中都是有待根据他们的想法重塑的原始材料。

大众熟知的建造者有：建筑师菲利普·约翰逊、商人乔治·索罗斯、经济学家米尔顿·弗里德曼、导演斯坦·利库布里克、苹果公司联合创始人史蒂夫·沃兹尼亚克等。

流行影片中的建造者形象有:《源泉》中的霍华德·罗阿克（加里·库

珀饰）、《美丽心灵》中的约翰·纳什（罗素·克洛饰）、《杀死一只知更鸟》中的阿提库斯·芬奇（格里高利·派克饰），以及《平步青云》中的金斯菲尔德教授（约翰·豪斯曼饰）等。

建造者和“理性者”气质

在更广义的气质领域，建造者和发明者（INTP）、策划者（INTJ）以及指挥者（ENTJ）一起同属于“理性者”气质。总的来说，理性者拥有“智慧”的气质，他们理智、好学、充满好奇，总是想要分析、了解和解释这个复杂世界运转的方式和系统，并且用他们智慧的力量从社会、自然、机械、技术等角度重组这些系统，使其走上新的高效的道路。

历史上著名的理性者有：达·芬奇、牛顿、亚当·斯密、简·奥斯丁、托马斯·杰弗逊、西格蒙德·弗洛伊德、本杰明·富兰克林、拿破仑、林肯、达尔文、乔治·华盛顿·卡弗、居里夫人、马克·吐温、弗兰克·劳埃德赖特、阿尔伯特·爱因斯坦以及荣格等。

电影中著名的理性者形象有：《窈窕淑女》中的亨利·希金斯（雷克斯·哈里森饰）、《平步青云》中的金斯菲尔德教授（约翰·豪斯曼饰）、《指环王》中的甘道夫（伊恩·迈凯轮饰）、《冬之狮》中的埃莉诺（凯瑟琳·赫本饰）、《星际迷航》中的斯波克（里奥纳多·尼莫依饰），以及许多影片中的福尔摩斯等。

语言

建造者通常使用抽象的语言，这是指他们常常讨论的是想法而不是具体事物，是理论而不是事实，是概念而不是经验。建造者关注他们脑中的想法，即他们的“心眼”看到的事情，因此他们不喜欢过多讨论“确切的事物”，而乐于讨论“可能的事物”，如计划、目标、策略、创新、假设、原则、推论、可能性、偶然性、推测等。

和所有理性者一样，建造者思考和发言都遵照逻辑。在思考和发言的过程中，建造者都尽力使自己的语言有意义，因此他们严格对待定义和区别，对分类错误敏感，而且专注于论断的一致性。这种风格造就了建造者对沟通仔细琢磨，避免离题、琐碎和冗余，在沟通中不会引入不具逻辑的内容，也不会传达不具逻辑的资讯。建造者喜欢用精确的、技术性的词汇，并且常常用条件性的"如果……，那么……"结构来讨论假设和结论。他们也尽量避免谈话中不相关的肢体语言及面部表情，而他们本来也不是外向的类型，因此建造者说话时可能表现得不动声色，甚至冷漠。他们在和别人寒暄闲谈时会感到不自在，这一点也不奇怪。

通用才艺及技能

所有的理性者拥有天生的分析能力，换句话说，就是把复杂的系统分解成简单部件以方便理解及改善。他们看到一项实验或一台机器，一个论断或一套方法，一本书或一所大学，一个生态系统或一个计算机网络，或者一场政治运动……不管是什么，都会分析这个系统，确定各个部分以及它们之间如何相互作用，然后决定哪些部分有问题需要改进。还有些理性者用他们的分析技能来掌控组织，制订计划，发明创造。但是建造者最强大的才能是分析空间位置关系，以高效的系统设计，制造出完美的结构模型。

社交取向

建造者往往觉得工作就涵盖了生活，很少有时间或兴趣进行社交。他们也会去参加晚宴、会议等社交活动，以支持他们的组织，但他们通常更喜欢在一个安静的角落认真地跟一个朋友交谈，然后早点回家。如果参加讨论的人多了，建造者会加入其中，但可能并非总是那么温文尔雅。他们很难接受无意义的谈话。在严肃的讨论中他们能带来巨大影响，他们的逻辑和辩论的技巧可以很快主导群体。建造者视所有的讨论为一个达成共识的过程，他们相信自己的功能是消除不一致，这可能导致与他们交流令很多人不舒服。当建造者必须参加某些社交典礼或仪式的时候，他们不会全心全意，注意力总是在其他地方。对建造者来说，社交生活无足轻重，甚至微不足道，他们认为那是建立在低效率的惯例、习俗和传统之上的可悲之事，因此有时候他们的冷漠或蔑视可能会得罪人。

价值观

建造者重视知识，但并非重视知识本身，而是重视知识的实用性，用来帮助他们调查、解决日益复杂的问题。建造者会说"知识就是力量"，对他们而言，一旦开始着手解决问题就可以全天无休。事实上，如果他们没有一个有挑战性的问题在手上的话，他们会饥渴地搜寻一个可以使用他们的知识基础、磨炼他们的技巧的问题。

在压力和紧张的环境中，建造者尤其重视自我控制。当周围事物都失控时，他们仍会保持冷静、沉默、镇定。另外，他们在面对掌控之内的事情的时候可能会变得极其紧张，像拉紧的弓弦，比如当他们全身心投入解决某个问题中的时候。然而，一旦他们真的紧张激动起来，他们会尽力不表现出来，因此建造者常常被指责冷漠无情，而事实上他们内心浪漫，感情强烈，只是深藏不露。

但是不管怎么说，建造者重视理性。他们认为只有理性是普遍而永恒的，只有富有逻辑的原则是不可置辩的。建造者会仔细倾听新的想法，只要它们合情合理、论据充分，或者有理可依。他们对没有意义的想法兴趣不大，并且不会被情感的诉求或不理智的论断所左右。

自我形象

建造者一旦下定决心就定可完成任务的聪明才智，令他们感到自豪。他们喜欢在自己的指挥中感受饱含力量与技巧的智慧，并且希望在任何他们觉得可以胜任的领域都富有创造性。当建造者自主地思考和行动——按自己的法则生活，用自己的眼光观察世界时，他们才会自我肯定。他们抗拒任何想要强加在他们身上的规则和限制，质疑任何束缚他们的规章或传统。最后，建造者将自己的自信建立在他们精神力量的基础之上。他们相信自己可以用下定决心的力量克服任何障碍，主宰任何领域，征服任何敌人。然而不管过去的经历如何证明其意志力的强大，建造者从来不认为这是理所当然的事。当受到压力时，他们最恐惧的是自己的决心可能动摇、精神力量可能被削弱，甚至彻底被击败。但随后建造者会决意更加努力，来打赢这场内心的战争。

学习方式

和所有理性者一样，建造者是独立的学习者。他们喜欢构思自己的想法，追寻自己的兴趣和领悟，跟随信息顺藤摸瓜直到对知识的渴望得到满足。在做研究的时候，他们不会只是简单地收集信息，而是辩证地分析。他们想要知道这些想法是如何组织在一起的，有什么隐藏的矛盾，有什么问题还未解决，等等。由于其好奇的天性，建造者如饥似渴地学习，对于意见他们是不徇私情的实用主义者，他们愿意从任何可以提供有用资源的人那里以任何方式学习，无论他是专家还是业余人士。同时他们生来是个怀疑论者，会本能地对别人告知的事保持质疑，在验证之前不会轻易接受别人的想法。如果老师是他们尊敬的人，建造者能够从课堂中学到很多，并且他们会自发阅读相关资料。然而，在课堂讨论时他们经常保持沉默，他们认为没必要向老师展示自己所知道的事情。

工作中的建造者

特殊才能和潜质

建造者有一种特殊的天赋，他们能够发现、阐明他们所感兴趣的系统的内在结构——技术原则和自然规律。他们总是在寻找这些基本结构，而在他们的探索中，他们比其他任何心理类型的人都更能够集中精力在相关事项上。建造者在系统分析上很有天赋，甚至可以说他们着迷于系统分析。一旦陷入分析过程，建造者就一定要将其各个方面理解透彻。而且，建造者是所有心理类型中思想和语言精确度最高的人。他们可以立刻观察到不一致和差别之处，这使他们能够对世界上的各种结构做出清晰的陈述。

工作角色

在工作中，建造者擅长对空间布局、系统分析、结构设计能力有要求的工作。建造者是逻辑学家、数学家、技术专家、科学家，他们设计教育课程、企业战略、政治思想、哲学观点、数学证明、科学实验等。建造者在这些领域中做原创性研究，但他们也可以是优秀的教师，并且他们似乎可以自然而然地在工作场所胜任教授别人的角色。有时候，由于他们对于发现自然法则和基本原则的执着，他们可能会在日常生活中受到孤立。他们把自己关闭在智力的象牙塔里，可能会被人称作公司的古怪天才或心不在焉的教授。

管理风格

建造者更习惯于传达信息而不是发号施令，所以常常不愿担任行政职务。然而，一旦建造者成为管理者，他们会坚持实事求是，这是指他们会仔细研究方法和结果之间的关系。他们明确自己的目标，以便发现、学习并实施有效的运作。他们审查所有现行政策、程序和人员，质疑所有的规则、传统和工作环境，只有那些能有效服务于目标的才被保留下来。总的来说，他们的"以结果为导向"的管理风格可以将官僚主义作风消除于萌芽状态。在个人方面，建造者作为管理者会用简练的风格对其下属说话，不喜欢说第二遍，也不会去强调显而易见的事情。他们不愿点明暗示，因为他们认为简短的陈述传递信息最为有效。例如，为了展示方法与结果之间的关系，他们可能会拿出一个极其复杂的矩阵图或流程图，并且很自然地期望他们的员工能够发现在他们看来显而易见的信息。建造者对自己的下属期望很高，却几乎不知道如何表达赞赏，甚至会觉得称赞下属有些难为情。毫无疑问，如果建造者能够更加注意下属的情感需求，他们将会获得更好的结果。

下属风格

面对具有挑战性的工作，建造者会付出大量时间，事实上，他们似乎控制不住自己承诺的时间和精力。在工作上，他们会对自己极其苛刻，设定过高的标准，而使自己变得过于紧张，承受过大压力。建造者愿意接受程序和政策的变化，只要这些变化合理。他们乐于质疑现状，清除任何阻碍有效行动的程序。建造者在工作中偏于内向，除与几个亲密的同事熟悉外，很难有人能打探到他们的隐私。他们更喜欢独自在实验室或在自己的电脑和工作台上工作，当沉浸于自己的设计时，他们很容易将其他人隔绝在外。建造者在工作上并没有野心，也不好斗，理论的逻辑性才是至关重要的，而谁将他们的模型付诸实践则是次要的。建造者一旦掌握了理论框架或技术，往往会失去兴趣，转而去应对其他挑战。一旦掌握了管理一个系统的法则，并建造出模型，建造者就会把目光投向下一个问题。

团队风格

建造者是极有价值的团队成员，但他们也可能难以合作。他们认真倾听别人，希望了解别人的想法，并通常会以宽容的心态看待它们。但这些想法必须是有意义的、合乎逻辑的，因而只有一致的和有条理的观点才能被他们接受。建造者能够为团队行动提出一些有创意的替代方案，尽管他们也可能因为花费太多时间鸡蛋里挑骨头而造成团队中的紧张，让别人忘记问题的重点。建造者适应能力强，除非自己的原则遭到了侵犯，那样的话他们将坚持原则而和团队对峙。建造者常常因以自己的智慧为豪而激怒别人。建造者渴望掌握宇宙运行的规律，他们似乎有点自大，与能力或动力不足的人在一起时会变得没有耐心。大多数人很难理解建造者，因为他们往往会用一种复杂的方式思考，在发言中常常过于技术化和精确。团队成员有时会感到被忽视，甚至感觉对于建造者来说自己似乎不存在，而导致一些不满产生。建造者通常这对些情绪的爆发感到困惑，却不善于回应。

理想的工作环境

建造者适合在易接受新思想、新管理理念，注重结果而非过程的组织中工作。虽然他们常常显得与他人有距离感，愿意独自工作，但是建造者也喜欢与那些聪慧的同事一起来激发奇思妙想，他们希望能够在工作场所自由随意地与几个有水平的同事深度讨论。建造者喜欢智力挑战，也喜欢解决对组织有重大影响的"总体框架"问题。建造者不太在意来自管理层的可有可无的赞赏，或者对个人品性的评价，他们希望他们的上级主管能干，博学，高效。建造者希望自己的工作为他们提供学习新东西、获得新技能的机会。如果他们的智慧不能得到发挥，才华不能得到施展，他们可能会迅速离开组织，即使没有离职也会心猿意马。最后，组织要想有效地使用建造者的才华，必须给予他们足够的人力支持，在他们有好的想法时帮助他们记录下来，以免他们失去兴趣而直接投向其他想法。

职业兴趣

建造者在允许他们运用其系统分析和结构设计的天赋的事业中可以得到巨大发展。以下是一些适合他们的职业选择：

信息系统顾问	投资分析师
天文学家	逻辑学家
建筑设计师	数学家
计算机科学家	哲学家
企业战略家	政治学家
经济学家	心理学家
信息分析员	系统分析员
建筑师	理论物理学家
工业设计师	大学教授
太阳能系统设计师	计算机软件工程师

建造者的生活角色

休闲时光

建造者不会为了娱乐而娱乐，而会为了提高自己的游戏技能而娱乐。他们知道娱乐对于身体健康十分必要，因此他们会计划娱乐时间，并把娱乐时间作为提升他们娱乐活动能力的时间。比如，在打网球或高尔夫球的时候，每一局或每一次击球都是他们寻找最佳摆臂、在规范内尝试新动作的机会。而且，在进行自己喜爱的运动时，甚至在玩桌游或卡片游戏时，建造者期待不断地提高技能——越来越少地犯错，而不能倒退。建造者并不是完全无法享受娱乐的，但必须说，他们对自己要求很高，当他们无法消除错误时，他们会对自己非常不满。

建造者和家庭

建造者是忠实而专情的伴侣，尽管有时会忙碌而且非常容易忘记社交活动，如生日、纪念日等。他们通常不会在家里应酬，并且会把社交活动交给自己的伴侣去安排。建造者会和他们的设备在一起，沉浸于书籍、电脑、数码相机等的世界里，只有当他们必须露面时才出现。建造者会花很多时间在家思考工作问题，研究结构逻辑，这似乎可以使他们脱离现实世界，不受日常生活的束缚。但建造者不是冷漠的人，他们对伴侣很热情，只是他们有惊人的能力，能将世界拒之门外，因此需要有人提醒他们走出自己的世界，加入他们的家庭。建造者是尽责的父母，他们享受和孩子在一起，认真对待孩子的成长。他们把孩子视为有权利和特权的理性个体，并给予每个孩子尽可能多的自主权。建造者鼓励孩子对自己的生活负责，并规划自己的学习。在适当的时候，建造者让孩子为自己的行为承担后果，了解现实。

ENFJ

教育者（ENFJ）

你的心理类型与气质分类测试结果显示你是一个教育者（ENFJ），这包含以下四个方面：在社交方面你是外向或开朗的（Extraverted or outgoing）；你对世界的看法更多地基于直觉或想象（iNtuitive or imaginative）；你待人处事的态度趋向于感性或有同情心（Feeling or sympa-thetic）；在行动上你显得颇为果断或有条不紊（Judging or orderly）。

教育者是天生的老师，他们善于表达、友好，是所有心理类型中最热情的人。教育者用充满活力的人格魅力来激发学生。教育者强烈渴望为他人的幸福做出贡献，他们本能地知道如何唤起每位学习者的潜能，激励他们了解世界、挖掘潜能。

大众熟知的教育者有：电视节目主持人奥普拉·温弗瑞、米哈伊尔·戈尔巴乔夫、导演罗布·赖纳、喜剧演员约翰·克里斯等。

流行影片中的教育者形象有：《春风不化雨》中的简·布罗迪（玛吉·史密斯饰）、《音乐之声》中的玛丽亚·冯·特拉普（朱莉·安德鲁斯饰）、《霍华德庄园》中的玛格丽特·施莱格尔（艾玛·汤普森饰），以及《死亡诗社》中的约翰·基廷（罗宾·威廉姆斯饰）等。

教育者和"理想主义者"气质

在更广义的气质领域，教育者和辅导者（INFJ）、奋斗者（ENFP）以及医治者（INFP）一起同属于"理想主义者"气质。本质上，理想主义者具有人性潜在的气质，他们想象丰富、体贴入微，具有很强的道德感。他们热衷于启迪同伴并促进世界的统一和完整，不仅帮助各地的人们成长为真正意义上的人，而且帮助他们学习如何解决分歧、和谐共处。

历史上著名的理想主义者有：圣女贞德、夏洛特和艾米莉·勃朗特、列夫·托尔斯泰、苏珊·安东尼、圣雄甘地、埃莉诺·罗斯福、阿尔伯特·史怀哲、艾米莉·狄金森、赫尔曼·黑塞、威廉·巴特勒·叶芝、马丁·路德·金等。

电影中著名的理想主义者形象有：哈姆雷特（多个版本）、《史密斯先生到华盛顿》中的杰斐逊·史密斯（詹姆斯·斯图尔特饰）、《愤怒的葡萄》中的汤姆·乔德（亨利·方达饰）、《梦幻骑士》中的唐·吉诃德（彼得·奥图尔饰）、《法国中尉的女人》中的莎拉·伍德拉夫（梅丽尔·斯特里普饰）、《阿拉伯的劳伦斯》中的 T.E. 劳伦斯（彼得·奥图尔饰）、《星球大战》中的天行者卢克（马克·哈米尔饰）、《卧虎藏龙》中的李慕白（周润发饰），以及《指环王》中的佛罗多·巴金斯（伊利亚·伍德饰）等。

语言

教育者通常使用抽象的语言，这是指他们谈论的，更多的是想法而非具体事物，是可能性而非事实，是意义而非经历。教育者用心发现，听从内心的声音。他们不喜欢过多地讨论"是什么"，而乐于讨论"可能性"，即那些不可见的和未知的事物，如目标和潜能，信念和直觉，愿望和灵感，梦想和阐释，见解，真实的自我和灵魂等。

像所有的理想主义者一样，教育者思考和谈吐都喜欢象征化。在他们的思维过程以及随之而来的谈话中，教育者总是试图抓住事物的真正含义和意义，因此他们会迅速从局部引申到整体，从微小的迹象引申到广泛的影响，从明显的细节引申到更大的含义。教育者可以本能地看到事物之间的象征或暗示关系，所以他们是隐喻的大师，无论是书面的还是口头的形式，他们的措辞中总是有很多诗歌意象。这种象征性的风格，让教育者可以与他人用一种独特的、富有想象力的方式沟通，这使他们可以把自己最擅长的事做到极致：帮助人们找出事物之间的隐藏关联，从而让他们从一个更有趣的新角度看待世界。

通用才艺及技能

所有的理想主义者都有天生的"外交"技能，换句话说，他们积极敏感的处世方式，能帮人们友好相处甚至彼此关爱，从而让众人共同努力，和谐工作。理想主义者会本能地寻求共同之处，他们能够找到每个人、每件事好的方面，同时他们会换位思考，能够运用比喻性的语言流畅地从不同角度描述事物，因此，鼓舞人心、教化他人所需的技能，理想主义者全都具备。还有些理想主义者使用他们的外交技巧辅导他人，倡导事业发展，或者化解冲突。但是教育者最擅长在团队中引导他人，帮助他人发现学习的乐趣，激发他们的个人潜能。

社交取向

所有的理想主义者都有天生的社交才能，朋友们在他们家里通常都会受到礼遇和热烈的欢迎。教育者与人打交道时尤其富有魅力，且对人关怀体贴，因此他们通常有很多好朋友。教育者常常会参与各种涉及文化和个人发展的项目，如"伟大图书"课程、瑜伽课程、戏剧小组、电影社团等，并且他们会加入讨论组，谈论当今的社会和政治问题，以及教育、心理学、宗教、文学等方面的最新趋势。教育者同时很有社会责任感，他们非常乐意奉献自己的时间、精力和金钱（如果有的话），帮助同伴获得更好的生活。这就是为什么他们会受人道主义的感召，参与传教、慈善、社区志愿者活动、仁人家园、和平队等事业。

价值观

教育者情感强烈，他们珍视情感，快言快语。幸运的是，教育者通常热心并关爱他人，所以他们的强烈情感通常表现为外在的无限热情。尤其在讨论看法或与人分享见解时，他们热情洋溢，不仅令人愉快而且富有感染力，经常能够激励周围的人。

教育者也重视他们对人的直觉。他们对第一印象、提示、建议、迹象、暗示、象征符号非常敏感。教育者会跟随自己的直觉，留心自己的感受，相信直觉或"第六感"能够告诉自己所有需要了解的信息。教育者的直觉跳跃且异常准确，如同他们可以透过他人的眼睛看到他人的心里，这常常使他们对于他人和人际关系有着惊人的洞察力。

教育者视浪漫高于一切。事实上，关于理想主义者最重要的一点就是，他们是无可救药的浪漫主义者。在生活的各个领域，教育者对现实的关注远没有对浪漫的理想的关注那么多。特别是在爱情里，教育者对浪漫有着强烈的渴望，他们是真的"爱上了爱情"，并且希望他们的恋爱深刻、有意义，充满了美和诗意。

自我形象

教育者为自己对他人的同情心感到自豪。这种对他人的亲密认同，几乎达到了意识共享的程度，这是他们人际交往能力的核心，也使他们能从深层次理解他人，并帮助他们在工作和个人生活上与他人建立联系。教育者也尊重自己的仁义精神，他们希望自己的家人、朋友以及所有人都感受到友善。教育者是积极、热情的人，他们相信人性的善是自我成就的先导，也会促成美好事物。最后，教育者的自信基于他们做人的真诚。教育者需要忠于自己、正直诚信，去除矫饰和面具，毫无伪装，真实地生活。如果他们发现自己去欺骗、造假或言不由衷，他们会对自己感到羞愧。

学习方式

　　和所有的理想主义者一样，教育者的学习风格是交流互动。他们喜欢与教授和导师进行一对一的沟通，而且常常会将这种友谊延续到课外。教育者的成长依赖于认同、关怀、特殊关注、个人交流和情感态度上的认同。他们重视并铭记教授和导师的反馈，尤其是正面的反馈，而负面的反馈会令他们苦恼，但通常不会令他们崩溃。教育者生活态度乐观积极，这使得从某种意义上说他们不会受他人评价的影响。教育者享受与同学的智力互动，在班级讨论、小组汇报等活动中他们经常本能地担当起领导者的角色。教育者爱好解决问题，对待学习认真，喜欢学术活动，但他们有时是完美主义者，通常付出比实际需要更多的努力来完成任务。

工作中的教育者

特殊才能和潜质

　　教育者喜欢提前将他们的工作安排好，但他们也有一项特殊的才能——可以在准备不够充分的情况下出色地临场发挥。一位经验丰富的教育者可以在瞬间几乎毫不费力地打造出一整套颇有吸引力的团队学习的方法。对于一些教育者而言，他们这种启发学生想象力的天生的能力可以让他们成为创造天才。教育者还拥有一种天生的能力——识别和了解他们的学生，因材施教，帮助他们开发自己，从而让他们每个人都获得欣赏并有参与感。同时，教育者极其擅长语言表达，尤其是那种一对一、面对面的口头交流。教育者热心，精力充沛，热情洋溢，他们会毫不犹豫地表达自己的心声、分享他们的感受。他们往往会夸张地表达自己的观点，如果多加练习，他们可以成为卓越的演说家。这种口头表达能力使教育者在团队里颇有影响力，因而在学校或组织中他们往往被要求担当领导者角色。

工作角色

教育者把人作为他们首要关注的对象，他们自然地传递关爱、关心，主动指导他人的学习。在工作中，他们承担的不是教练，而是辅导员的角色，他们可以成为优秀的人力资源开发主管，其工作就是找到合适的人选，鼓舞员工士气，帮助他们在其职业道路上有所发展。媒体和政府部门等的工作也适合他们，他们能够成为优秀的治疗师、教育工作者、讲师、律师、初级保健医生甚至戏剧演员，几乎所有通过人际沟通来辅导、发展他人的工作，教育者都可以胜任。在以上的任何职业中，教育者都能表现出他们优秀的品质：热心、热情，富有洞察力、奉献精神、独创性和口头表达能力等。

管理风格

教育者是天生的团队领导者，他们魅力四射，精力充沛，能够自如地下达命令。作为管理者，他们更关注组织内的个人，而不是组织本身。教育者会和下属建立个人关系，给予他们关怀并对他们的喜怒哀乐显示出真挚的关注。他们的理想是创建友好的、以人为本的运营模式，文件和产品只是附属品而非主要目标。教育者作为管理者总是准备充分且机敏，他们会召开秩序井然的会议，也会要求与会者参与发言，然后认真听取他们的意见。教育者是优秀的欣赏者，总是乐于给人鼓励和赞同。同时他们也是杰出的激励者，他们会让下属找到自己最好的一面，并且让他们相信"天生我材必有用"。教育者经常把表扬作为一种激励工具，他们好像天生就知道如何在合适的时间说合适的话来振奋人心、鼓舞士气。这种积极的能量可以很好地影响员工，使其愿意为期望而奋斗，并让员工获得超出自己想象的成长和发展。总而言之，教育者可以被称为鼓舞人心的管理者，因为他们善于激励下属，不仅让下属工作做到最好，还让他们在合作的同时互相关心和彼此尊重。

下属风格

在工作中，教育者喜欢准确果断地做事情，并将他们的工作提前计划好。只要可能，他们一定会兑现所有的诺言。教育者在组织中工作很有效率。只要上级尊重他们，他们就会忠于他们的上级，而且他们重视员工之间的和谐并会尽自己所能帮助组织顺畅高效地运转。教育者善于协商与合作，他们通常认为争执或辩论令人不快或有消极作用。他们喜欢赞扬，而不在意批评，但是讽刺会让他们非常困扰。教育者非常关心同事间彼此的关系以及他们对组织本身的感觉，他们会友好对待每一个人，无论上级还是下级。

团队风格

教育者是优秀的团队成员。他们秉持合作精神，对他人异常宽容，并坚定致力于公正和公平。教育者往往在他们的同事中很受欢迎，团队成员乐于和他们一起工作，并觉得他们能够支持和倾听自己的想法。教育者将人性化、以人为本的理念带到团队，并能有效地说明所提出的改变或策略可能给社会和个人带来的影响。他们为团队带来温暖、热情和欢乐，能使得团队成员对团队整体和自身定位感觉良好。

理想的工作环境

教育者最适合在灵活、和谐，适合人成长，允许他们自由创造和实践他们的想法的环境中工作。他们理想的工作场所是一个能畅所欲言、自主做事、具有随性和参与精神的民主组织。教育者需要按自己的主见和方式来工作，如果工作中有太多的专制的要求或需要参照太多教科书式的标准流程，尤其当涉及例行公事的文字工作时，他们虽然会尽力顺从，但会有不耐烦和厌恶感。

职业兴趣

在允许他们指导他人学习的工作中，教育者可以茁壮成长。以下是一些适合他们的职业选择：

幼儿保健指导者	教学设计师
房地产经纪人	医疗设备销售代表
公共关系经理	布景师
教育管理员	执行董事
戏剧教练	特殊教育老师
编辑（图书、杂志）	中学老师
教育软件开发者	培训与发展指导师
人力资源执行官	青年服务指导师
营销专家	企业家 / 业主
校长	学院教授
企业培训师	广告执行官
培训 / 研讨会开办者	团队建设专家
心理学家	社会服务处执行官
励志演说家	教育材料销售代表
销售培训经理	组织发展顾问
执行教练	生活教练

教育者的生活角色

休闲时光

无论教育者做什么运动，他们通常更好奇运动心理学以及身与心的关联，而不是竞赛的兴奋或敲打和摆动的力学原理。他们尤其着迷于心理 / 精神或"内心游戏"的运动方式，并经常把运动作为一项长期的承诺，不仅是为了身体健康，也是为了学习。在运动和游戏中，教育者通常会从好的方面看待自己的表现，关注自己做对了什么，而不去细想自己的失误，而且他们喜欢鼓励他人，常常给予他们的玩伴赞扬——"打得好"或"不错"。教育者不会在比赛中太过争强好胜，他们不是那种"狠抓狠打"类型的人，而且因为心里深知公正尺度，有时反而不太执着于比赛规则。他们动作温柔，对他人的感受颇为敏感。教育者喜爱友谊赛，让每个人都玩得开心并自我感觉良好。同时他们也会尽己之力打好比赛，他们是输得起的运动员，能够优雅地甘拜下风，甚至会为他们对手的胜利鼓掌。

教育者和家庭

教育者将自己奉献给伴侣和子女，认为自己有责任让他们生活舒适、身体健康并感到幸福。尤其当他们挚爱的人被伤害或有冲突时，教育者好像能敏锐地体察到他们的感受，并会以宽容、理解和衷心的支持来回应。教育者希望他们的家庭和谐有秩序，但是他们不专制，更喜欢以一个明智的导师或耐心、善解人意的听众的身份来解决问题。事实上，教育者常常担当家庭外交官或维和人员的角色，努力确保所有家庭成员开心快乐，内心满足，使家里充满爱。但这显然并不可能，所以他们总会因此心力交瘁。有时他们发现很难从工作中抽身给予家庭合适的时间，员工、同事、学生的个人需求有时会让他们难以去一一满足，他们会觉得自己在情感上无法协调周全，这可能会给他们挚爱的人造成负担。所幸的是，教育者对家庭的爱是无限的，他们会不断地以充沛的热情克服困难。

ISTP

手艺者（ISTP）

你的心理类型和气质分类测试结果显示你是一个手艺者（ISTP），这包含以下四个方面：你在社交上倾向于内向或保守（Introverted or conserving）；你对周围的世界是充满感觉或观察敏锐的（Sensing or observant）；你待人处事的态度是勤于思考或意志坚强的（Thinking or tough-minded）；在行动上你则是有知觉力或聪明灵巧的（Perceptive or clever）。

手艺者天生精通工具，他们坚强、沉静，对各种工具都有超强的掌控力，包括设备、机器、器皿、武器和乐器等。在小时候，手艺者会如磁铁般被工具吸引。工具似乎就该是在他们手里被使用的，手艺者能够迅速地、精确而灵巧地使用工具，这种技艺高超到令人难以置信。

大众熟知的手艺者有：演员哈里森·福特、音乐家迈尔斯·戴维斯、篮球运动员迈克·尔乔丹、演员及导演克林特·伊斯特伍德、心脏外科医生克里斯蒂安·巴纳德等。

流行影片中的手艺者形象有：《天生好手》中的罗伊·豪伯（罗伯特·雷福德饰）、《心如车轮》中的雪莉·穆尔唐尼（邦尼·彼地丽娅饰）、《神枪手》中的约翰·伯纳德·布克斯（约翰韦恩饰），以及《江湖浪子》中的艾迪·菲尔逊（保罗·纽曼饰）等。

手艺者和"技艺者"气质

在更广义的气质领域，手艺者和创作者（ISFP）、倡导者（ESTP）以及表演者（ESFP）一起同属于"技艺者"气质。总的来说，技艺者注重"做事情"，他们自由、率真，能本能地在正确的时间做正确的事情并得到他们想要的结果。这正是艺术创作的真谛——有效、有魅力地把自由动作有机地组织起来。技艺者天生擅长各类艺术，不仅体现在美术方面，还体现在手工艺、表演艺术、体育竞技、戏剧、厨艺、军事和政治艺术，以及"交易的艺术"等方面。

历史上著名的技艺者有：西奥多·罗斯福、阿梅莉亚·埃尔哈特、温斯顿·丘吉尔、欧内斯特·海明威、路易斯·阿姆斯特朗、巴勃罗·毕加索、贝比·鲁斯、埃尔维斯·普雷斯利等。

电影中著名的技艺者形象有：《乱世佳人》中的瑞德·巴特勒（克拉克·盖博饰）、《闪舞》中的亚历山大·欧文斯（珍妮弗·比尔斯饰）、《壮志凌云》中的"独行侠"皮特·米歇尔（汤姆·克鲁斯饰）、《怒海争锋》中的杰克·奥布里（罗素·克洛饰）、《永不妥协》中的艾琳·布洛克维奇（朱莉娅·罗伯茨饰）、《灵魂歌王》中的雷·查尔斯（杰米·福克斯饰）、《一往无前》中的约翰·尼卡什（乔奎因·菲尼克斯饰），以及二十多部007 电影中的詹姆斯·邦德等。

语言

手艺者通常使用具体的语言，这是指他们通常谈论现实世界中正在发生的事情。手艺者一般寡言少语，他们一旦开口，会倾向于谈论具体事物，以及现时现地他们能看到、抓住和使用的东西。他们的语言通常非常实际并切中要害，会使用简单的词语去描述自身的经历，讲述与他们相关的工具、玩具和冒险的具体细节。抽象的言论如定义、理论、幻想、原则、假设、符号、解释等无法抓住他们的注意力。这些言论对其他人而言或许尚可接受，但对于超现实主义的手艺者来说只是浪费时间。

和所有的技艺者一样，手艺者和谐地思考和表达自我，他们非常懂得使用合适的语音，并为自己和观众选择悦耳的词语。这样一种感性的意识使手艺者尤其倾向于在演说中使用诸如"光滑的""凉爽的""锋利的""热辣的"等一些可感知的、有画面感的词语，并且喜欢使用简洁的俚语，如"没门""随便""加油"等。

通用才艺及技能

所有的技艺者都天生擅长"战术"，这是一种运用策略立刻改善自己处境的艺术。换句话说，技艺者生来就会即兴发挥，一旦他们知道该去哪儿，或者发现了目标，他们可以快速找到最佳方案来达成目标。这种运用"战术"的能力是最容易被注意到的一种才能，因为它可以发生在赛场上、办公室里、商店里、舞台上等任何需要行动的地方。还有些技艺者运用战术的能力可以体现在企业营销、为观众表演，或者创作艺术作品中。但是手艺者最强大的技能是能够尽善尽美地使用任何工具和设备。

社交取向

手艺者颇难被人理解，大概是因为他们倾向于用行动来交流，对于提升口头表达能力几乎没兴趣。在学校和工作中，他们的安静将他们与周围隔离开来。即便跟朋友在一起，彼此的伙伴关系也是基于手艺者使用工具的技能的，他们用干活做事来表现自己，和朋友的交流对话也很简短。虽然手艺者喜欢独来独往，但是通常他们也会发展出一个较小而忠诚的朋友圈，在这个朋友圈中，他们非常慷慨大方，经常帮助别人做一些事情，如房屋改建、修车修船。尽管如此，手艺者仍然很少真正让别人与他们亲近，所以通常他们还是难以被理解的。他们很理解这句格言的意思：独行侠走得最快。

价值观

手艺者有着根深蒂固的、几乎无限的对刺激的需要，这就是为什么他们如此重视兴奋和冲动。手艺者以兴奋、紧张、受鼓动、被需要为生，他们可以长时间维持兴奋的状态，"一刻也不能无聊"是他们的座右铭。事实上，越兴奋，手艺者会表现得越好，他们常常在最兴奋的瞬间有最精彩的表现。同样，手艺者享受冲动支配自己、突然的躁动从内心升腾的感觉。他们喜欢冲动行事，就像引发一场爆炸一样，而最重要的是他们相信这种冲动。他们会说："想做就做。"对手艺者来说，冲动、兴奋的生活才是最自由和最有创意的生活。

虽然手艺者是那种经常会耸耸肩、转身就远离人群的人，但他们仍希望对他人产生影响，想要有强烈的存在感。无论是在艺术界、医学界、战场上，还是在球场上，手艺者都极其渴望做一些令人瞩目、印象深刻的事，以留下印迹、引起轰动、获得成功。手艺者为人慷慨大方，是不可救药的乐观主义者，认为世界上满是任人自由享用的东西，享受冲动的"我的就是你的"的慷慨感觉。他们觉得给朋友什么都不为过，他们甚至会把身上的衬衫送给你，仅仅因为他们想要这样做。

自我形象

手艺者为自己行为的艺术性感到骄傲，能够颇为专业地使用任何工具。手艺者会不遗余力地使自己表现得完美，不断改善自己的表现，将技巧发挥到极致。他们会一遍遍尝试直到能轻松自如地运用，而且不仅要自如，还要无畏。当手艺者勇敢无畏，向他们自己和其他人证明自己可以直面危险并克服恐惧时，他们感受到自我肯定。最后，手艺者的自信建立在他们适应突发事变的速度和灵活性上——在紧要关头迅速调整状态，以最大限度地抓住机会或至少能够稳住阵脚。这种适应能力就是手艺者在突发状况下表现出色的原因。他们总是乐于接受改变，时刻准备尝试新的方法，这使得他们可以克服他人可能无法克服的障碍。

学习方式

　　手艺者采用积极的学习方式。他们在富于冒险、探索与竞争的氛围中，在声音、颜色、动作都很丰富的情形下，通过实际操作学习得最快。他们对语言没什么兴趣，这使得他们看起来好像学得很慢，但这其实是一种误会。手艺者在感官体验上非常有天赋，尤其在动手、用眼这两个方面。要想让他们保持学习的兴趣，需要提供动手学习的体验，让他们能够积极地控制、操作和制作东西。使用传统的纸和笔的学校作业对他们来说极其枯燥，被动地听讲座和解释使他们感到无聊，说明书和书面答案使他们缺乏激情。这样的学习他们常常无法完成，并可能最终引发和老师的冲突。因为他们喜欢娱乐，所以视觉媒体展示对于手艺者来说吸引力更大，并且能够牢牢抓住他们的注意力。手艺者也需要尽可能地自主掌控自己的活动，他们反抗严密的监督，认为规则指令也可以随机应变。通常能让手艺者愿意待在学校的是运动和音乐，他们可以在这些活动上花费很多时间和精力，因为这些活动涉及肢体动作的不断完善。

工作中的手艺者

特殊才能和潜质

　　手艺者在使用各种工具方面有特别的才能，不仅是建筑上的手工和电动工具，还有各种各样的车辆、武器、机器、运动设备、医疗器械和乐器等。从微型钻头到喷气式战斗机，从小巧的解剖刀到巨大的起重机，从棒球棍到电吉他，手艺者总是想要掌握任何激起他们兴趣的工具或乐器的使用方法，并且成为手工艺、贸易和任何需要工具使用技能的行业中的专家。然而，虽然手艺者想要做到最好，但他们不会用工具不断地练习，而是在冲动的支配下玩耍这些工具，有时这种冲动持续好几个小时。对手艺者来说，自由、自发、无目的的行动会比刻意做某事更有趣、更有效。

工作角色

在工作中，手艺者是精明的实用主义者，为了完成工作可以做任何需要做的事情，因此面对危机他们能够保持冷静，并自如有效地应对。相比规章和标准操作流程，手艺者更关注什么是确实有效的，他们不讲究客套，不为辩护自己的行为而过多操心，只注重可以立即使用的捷径和方法。这使得手艺者成为非常可贵的机械故障检修员，面对紧急情况，他们能够让机器设备恢复运转，让生产恢复正常。手艺者是天生的猎手，他们对待工作就像追踪猎物一样，全副武装，脚步轻盈，高度警惕，高度自信。

管理风格

手艺者可以自如地下达命令，但是对语言沟通缺乏兴趣，因此他们不大会谋求管理岗位。当手艺者真的成为生产线管理者或车间领班时，他们适应能力强，思想开放，容易相处。他们欢迎新的想法，一旦新的事实、新的情况出现，他们会很快改变定位。他们关注现实，不担心一些可能发生的事，也不会为了寻找动机或去理解一些隐藏的含义而烦扰自己或他人。他们不会主观评判下属，而是根据不断变化的实际情况尽可能接受他们的行为。事实上，手艺者喜欢表达欣赏，并且他们有一种让他人与自己或与他人互相合作，齐心协力完成任务的天分。

手艺者不喜欢做常规的文书工作，记录流程，做目标陈述，他们更喜欢逃离办公室来处理问题和日常运作中的紧急事件。手艺者通常清楚他们的组织目前的运转情况，他们目光敏锐，对人对事观察细致准确，因此能够快速发现问题，并且会尽其所能解决问题。手艺者对于和系统抗争并无兴趣，他们最擅长临场发挥，利用手上的人员和资源解决问题、现场救火。

下属风格

　　作为员工，手艺者虽然安静，却非常不听话，他们认为层级和权力是不必要甚至是令人讨厌的。他们不至于过分违反规章制度和日程安排，只是简单地无视它们而且不让它们影响事情的进程。手艺者必须自由地做自己的事情，随着内心的冲动去实施每个新行动。如果外部强加的流程和他们内在的冲动是一致的，那么没有问题；如果不一致，外部流程就会被忽视。手艺者极少参与公司事务，往往按自己的方式行事，直到有危机事件发生，他们被动员后才开始行动。一旦投入一个项目，手艺者将尽其所能，使用各种有效的方法去把工作做好。他们感兴趣的方式和方法必须能够立即生效，否则还需要它们干吗？如果某些行动对解决问题没有帮助，他们会质疑为什么还要做。手艺者不会过于担心犯错，或违反规则、冒犯他人，他们会尝试一些行动以测试其有效性。如果它们是有效的，就保留它们；如果它们是无效的，就毫不犹豫地把它们放在一边，马上尝试别的行动。

团队风格

　　由于手艺者和其他人总是保持友好的关系，因此他们是出色的团队成员。机动性是他们的核心本质，他们灵活对待自己和他人，并且最擅长现场解决问题。另外，因为手艺者喜欢冲动行事，他们可能会不在乎时间表，缺乏准备，无法按照协议行事，也常常会拒绝或拖延该做的日常文书工作，所有这些都可能导致团队内部产生摩擦。

理想的工作环境

　　手艺者在注重灵活机动、个人自治和创新的组织中感觉最为舒适。为了能最大化工作效果，手艺者需要自由来探索和改变方向、更改规则、冒险、凭直觉往前走。手艺者需要灵活的工作时间，尽可能少的监督，以及一个"兄弟连"般的平等氛围。最后，却并非最不重要的是，如果作为管理者，手艺者需要一个细心的助理，提醒他约会时间、项目截止时间，并处理细节问题和文书工作，直至工作结束。

职业兴趣

手艺者在需要熟练使用工具的工作中茁壮成长。以下是一些适合他们的职业选择：

企业主	职业教育老师
工业工程师	音乐家
计算机维修员	飞行员 / 飞行教官
牙医	放射医疗技师
考古学家	阻击手
消防员	主厨 / 厨师长
雕刻家	外科医生
勘测员	环境工程师
救援减灾工作人员	采购代理 / 专业买手
情报人员、间谍	急救医疗技师
电工	计算机工程师
视频技术工程师	放射科技师
理疗师	

手艺者的生活角色

休闲时光

　　手艺者玩的时候和工作的时候一样寻求刺激，他们会寻找任何机会甚至还会偶尔不去工作，来摆弄他们的玩具，如汽车、摩托车、船、沙丘越野车、猎枪、潜水装置等。在游戏或比赛中，手艺者表现得非常争强好胜，赛车、滑冰、越野、蹦极、滑翔、跳伞、冲浪带来的极速快感正是他们渴求的那种兴奋。对于这些活动，他们毫不畏惧，总是挑战自己技巧的极限，不断地冒险，即使经常受伤也不退缩。在所有的心理类型当中，手艺者是最胆大鲁莽、最有冒险精神的，他们敢于和危险较量。事实上，手艺者沉迷于冒险，他们会一次又一次地尝试冒险，不断把自己推向险境边缘。"生命太短暂了，"他们会说，"要尽情尽兴活在当下。"

手艺者和家庭

　　手艺者如果生活不精彩则会觉得毫无意义，他们敢于铤而走险，时间、精力和金钱都必须现在就用掉。他们四下搜寻那些酷的汽车、仪器、装备等，不会太在意价格。对于手艺者来说，金钱是用来享受的，而不是为穷困日子留着的。他们可能某个月小有积蓄，但是下个月就花光了，甚至可能今天有明天就用完了，因此他们的伴侣需要做好准备：生活可能富足，也可能一贫如洗。和朋友或伴侣在一起，大多数手艺者无法抗拒一些铺张浪费的行为。他们喜欢花大钱赠送贵重礼物，仅仅为了开心。不管怎样，手艺者仍算是非常有吸引力的伙伴，他们有趣，有才华，有情调，并且为人友善。但是别忘了，他们需要一根长长的"锁链"被牵制。手艺者的伴侣不必嫉妒他们的工具、玩具、冒险行为，而应该给他们提供一个稳定的、宽容的家庭。

　　作为父母，手艺者通常很随和，放任孩子，他们更关心如何拓展孩子的能力而不是禁锢他的发展。手艺者自身易受灵感激发，因此他们会给孩子许多自由，让他随时做他想做的事，并且他们会给孩子充足的机会去玩，去做游戏，去冒险。手艺者鼓励他们的孩子走进现实世界去尝试，即使这意味着孩子最后会以一种痛苦的方式从自己行为的后果里吸取经验教训。当孩子和他们顶撞，或妨碍了他们，他们也会表现强硬，甚至会严厉批评孩子。但是这种强硬不是严格，并且手艺者其实希望他们的孩子有些胆量，敢于冒险。他们认为给孩子太多限制会让他做事情畏首畏尾，而手艺者和所有技艺者一样，难以接受他们的孩子过于胆小怕事。

医治者（INFP）

　　你的心理类型与气质分类测试结果显示你是一个医治者（INFP），这包含以下四个方面：在社交上你倾向于内向或保守（Introverted or conserving）；你对世界的看法会更多地基于直觉或想象（iNtuitive or imaginative）；你待人处事的态度趋向于感性或有同情心（Feeling or sympathetic）；在行动上你喜欢感知或探索（Perceiving or exploring）。

　　医治者是伟大的社会和平缔造者。虽然他们表面上显得文静和安详，但内心里他们热切地关注着自己和所爱之人培养一种健康和完整的精神。在一个内部分裂、外部冲突的世界里，医治者听到一种召唤，要在他们自己的生活中找到统一，在他们的关系中创造和谐，并且帮助世界各地的国家解决它们的分歧，带去和平。

　　大众熟知的医治者有：戴安娜王妃、歌手/作曲家乔治·哈里森和卡特·史蒂文斯、反种族隔离活动家纳尔逊·曼德拉、演员/人道主义者奥黛丽·赫本。

　　流行影片中的医治者形象有：《日瓦戈医生》中的尤里·日瓦戈（奥马尔·沙里夫饰）、《印度之行》中的穆尔夫人（佩吉·阿什克罗夫特饰）、《细细的红线》中的大兵威特（詹姆斯·卡维泽尔饰）、《爱到尽头》中的萨拉·迈尔斯（朱丽安·摩尔饰），以及《寻找梦幻岛》中的J.M.巴里（约翰尼·德普饰）等。

医治者和"理想主义者"气质

在更广义的气质领域，医治者和奋斗者（ENFP）、辅导者（INFJ）以及教育者（ENFJ）一起同属于"理想主义者"气质。本质上，理想主义者具有人性潜在的气质，他们想象丰富、体贴入微，具有很强的道德感。他们热衷于启迪同伴并促进世界的统一和完整，不仅帮助各地的人们成长为真正意义上的人，而且帮助他们学习如何解决分歧、和谐共处。

历史上著名的理想主义者有：圣女贞德、夏洛特和艾米莉·勃朗特、列夫·托尔斯泰、苏珊·安东尼，圣雄甘地、埃莉诺·罗斯福、阿尔伯特·史怀哲、艾米莉·狄金森、赫尔曼·黑塞、威廉·巴特勒·叶芝、马丁·路德·金等。

电影中著名的理想主义者形象有：哈姆雷特（多个版本）、《史密斯先生到华盛顿》中的杰斐逊·史密斯（詹姆斯·斯图尔特饰）、《愤怒的葡萄》中的汤姆·乔德（亨利·方达饰）、《梦幻骑士》中的唐·吉诃德（彼得·奥图尔饰）、《法国中尉的女人》中的莎拉·伍德拉夫（梅丽尔·斯特里普饰）、《阿拉伯的劳伦斯》中的 T.E. 劳伦斯（彼得·奥图尔饰）、《星球大战》中的天行者卢克（马克·哈米尔饰）、《卧虎藏龙》中的李慕白（周润发饰），以及《指环王》中的佛罗多·巴金斯（伊利亚·伍德饰）等。

语言

医治者通常使用抽象的语言，这是指他们谈论的，更多的是想法而非具体事物，是可能性而非事实，是意义而非经历。医治者用心发现，听从内心的声音。他们不喜欢过多地讨论"是什么"，而乐于讨论"可能性"，即那些不可见的和未知的事物，如目标和潜能，信念和直觉，愿望和灵感，梦想和阐释，见解，真实的自我和灵魂等。

像所有的理想主义者一样，医治者思考和谈吐都喜欢象征化。在他们的思维过程以及随之而来的谈话中，医治者总是试图抓住事物的真正含义和意义，因此他们会迅速从局部引申到整体，从微小的迹象引申到广泛的影响，从明显的细节引申到更大的含义。医治者可以本能地看到事物之间的象征或暗示关系，所以他们是隐喻的大师，无论是书面的还是口头的形式，他们的措辞中总是有很多诗歌意象。这种象征性的风格，让医治者可以与他人用一种独特的、富有想象力的方式沟通，这使他们可以把自己最擅长的事做到极致：帮助人们找出事物之间隐藏的关联，从而让他们得以从全新的、温暖的角度看清人和关系在本质上的一致性。

通用才艺及技能

所有的理想主义者都有天生的"外交"技能，换句话说，他们积极敏感的处世方式，能帮人们友好相处甚至彼此关爱，从而让众人共同努力，和谐工作。理想主义者会本能地寻求共同之处，他们能够找到每个人、每件事好的方面，同时他们会换位思考，能够运用比喻性的语言流畅地从不同角度描述事物，因此，鼓舞人心、教化他人所需的技能，理想主义者全都具备。还有些理想主义者使用他们的外交技巧教育群众，辅导他人，或者倡导事业发展。但是医治者尤其擅长解决冲突、消除差异，从而使个人、关系和社区达到完美。

社交取向

所有的理想主义者都有天生的社交才能，朋友们在他们家里通常都会受到礼遇和热烈的欢迎。然而，作为性格内向的人，医治者更喜欢偶尔安静地招待朋友，但是他们会积极支持社区里的艺术和人文活动，出席音乐会、戏剧演出、诗歌朗诵以及其他文化活动。医治者喜欢安静，重视隐私保护，他们通常有着很强的道德观，其强烈的理想主义精神可能会让他们更感孤独。他们可能很难被人了解，因为他们仅愿与挚爱的人和少数知己分享他们内心深处的想法和感受。由于医治者常常觉得很多负面的事都是针对自己的，因而更容易受伤害，这可能正是他们喜欢独处的一个原因。同时，医治者有深刻的社会意识并常常认为他们应该走入社会去帮助他人，即使这意味着巨大的个人牺牲。这就是为什么他们会被人道主义，以及传教事业、慈善事业、社会或学校志愿者活动、仁人家园、和平队等感召。

价值观

医治者容易害羞，甚至有时疏远他人，但他们是感情强烈的人，感知的敏锐程度在其他理想主义者中都不多见。医治者珍视情感，乐于表达。所幸的是，医治者通常热心并关爱他人，所以他们的强烈情感通常表现为外在的无限热情。尤其在讨论看法或分享个人见解和信念时，他们的热情不仅富有感染力，而且经常能够鼓舞身边的人。

医治者也重视他们对人的直觉。他们对第一印象、提示、建议、迹象、暗示、象征符号等非常敏感。医治者不顾逻辑，他们会跟随自己的直觉，留心自己的感受，相信直觉或"第六感"能够告诉自己所有需要了解的信息。医治者的直觉跳跃且异常准确，如同可以钻入他人的身体，这常常使他们对于他人和人际关系有惊人的洞察力。

医治者视浪漫高于一切。事实上，关于理想主义者最重要的一点就是，他们都是无可救药的浪漫主义者。在生活的各个领域，医治者对现实的关注远没有对浪漫理想的关注那么多。特别是在爱情里，医治者对浪漫有着强烈的渴望，他们是真的"爱上了爱情"，并且希望他们的恋爱深刻、有意义，充满了美和诗意。

自我形象

医治者为自己对他人的同情心感到自豪。这种对他人的亲密认同几乎达到了意识共享的程度，这也是医治者人际交往能力的核心，使他们可以从深层次理解他人，并帮助他们在工作和个人生活上与他人建立联系。医治者也尊重自己的仁义精神，希望自己的家人、朋友以及所有人都感受到友善。医治者是积极、热情的人，他们相信人性的善是自我成就的先导，也会促成美好事物。最后，医治者的自信基于他们的真诚。医治者需要忠于自己，正直诚信，去除矫饰和面具，毫无伪装，真实地生活。如果他们发现自己去欺骗、造假或言不由衷，他们会为自己感到羞愧。

学习方式

和所有的理想主义者一样，医治者的学习风格是交流互动。他们喜欢与教授进行一对一的沟通，并且常常会将这种友谊延续到课外。医治者的成长依赖于认同、关怀、特别关注、个人交流和情感态度上的认同。他们重视并铭记教授给出的正面的反馈，而负面的反馈或批评会令他们失去信心，变得更加保守。医治者从班级讨论和团队协作中受益良多。尽管他们很害羞，会在一开始的时候有所保留，但是他们非常享受与同学的智力互动，并且他们对于各种想法的热情会最终克服他们性格上的保守。医治者认真对待学习，以学术精神对待他们感兴趣的学科，往往在大学里表现得比高中更好。但他们有时是完美主义者，会付出比实际需要更多的努力来完成任务。

工作中的医治者

特殊才能和潜质

医治者有着极其生动的想象力和惊人的语言能力，这常常能在他们的抒情歌曲和诗歌创作上体现出来。他们不但能够创作故事，还有一种解读故事的天赋，可以成为出色的小说家和剧作家。他们可以想象自己进入了另一个世界或变成了另一个角色，这种能力也展现了医治者非凡的直觉。医治者会观察人们的感受，并能从中领略到或好或坏的各种细微需求和意图，能察觉得甚至比那些人自己更早。这种近乎神秘的洞察力，能够很好地帮助医治者去打破人们的隔阂，而且非凡的直觉也是他们出色能力的基础，这是一种体验诸如幻觉和梦中诉求等一系列心理现象的能力。

工作角色

尽管医治者喜欢独处和集中注意力地工作（阅读，写作，编辑等），但他们也能在需要与人交往，特别是一对一深入交流的职业中苗壮成长。在工作上，医治者是仲裁员或调解人，擅长带来各种形式的和解，如合作，包容，调整与妥协等。医治者是人员定位方面和化解隔阂方面的专家，他们可以为员工关系和员工沟通管理带来意想不到的帮助。商业一般不是他们的选择，他们倾向于选择政府、宗教、社会、儿童咨询、精神病学、图书馆研究等领域的工作，而从儿童教育到大学人文学科的教育工作他们尤为喜爱。医治者会把他们最优秀的品质都带到工作中，如热心、热情，富有洞察力、奉献精神、独创性以及语言技巧等。

管理风格

医治者非常矜持，他们喜欢作为忠实追随者默默地在幕后做出贡献。然而，当医治者担当管理者的角色时，他们的风格特点是说话温和，热心支持下属。医治者以人为本，他们更关注组织内的个人，而不是组织本身。他们的理想是创建友好的、以人为本的运营模式，文件和产品只是附属品而非主要目标。医治者作为管理者，是天生的欣赏者，总是乐于给人鼓励和赞同。医治者会仔细倾听，并给出许多口头或书面的反馈，使员工觉得自己得到了关注和重视。医治者主要关注下属的潜力和积极的方面，并经常用赞扬作为鼓励他人的一种方式。他们似乎天生就知道如何在合适的时间说合适的话来振奋人心、鼓舞士气。医治者享受工作中和人的接触，他们频繁地与下属沟通信息。他们想要与下属建立友谊，了解许多他们个人的问题，并帮助他们进步与成长。总而言之，医治者可以被称为鼓舞人心的管理者，因为他们能够鼓舞或激励下属，不仅让下属工作做到最好，还让他们在合作的同时互相关心和彼此尊重。

下属风格

在工作中，医治者总是能很快适应、迎接新想法和新信息。他们对复杂局面有耐心，但对常规的细节不耐烦。医治者的矜持根深蒂固，因此他们喜欢独自工作，不喜欢被电话打扰，但他们也能对别人及其感受甚为敏感，并且与绝大多数人保持良好关系，虽然当中还是会隔着一定的心理距离。医治者善于协商与合作，他们通常认为争执或辩论令人不快或有消极作用。他们喜欢赞扬，过多的批评会压垮他们。医治者非常关注同事间彼此的关系以及他们对组织的感受，他们会友好、体贴地对待每一个人，无论是上级还是下级。

团队风格

医治者是出色的团队成员。他们秉持合作精神，对他人异常宽容，并坚定地致力于公正和公平。医治者往往在他们的同事中很受欢迎，团队成员乐于和他们一起工作，并且觉得他们能够支持自己并倾听自己的想法。医治者将人性化、以人为本的理念带到团队中，并能有效地说明所提出的改变或策略可能给社会和个人带来的影响。他们可能搞混一些事件，但绝不会在个人感觉上出错。医治者为团队注入温暖和敏感性，有时甚至让团队成员觉得他们在完成一项崇高的任务。他们常常能使得团队成员对团队整体和自身定位感觉良好。

理想的工作环境

医治者最适合在灵活、和谐，适合个人成长，允许他们自由创造和实践他们想法的环境中工作。他们理想的工作场所是一个能畅所欲言、自主做事、具有随性和参与精神的民主组织。医治者需要按自己的主见和方式来工作，如果工作中有太多的专制要求或需要参照太多教科书式的标准流程，尤其当其涉及例行公事的文字工作时，他们虽然会尽力顺从，但会有不耐烦和厌恶感。

职业兴趣

医治者可以在允许他们解决纠纷、消除差异、建立人和人之间纽带的工作中茁壮成长。以下是一些适合他们的职业选择：

平面设计师	劳动关系调解员
创意作家 / 小说家	婚姻顾问
社区关系指导者	临床心理学家 / 心理治疗师
演员	脊椎推拿治疗师
学生督导	儿童福利社会工作者
特殊教育教师	学生交流协调员
漫画家	翻译 / 口译者
家庭治疗师	教育学教授
员工援助专员	大学就业辅导员
兽医	营养师
社会工作者	儿科医生
研究员	传统中医从业者
瑜伽教练	讲故事的人

医治者的生活角色

休闲时光

无论医治者做什么运动，他们通常更好奇运动心理学以及身与心的关

联，而不是竞赛的兴奋或敲打和摆动的力学原理。他们尤其着迷于心理 /
精神或"内心游戏"的方式，并经常把运动作为一项长期的承诺，不仅是
为了身体健康，也是为了自我完善。在运动和游戏中，医治者通常会从好
的方面看待自己的表现，关注自己做对了什么，而不去细想自己的失误，
而且他们喜欢鼓励他人，常常给予他们的玩伴赞扬——"打得好"或"不
错"。医治者喜爱友谊赛，让每个人都玩得开心，而且自我感觉良好。即
便是友谊赛，医治者仍然会毫无保留地奋力拼搏。但如果医治者尽最大努
力后还是输了，他们也是输得起的运动员，能够优雅地甘拜下风，甚至会
为他们对手的胜利鼓掌。

医治者和家庭

　　尽管医治者矜持而且说话温柔，但是他们是家庭和家人英勇的捍卫
者，他们的家就是他们的城堡。医治者忠于伴侣，坚守誓言，即使他们有
时很难调和浪漫的婚姻观与实际的日常生活的落差。他们对伴侣的感受很
敏感，乐于逗伴侣开心，但他们可能羞于公开或直接地表达爱意。医治者
对美化家庭充满兴趣并且眼光独到，他们甚至可以把家变得充满艺术气
息，而对日常家务和例行维护他们并不关注。例如，他们可能会购买昂贵
的摆设，却忽略了日常生活必需品的储备。医治者是尽职的父母，给予孩
子爱与空间。他们通常会给予孩子对自己生活的发言权，并会遵循孩子的
意愿，除非这违背了他们的价值观。与医治者父母相处可以长时间保持和
谐，但如果孩子违背他们的意愿，医治者会坚定立场不予妥协。然而大部
分的时间，医治者都会竭尽全力避免家庭中的人际冲突。他们往往会担当
家庭外交官或维和人员的角色，努力确保所有家庭成员开心快乐，内心满
足，使家里充满爱。但这显然并不可能，所以他们总会因此心力交瘁。所
幸的是，医治者对家庭的爱是无限的，他们会不断地以充沛的热情克服
困难。

指挥者（ENTJ）

你的心理类型和气质分类测试结果显示你是一个指挥者（ENTJ），这包含以下四个方面：在社交方面，你倾向于外向或开朗（Extraverted or outgoing）；你对世界的看法更多地基于直觉或想象（iNtuitive or imaginative）；你待人处事的态度更趋于勤思或坚毅（Thinking or tough-minded）；在行动上你颇为果断或有条不紊（Judging or orderly）。

指挥者是天生的组织建设者。他们果断而有冲劲，强烈地想要管控任何他们参与其中的组织，并且为达到自己的目的，他们会目光敏锐、手段坚定地指挥他人和项目运转。所以像指挥者这样的人，无论男女老少，注定是要领导他人的。指挥者在将人力和物力为己所用方面的能力无人能及，他们可以对大型企业和活动起推动作用，有效地向他们所设定的目标前行。

大众熟知的指挥者有：微软创立者比尔·盖茨、英国前首相玛格丽特·撒切尔、前纽约市市长鲁迪·朱利安尼、导演阿尔弗雷德·希区柯克等。

流行影片中的指挥者形象有：《阿凡达》中的格雷斯·奥古斯丁博士（西格妮·韦弗饰）、《麦克阿瑟传》中的道格拉斯·麦克阿瑟（格利高里·派克饰）、《黑客帝国》中的墨菲斯（劳伦斯菲什伯恩饰），以及《星球大战》中的莱娅公主（卡里·费什尔饰）等。

指挥者和"理性者"气质

在更广义的气质领域，指挥者和策划者（INTJ）、发明者（ENTP）以及建造者（INTP）一起同属于"理性者"气质。总的来说，理性者拥有"智慧"的气质，他们理智、好学、充满好奇，总是想要分析、了解和解释这个复杂世界运转的方式和系统，并且用他们智慧的力量从社会、自然、机械、技术等角度重组这些系统，使其走上高效的道路。

历史上著名的理性者有：达·芬奇、牛顿、亚当·斯密、简·奥斯丁、托马斯·杰弗逊、西格蒙德·弗洛伊德、本杰明·富兰克林、拿破仑、林肯、达尔文、乔治·华盛顿·卡弗、居里夫人、马克·吐温、弗兰克·劳埃德赖特、阿尔伯特·爱因斯坦以及荣格等。

电影中著名的理性者形象有：《窈窕淑女》中的亨利·希金斯（雷克斯·哈里森饰）、《平步青云》中的金斯菲尔德教授（约翰·豪斯曼饰）、《指环王》中的甘道夫（伊恩·迈凯轮饰）、《冬之狮》中的阿基坦的埃莉诺（凯瑟琳·赫本饰）、《星际迷航》中的斯波克（里奥纳多·尼莫依饰），以及许多影片中的福尔摩斯等。

语言

指挥者通常使用抽象的语言，这是指他们谈论的，更多的是想法而非实物，是理论而非事实，是概念而非经验。指挥者关注他们脑中的想法——他们的"心眼"看到的事情，因此他们不喜欢过多讨论"确切的事物"，而是讨论"可能的事物"，如计划、目标、策略、创新、预测、原则、推论、可能性、偶然性、推断等。

和所有理性者一样，指挥者思考和发言都遵照逻辑。在思考和发言的过程中，指挥者都尽力使自己的语言有意义，因此他们严格对待定义和区别，对分类错误敏感，而且专注于论断的一致性。这种风格造就了指挥者对沟通仔细琢磨，避免离题、琐碎和冗余，在沟通中不会引入不具逻辑的内容，也不会传达不具逻辑的资讯。指挥者喜欢用精确的、技术性的词汇，并且常常用条件性的"如果……，那么……"结构来讨论假设和结论。他们也尽量避免谈话中不相关的肢体语言及面部表情，因此指挥者说话时可能表现得不动声色，甚至冷漠。所以一点也不奇怪，他们在和别人寒暄闲谈时会感到不自在。

通用才艺及技能

所有的理性者都拥有天生的分析能力，换句话说，就是把复杂系统分解成简单部件以方便理解及改善。他们看到一项实验或一台机器，一个论断或一套方法，一本书或一所大学，一个生态系统或一个计算机网络，或者一场政治运动……不管是什么，都会想要分析这个系统，确定各个部分以及它们之间如何相互作用，然后决定哪些部分存在问题需要改进。还有些理性者用他们的分析技能来制订计划，发明创造，或者设计系统。但是指挥者最强大的才能是分析运营策略，以最高效地建设组织，开展活动。

社交取向

指挥者往往觉得工作就涵盖了生活，很少有时间或兴趣来广泛社交，但他们也会参加晚宴、会议、公司派对等社交活动，如果这些活动对他们的组织有帮助的话。他们很少成为俱乐部或联合会的成员，或者加入社交团体或社区组织。换句话说，指挥者不会推崇或投入感情到社交生活中，而是现实地对待之，仅仅将其作为通向某个目的地的渠道，而这个目的地总是和生意有关。那些极少数热衷于社交的指挥者一般更关心如何通过讨论目标和策略管理他们的组织，而不关心联谊和欢乐。当指挥者必须参加某些社交典礼或仪式的时候，他们不会全心全意，注意力总是在其他地方。由于指挥者一心追求务实的方式和方法，因此与别人相比他们不太关心社交生活的惯例、习俗和传统，而有时候这种漠视可能会得罪人。

价值观

指挥者重视知识，但不是重视知识本身，而是重视知识的实用性，用其来帮助他们调查、解决日益复杂的问题。指挥者会说"知识就是力量"，对他们而言，一旦开始着手解决问题就可以全天无休。事实上，如果他们没有一个有挑战性的问题在手上的话，他们会饥渴地搜寻一个可以使用他们的知识基础、磨炼他们的技巧的问题。

指挥者同时还重视自我控制，他们尤其能够在压力和紧张的环境中，当周围事物都失控时，仍保持冷静、沉默、镇定。另外，他们在面对掌控之内的事情的时候倒可能会变得颇为紧张，像拉紧的弓弦，比如，他们全身心投入解决某个问题的时候。然而，一旦他们真的紧张激动起来，他们会尽力不表现出来，因此指挥者常常被指责冷漠无情，而事实上他们内心浪漫，感情强烈，只是深藏不露。

但是不管怎么说，指挥者重视理性。他们认为只有理性是普遍而永恒的，只有富有逻辑的原则是不可置辩的。指挥者会仔细倾听新的想法，只要它们合情合理、论据充分，或者有理可依。他们对没有意义的想法兴趣不大，并且不会被情感的诉求或不理智的论断所左右。

自我形象

指挥者一旦下定决心就定可完成任务的聪明才智，令他们感到自豪。他们喜欢在自己的指挥中感受饱含力量与技巧的智慧，并且希望在任何他们觉得可以胜任的领域都富有创造性。当指挥者自主地思考和行动——按自己的法则生活，用自己的眼光观察世界时，他们才会自我肯定。他们抗拒任何想要强加在他们身上的规则和限制，质疑任何束缚他们的规章或传统。最后，指挥者将自己的自信建立在他们精神力量的基础之上。他们相信自己可以用下定决心的力量克服任何障碍，主宰任何领域，征服任何敌人。然而不管过去的经历如何证明了他们意志力的强大，指挥者却从来不认为这是理所当然的事。当受到压力时，他们最恐惧的是他们的决心可能动摇、精神力量可能被削弱，甚至彻底被击败。但随后指挥者会决意更加努力，来打赢这场内心的战争。

学习方式

和所有理性者一样，指挥者是独立的学习者。他们喜欢构思自己的想法，追寻自己的兴趣和领悟，跟随信息顺藤摸瓜直到对知识的渴望得到满足。在做研究的时候，他们不会只是简单地收集信息，而是辩证地分析。他们想要知道这些想法是如何组织在一起的，有什么隐藏的矛盾，有什么问题还未解决，等等。指挥者天生好问，他们急切想要学习所有的知识，爱好埋头阅读书籍，但是同时会本能地对别人告知的事保持质疑，在验证之前不会轻易接受别人的想法。如果老师是他们尊敬的人，指挥者能够从课堂中学到很多，他们还会随后自己查阅相关资料。他们乐于与学识和自己相当的人分享观点，能够引导课堂讨论，尽可能使辩论富有逻辑和成效。

工作中的指挥者

特殊才能和潜质

指挥者拥有预见组织未来走势的能力，他们会提前做好准备，牢记短期和长期目标，并且他们非常擅长把他们的愿景传达给他们的员工。指挥者在所有理性者中最擅长组织运营、构建指挥链以及现场协调。他们时时刻刻都在脑中构思想法，构想新的策略以达成他们的目标，并且他们有能力来组织、安排、整理、分配工作，以构建一个和谐的集体。指挥者总是辩证、批判地对待每一项工作，寻找组织中的薄弱环节。你甚至可以说指挥者是受"错误驱动"的：当他们经过分析在系统中发现错误的时候，他们立即（有时甚至是着迷般地）开始着手重组系统以提升绩效。

工作角色

在工作中，指挥者在构建模型、发掘想法、组建系统方面表现出色。指挥者偏好构建、使用科学原理，尤其是涉及管理科学领域的工作。指挥者在任何军事、商业、教育或政府组织中都可以成为出色的执行者。他们能够快速地布置任务，选择最有效的人员与资源完成相应的任务。他们对秩序与效率的严格追求，会驱动着人力和资源朝向他们的目标推进。有时候，即使在商业或教育领域，他们也看起来像是军队中的最高指挥官。

管理风格

指挥者有着对成功的强烈欲望，因此他们常常会爬升到组织中握有权力的位置。当他们手握权力时，他们就是战略改变的催化剂。指挥者总是在寻找新的或更有效的方式，因此他们常常是技术和学术创新的先锋。他们不信任任何形式的官僚体制，因此本能地采用"以结果为导向"的管理方法：设定明确的目标，然后构建战略方案来高效地达成这些目标。指挥者采用完全务实的管理方式。他们质疑所有的传统规则、程序，只保留那些能够有效为他们服务的。他们接受能够正常工作的既定程序，抛弃那些无效或低效的程序，迅速重新将人员分配到有意义的工作中。指挥者坚定而决绝，对下属有很高期望，他们会去除那些无法摆脱陈规旧俗的人，或者不懂得吸取教训、无法提高工作效率的人。他们拥有洞察内部因素及定位的能力，因此他们尤其擅长设计和完善新的系统。通过对系统内部因素相互作用的把握，他们能够清楚地知道自己的提议在短期或长期可能造成的影响。结合使用诸如系统评估、流程图之类的测评体系，他们可以为组织展望未来，设定完成目标的总体策略。

下属风格

作为员工，指挥者对公司忠诚，对工作尽职，常常为了工作废寝忘食。他们支持组织的规定，并希望他们的同事也如此。然而，即使可以忍受既定的程序，他们还是会不断质疑现状、游说他人，直到所有无效的程序都被删除。和能力不足的人打交道会让指挥者抓狂，而重复同一个错误（不管是他们自己的还是同事的）更是令他们备感挫败。即使作为下属，指挥者还是会为每个行动规划战略。当任务下达后，他们会先构思完成任务有效的方法和方式，并且立刻清除所有障碍开始行动。对于指挥者来说，做任何事情都需要有一个充足的理由，他们的决定一定是建立在客观数据和周密思索的基础之上的。

团队风格

即使指挥者有强烈的控制欲，他们仍然是出色的团队成员。他们长久以来的强大自信使他们不会和同事竞争，只会在某些时候尝试性地牺牲某些东西以走在前头。指挥者会听从建议，支持他人的观点——有意义的观点。如果有人提出有价值的建议，他们一定会认真听从；如果是没有意义的建议，他们不会理会，不管其出发点有多好。通过他们的语言技巧，指挥者使他们的团队成员敢于大胆发表新观点，并且时刻为可能的变化做准备。他们可以为团队提供创新的方法，尽管有时候他们太过超前，没有意识到他们需要带领大家跟上他们的脚步。指挥者可能会因为处理问题时进行得太快而造成与团队成员之间产生摩擦，也可能会因为他们花太多时间纠结细节问题导致大家迷失重点。他们讥讽的语气、对他人能力毫不掩饰的怀疑，或者在他人看来卖弄学识的用词，也可能会让人恼怒。

理想的工作环境

　　指挥者适合在乐于接受新思想、新管理理念，注重结果而非过程的组织中工作。尽管他们好像常常在身边竖起了无形的墙，但是和有能力的同事——愿意不顾艰难将想法付诸实践的同事——进行头脑风暴是最令他们开心的事。他们喜欢接受智力挑战，也喜欢解决对组织有重大影响的"总体框架"问题。指挥者不太在意来自管理层的可有可无的赞赏，或者对个人品性的评价。他们希望自己的上级称职、博学、高效，希望自己的工作为他们提供学习新东西、获得新技能的机会。如果他们的智慧不能得到发挥，才华不能得到施展，他们可能会迅速离开组织，即使没有离职也会心猿意马。

职业兴趣

　　指挥者在允许他们运用其天生的运营能力的企业或公共组织中，可以得到巨大发展。以下是一些适合他们的职业选择：

执行总监	博物馆馆长
首席执行官	军队指挥官
活动经理	政治家
大学校长	公共事务主管
乐队指挥	高级诉讼律师
团队负责人	体育特许经营总经理
电影 / 舞台导演	学校主管
国际金融家	风险资本家
工业产品经理	企业律师 / 合伙人
电影 / 戏剧制片人	投资策略家
私募基金合伙人	医院主管
教育管理者	法官

指挥者的生活角色

休闲时光

指挥者不会为了娱乐而娱乐，而会为了提高自己的游戏技能而娱乐。他们知道娱乐对于身体健康十分必要，因此他们会计划娱乐时间，并把娱乐时间作为提升他们娱乐活动能力的时间。比如，在打网球或高尔夫球的时候，每一局或每一次击球都是他们寻找最佳摆臂、在规范内尝试新动作的机会。在进行他们最喜欢的运动、桌游或纸牌游戏的时候，他们希望自己犯的错误越来越少，甚至在失误时苛责自己。但是，他们不会像某些理性者那样过于自责。他们是如此自信，以至于尽管他们想要做到最好，但还是能轻松甩掉错误的包袱，享受游戏带来的挑战。

指挥者和家庭

指挥者在家里握有主控权，对伴侣和孩子都是，不给任何人质疑他们决定的机会。他们的工作常常使他们出门在外，而且他们的工作对于他们来说极其重要，因此即使他们不很愿意，但也不得不离家在外，努力向他们的职业目标前进而牺牲家庭生活。然而，不管在不在家，指挥者都对他们的伴侣有很高的期望。如果他们的伴侣不想被压垮的话，就必须有足够的独立性、丰富多彩的兴趣爱好，以及健康的自尊。（事实上，女性指挥者很难找到不因她们强烈的个性和要求而有压迫感的伴侣。）不管是男性还是女性，指挥者都会期望他们的伴侣能够积极参与社区、公众活动，希望他们善交际、精通人情世故，有和自己相当的教育水平。他们希望伴侣把家照顾好，有条不紊，每顿饭按时准备，相关的维修保养按时完成。孩子也需要知道自己该怎么做，一旦不服就会受到低调却严厉的斥责。所有这些都是为了创造一个良好的家庭环境，使孩子可以健康茁壮地成长，婚姻中的伴侣关系充满爱意，协作良好。

参考资料

C. G. Jung, Psychological Types, Princeton University Press, October 1, 1976

C. G. Jung, Synchronicity, Three Rivers Press, December 13, 1987

Carol Pearson, The Hero Within, HarperOne, January 1, 1998

Carol Pearson, Awakening the Heroes Within, HarperOne, October 13, 2015

Mathew Kelly, The Dream Manager, New York, Hyperion, January 1, 2007

Michael Malone, Psychetypes, Dutton, January 1, 1977

Joanne Ciulla, The Working Life, Currency, March 16, 2011

Frantz Fanon, The Wretched of the Earth, Grove Press, March 12, 2005

Joseph Campbell, The Hero of a Thousand Faces, Princeton University Press, January 1, 1973

Roger Pearman, Michael Lombardo, Robert Eichinger, You, Lominger, January 1, 2005

Mihaly Csikszentmihalyi, The Evolving Self, Harper Perennial Modern Classics, August 21, 2018

Mihaly Csikszentmihalyi, Flow, Harper Perennial Modern Classics, July 1, 2008

Mihaly Csikszentmihalyi, Finding Flow, New York, Basic Books, June 15, 1997

Mihaly Csikszentmihalyi, Howard E. Gardner, William Damon, Good Work, Basic Books, January 1, 2002

Mihaly Csikszentmihalyi, Becoming Adult, Basic Books, April 6, 2001

Mihaly Csikszentmihalyi, Creativity, Harper Perennial, August 6, 2013

Kenneth Robinson, The Element, Penguin Books, December 29, 2009

Kenneth Robinson, Finding Your Element, Penguin Books, May 27, 2014

Daniel Coyle, The Talent Code, Bantam, January 1, 2009

Daniel Coyle, The Culture Code, Random House Audio, January 30, 2018

Joseph Jaworski, Synchronicity: The Inner Path to Leadership, Berrett–Koehler Publishers, June 03, 2019

Joseph Jaworski, Source: The Inner Path of Knowledge Creation, Berrett–Koehler Publishers, February 10, 2012

Tom Doctoroff, What Chinese Want, St. Martin's Press, May 22, 2012

Eric Fish, Chinese Millennials: The Want Generation, Rowman & Littlefield Publishers, August 22, 2016

Louise Sundararajan, Understanding Emotion in Chinese Culture: Thinking Through

Psychology　　　　New York, Springer, October 15, 2016

　　Bernard Haldane, Career Satisfaction and Success: A Guide to Job and Personal Freedom, Amacom, January 1, 1974

　　Sigmund Freud, The Psychopathology of Everyday Life, Modern Library, July 10, 1995

　　Sigmund Freud, Totem and Taboo, W. W. Norton & Company, September 17, 1990

　　Sigmund Freud, Introduction to Psychoanalysis, Wordsworth Editions Ltd, June 8, 2012

　　The Pew Research Center, Take this Job and Love It, Business−Workplace Division September 17, 2009 page 42

　　Gallup World Poll, State of the Global Workplace Report, 2021

　　Umair Haque, The New Capitalist Manifesto, Harvard Business Review Press, January 4, 2011

　　Umair Haque, Eudomania & Company, 2017−2021

　　Umair Haque, Leadership in the Age of Rage: How to Lift Up a World That's Falling Down, Kindle Edition, March 7, 2016

　　Charles O'Reilly & Jeffrey Pfeffer, Human Value: How Great Companies Achieve Extraordinary　Results with Ordinary People, Boston, Harvard Business School Press, 2000

　　Joel Kovel, White Racism: A Psychohistory, Columbia University Press, February 20, 1984

　　Joel Kovel, The Lost Traveller's Dream: A Memoir, Autonomedia, May 15, 2017

　　Richard Bolles, What Color is Your Parachute: A Practical Manual for Job−Hunters and Career−Changers, Ten Speed Press, November 1, 1991

　　David Keirsey & Marilyn Bates, Please Understand Me, Prometheus Nemesis Book Co, December 1, 1994

　　David Keirsey, Please Understand Me II, Prometheus Nemesis Book Co, U.S., May 1, 1998

　　David Keirsey,Portraits of Temperament, Prometheus Nemesis Book Co, June 1, 1995

　　David Keirsey,Personology, Prometheus Nemesis Book Co, September 20, 2010

　　Stephen Montgomery, People Patterns: A Modern Guide to the Four Temperaments, Archer Pubns, May 1, 2002

　　John Crystal, Where Do I Go From Here with My Life? Ten Speed Press, January 1, 1974

　　Isabel Briggs Myers, Gift Differing: Understanding Personality Type, John Murray Press, November 16, 2012

　　Dario Nardi, Neuroscience of Personality: Brain Savvy Insights For All Types of People, Radiance House, 2011

　　Otto Kroeger, Type Talk: The 16 Personality Types That Determine How We Live, Love and

Work, Dell, September 1, 1989

Deng Ming-Dao, The Living I Ching: Using Ancient Chinese Wisdom to Shape Your Life, New York, Harper Collins, July 2, 2013

Confucius, The Ten Wings

Paul Tieger & Barbara Barron-Tieger, Do What You Are: Discover the Perfect Carere for You

Through the Secrets of Personality Type, Little, Brown and Company, April 2014

Paul Tieger & Barbara Barron-Tieger, The Art of Speed Reading People, Hachette Book Group USA, February 25, 1999

Paul Tieger & Barbara Barron-Tieger, Just Your Type, Hachette Book Group USA, January 14, 2000

Theodor Reik, Listening with the Third Ear, Farrar, Straus and Giroux, September 1, 1983

Theodor Reik, The Search Within, Farrar, Straus and Cudahy, January 1, 1956

Barbara Frederickson, Positivity: Top-Notch Research Reveals the Upward Spiral That Will Change Your Life, New York, Harmony, December 29, 2009

Tal Ben-Shahar, Happier: Learn the Secrets to Daily Joy and Lasting Fulfillment, New York, McGraw Hill, May 31, 2007

Shawn Achor, The Happiness Advantage: The Seven Principles of Positive Psychology That Fuel Success and Performance at Work, New York, Crown, 2010

Carol S. Dweck, Mindset: The New Psychology of Success, New York, Ballantine, 2006

Norman Amundson, Active Engagement: The Being and Doing of Career Counselling Richmond, Ergon Communications, 2018

Adam Grant, Give and Take: Why Helping Others Drives Our Success, London, Weidenfeld &Nicolson, 2013

Robert Johnson, He: Understanding Masculine Psychology, New York, Harper & Row, 1989

Robert Johnson, She: Understanding Feminine Psychology, New York, Harper & Row, 1976

Robert Johnson, We: Understanding the Psychology of Romantic Love, New York Harper & Row, 1983

Lao Tzu, The Way of Life: Tao Te Ching: A New Translation by R.B. Blakney, New York, Mentor,1955

Jean Shinoda Bolen, The Tao of Psychology: Synchronicity and the Self, New York, Harper &Row, 1979

Brian Browne Walker, The I Ching or Book of Changes: A Guide to Life's Turning Points,

NewYork, St. Martin's, 1992

R. L. Wing, The I Ching Workbook, New York, Doubleday, 1979

Linda Hill, Greg Brandeau, Emily Truelove & Kent Lineback, Collective Genius: The Art and　Practice of Leading Innovation, Harvard Business Review Press, June 10, 2014

Stephen M. R. Covey, The Speed of Trust: The One Thing That Changes Everything, New York,Simon & Schuster, 2006

O*NET United States Department of Labor

Erich Fromm, The Art of Loving, Harper Perennial Modern Classics, November 21, 2006

Erich Fromm, To Have or To Be, Bloomsbury Academic, June 27, 2013

Erich Fromm, Man for Himself, Open Road Media, March 26, 2013

Bronnie Ware, The Top Five Regrets of the Dying: A Life Transformed by the Dearly Departed, Hay House UK, March 2, 2012

Karl Marx, Das Kapital, Createspace Independent Publishing Platform, March 2, 2011

Karl Marx & Friedrich Engels, The Communist Manifesto, Jaico Publishing House, July 16, 2018

Candace Pert, Molecules of Emotion, Pocket Books, March 16, 1999

Karl Pribram, The Form Within: My Point of View, Prospecta Press, February 5, 2013